U0896168

中国水利统计年鉴2019

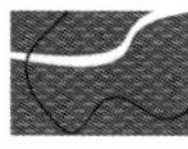

中华人民共和国水利部　编

中国水利水电出版社
www.waterpub.com.cn
·北京·

图书在版编目（CIP）数据

中国水利统计年鉴. 2019 / 中华人民共和国水利部编. -- 北京 : 中国水利水电出版社, 2019.10
ISBN 978-7-5170-8102-9

Ⅰ. ①中… Ⅱ. ①中… Ⅲ. ①水利建设－统计资料－中国－2019－年鉴 Ⅳ. ①F426.9-54

中国版本图书馆CIP数据核字(2019)第235497号

策划编辑　王　丽　　责任编辑　王　菲　李金玲

书　　名	**中国水利统计年鉴 2019** ZHONGGUO SHUILI TONGJI NIANJIAN 2019
作　　者	中华人民共和国水利部　编
出版发行	中国水利水电出版社 （北京市海淀区玉渊潭南路1号D座　100038） 网址：www.waterpub.com.cn E-mail：sales@waterpub.com.cn 电话：（010）68367658（营销中心）
经　　售	北京科水图书销售中心（零售） 电话：（010）88383994、63202643、68545874 全国各地新华书店和相关出版物销售网点
排　　版	中国水利水电出版社微机排版中心
印　　刷	北京瑞斯通印务发展有限公司
规　　格	210mm×297mm　16开本　13.75印张　605千字
版　　次	2019年10月第1版　2019年10月第1次印刷
印　　数	0001—1000册
定　　价	**139.00**元

凡购买我社图书，如有缺页、倒页、脱页的，本社营销中心负责调换

《中国水利统计年鉴2019》

编委会和编写人员名单

编 委 会

编 写 人 员

《China Water Statistical Yearbook 2019》

Editorial Board and Editorial Staff

编者说明

一、《中国水利统计年鉴 2019》系统收录了 2018 年全国和各省、自治区、直辖市的水资源、水环境、水利建设投资、水利工程设施、水电等方面的统计数据，以及中华人民共和国成立以来的全国主要水利统计数据，是一部全面反映中华人民共和国水利发展情况的资料性年刊。

二、本年鉴正文内容分为 9 个篇章，即：江河湖泊及水资源、江河治理、农业灌溉、供用水、水土保持、水利建设投资、农村水电、水文站网、从业人员情况。为方便读者使用，各篇章前均设有简要说明，概述本篇章的主要内容、数据来源、统计范围、统计方法以及历史变动情况。篇末附有主要统计指标解释。

三、本年鉴的全国性统计数据，如未作特殊说明均不包括香港特别行政区、澳门特别行政区和台湾省数据。2012 年水库数量、水闸数量、机电井数量、堤防长度、灌溉面积、灌区、水土保持治理面积等主要指标数据已与 2011 年第一次全国水利普查数据衔接，2013 年节水灌溉面积数据已与 2011 年第一次全国水利普查数据衔接。

四、本年鉴在编辑上采用了以下方法。

（1）部分统计资料从 1949 年至 2018 年均被记录，但一些年份指标数据由于历史记录不详没有收录。

（2）分省统计资料均按当年各省级行政区域范围收集，行政区域范围变化后没有调整统计资料。例如：四川省的资料，在重庆市划出前，包括在内。

（3）部分统计资料按流域或水资源一级分区分组。

（4）历史数据基本保持原貌，未作改动。

（5）部分指标未单列新疆生产建设兵团数据，其数据含在“新疆”的数据中。

五、所使用的计量单位，大部分采用国际统一法定标准计量单位，小部分沿用水利统计惯用单位。

六、部分数据合计数量由于数字位数取舍而产生的计算误差，均未作调整。

七、凡带有续表的资料，有关注释均列在第一张表的下方。

八、符号使用说明：各表中的“空格”表示该项统计指标数据不足本表最小单位数、数据不详或无该项数据；“#”表示其中主要项；“*”或数字标示（如①等）表示本表下有注解。

EDITOR'S NOTES

A. *China Water Statistical Yearbook 2019*, as an annual report that contains comprehensive information on various activities of water resources development in the People's Republic of China, has systematically collected a wide range of statistical data of water resources, water environment, investments of water project construction, water schemes and infrastructures, and hydropower development etc. of the whole country and of each province, autonomous region and municipality directly under the administration of Central Government in 2018. In addition, the Yearbook provides main statistical information on water resources since the founding of the People's Republic of China in 1949.

B. The Yearbook include nine chapters:

1. Rivers, lakes and water resources
2. River regulation
3. Agricultural irrigation
4. Water supply and utilization
5. Soil and water conservation
6. Investments in water project construction
7. Rural hydropower
8. Hydrological network
9. Employees

To help readers clearly understand the statistical data, a brief introduction is given before each chapter, making a briefing on main contents, data sources, statistical scope and method, and historical changes. Moreover, explanations of main statistical indices are made at the end of each chapter.

C. In the Yearbook, if no special explanation, the national statistics excludes those of Hong Kong Special Administrative Region, Macao Special Administrative Region and Taiwan Province. The number of reservoir, sluice and gate, length of embankment, irrigated area, irrigation district, electro-mechanical wells and soil and conservation area in 2012 were integrated with the data of First National Water Census in 2011. The water-saving irrigated area in 2013 was integrated with the data of First National Water Census in 2011.

D. Following methodologies are adopted when statistical data of the Yearbook is produced:

1. Some statistical data are collected from 1949 to 2018, but a number of indicative data of some year are excluded because of incomplete historical records.

2. Statistical data of each province is collected according to the administrative division of that year, and no adjustment is made after the changes of division of administrative scope. For example, the data of Chongqing should be covered by Sichuan Province before Chongqing became the municipality directly under the central government.

3. Some statistical data are grouped based on river basins or Grade-I water resources regions.

4. Historical data are kept unchanged.

5. Statistical data of Xinjiang cover that of the Xinjiang Production and Construction Corps.

E. Metric System is commonly applied for most of the data in the Yearbook as the unit of measurements, but in a few circumstances, units that widely used locally are adopted.

F. No automatic adjustment is made for calculation error of some total figures herein as a result of the dropping of a certain digit.

G. Where statistical data has continued table, the relevant annotations is listed at the bottom of the first table continued.

H. Notes on symbol-use: the space in tables of the Yearbook means that index data are less than the required minimum, or not quite clear or not available; # represents the main item; * or ① means that there are annotations at the bottom of the table.

目　　录

CONTENTS

2 江河治理
River Regulation

3 农业灌溉
Agricultural Irrigation

4 供用水
Water Supply and Utilization

5 水土保持
Soil and Water Conservation

6 水利建设投资
Investments in Water Project Construction

7 农村水电
Rural Hydropower

8 水文站网
Hydrological Network

9 从业人员情况
Employees

1 江河湖泊及水资源

Rivers，Lakes and Water Resources

简要说明

江河湖泊及水资源统计资料包括主要江河、湖泊、自然资源与水资源的状况，降水量、水资源量、水旱灾害及水质等。

1. 自然状况包括国土、气候等资料，国土和气候资料来源于《中国统计年鉴 2011》和《中国统计年鉴 2012》。

2. 降水量资料，按照水资源一级分区和地区整理。

3. 水资源量资料汇总了 1997 年以来的数据，按水资源一级分区和地区整理。

4. 主要河流、内陆水域、湖泊资料，按照主要河流水系整理。

5. 河流水质、湖泊水质资料按水资源一级分区整理。

6. 主要江河年径流量为 50 年平均值。

Brief Introduction

Statistical data of rivers, lakes and water resources provides information on main rivers and lakes, conditions of natural resources and water resources, precipitation, availability of water resources, flood or drought disasters, water quality, etc.

1. Natural resources conditions cover the data of national land and climate that are sourced from *China Statistical Yearbook 2011* and *China Statistical Yearbook 2012*.

2. Precipitation data is sorted according to regions and Grade-Ⅰ water resources regions.

3. Data of availability of water resources, collected since 1997, is classified according to regions and Grade-Ⅰ water resources regions.

4. Data of main rivers, inland water bodies and lakes is classified according to main watersheds.

5. Data of water quality in rivers and water quality in lakes is classified according to Grade-Ⅰ water resources regions.

6. Mean annual runoff of main rivers refers to the average annual value of past 50 years.

1-1 河流数量与长度

Number and Length of Rivers

地 区	Region	流域面积 50km² 及以上河流数量 Drainage Area up to 50km² and above		流域面积 100km² 及以上河流数量 Drainage Area up to 100km² and above		流域面积 1000km² 及以上河流数量 Drainage Area up to 1000km² and above		流域面积 10000km² 及以上河流数量 Drainage Area up to 10000km² and above	
		数量/条 Number/unit	长度/千米 Length/km	数量/条 Number/unit	长度/千米 Length/km	数量/条 Number/unit	长度/千米 Length/km	数量/条 Number/unit	长度/千米 Length/km
合 计	**Total**	**46796**	**1514592**	**24117**	**1120608**	**2617**	**391448**	**362**	**136721**
北 京	Beijing	127	3731	71	2845	11	1035	2	417
天 津	Tianjin	192	3913	40	1714	3	265	1	102
河 北	Hebei	1386	40947	550	26719	49	6573	10	2575
山 西	Shanxi	902	29337	451	21219	53	7606	7	3000
内蒙古	Inner Mongolia	4087	144785	2408	113572	296	42621	40	14735
辽 宁	Liaoning	845	28459	459	21587	48	7585	10	2869
吉 林	Jilin	912	32765	497	25386	64	9963	18	5102
黑龙江	Heilongjiang	2881	92176	1303	65482	119	23959	21	10294
上 海	Shanghai	133	2694	19	758	2	83	2	83
江 苏	Jiangsu	1495	31197	714	19552	15	1649	4	672
浙 江	Zhejiang	865	22474	490	16375	26	3927	3	975
安 徽	Anhui	901	29401	481	21980	66	7937	8	1641
福 建	Fujian	740	24629	389	18051	41	5697	5	1719
江 西	Jiangxi	967	34382	490	25219	51	8199	8	2474
山 东	Shandong	1049	32496	553	23662	39	4896	4	1120
河 南	Henan	1030	36965	560	27910	64	10161	11	3347
湖 北	Hubei	1232	40010	623	28949	61	9182	10	3232
湖 南	Hunan	1301	46011	660	33589	66	10441	9	3957
广 东	Guangdong	1211	36559	614	25851	60	7668	6	1635
广 西	Guangxi	1350	47687	678	35182	80	13011	7	4062
海 南	Hainan	197	6260	95	4397	8	1199		
重 庆	Chongqing	510	16877	274	12727	42	4869	7	1441
四 川	Sichuan	2816	95422	1396	70465	150	26948	20	10649
贵 州	Guizhou	1059	33829	547	25386	71	10261	10	3176
云 南	Yunnan	2095	66856	1002	48359	118	20245	17	7388
西 藏	Tibet	6418	177347	3361	131612	331	43073	28	12042
陕 西	Shaanxi	1097	38469	601	29342	72	10443	12	4134
甘 肃	Gansu	1590	55773	841	41932	132	17434	21	6587
青 海	Qinghai	3518	114060	1791	81966	200	28073	27	9888
宁 夏	Ningxia	406	10120	165	6482	22	2226	5	926
新 疆	Xinjiang	3484	138961	1994	112338	257	44219	29	16479

注 1. 由于同一河流流经不同省（自治区、直辖市）时重复统计，故 31 个省（自治区、直辖市）河流合计数大于同标准河流的总数、河流长度合计数大于同标准河流长度的总数。

2. 本表数据来源于 2011 年第一次全国水利普查成果。

Note 1. The total number of rivers in 31 provinces (autonomous regions and municipalities) in the Yearbook is larger than that of the actual rivers because of repetitive calculation of same rivers that flow across more than one province (autonomous regions and municipalities), and the total length of rivers is also larger than that of the actual rivers.

2. The data used in this table are sourced from the First National Water Census in 2011.

1-2 七大江河基本情况
General Conditions of Seven Major Rivers

河名 River	流域面积/平方千米 Drainage Area /km^2	年径流量/亿立方米 Annual Runoff /10^8m^3	多年平均① Mean Average① 径流量/亿立方米 Mean Annual Runoff /10^8m^3	人口/亿人 Population /10^8 persons	耕地/千公顷 Cultivated Land /10^3ha	人均占有年径流量/立方米每人 Annual Runoff per Capita /(m^3/person)	耕地亩均占有年径流量/立方米 Annual Runoff per mu of Farmland /m^3	粮食总产量/万吨 Total Yield of Grain Production /10^4t	播种面积平均亩产/千克 Average Yield per mu of Cultivated Land /kg
长　江 Yangtze River	1808500	9513	9280	3.79	23467	2449	2636	14334.42	279
黄　河 Yellow River	752443	661	628	0.92	12133	683	345	2757.98	160
松花江 Songhua River	557180	762	733	0.51	10467	1437	467	2920.97	224
辽　河 Liaohe River	228960	148	126	0.34	4400	371	191	1770.64	308
珠　江 Pearl River	453690	3338	3360	0.82	4667	1098	4800	2195.58	236
海　河 Haihe River	263631	228	288	1.10	11333	262	169	3731.24	221
淮　河 Huaihe River	269283	622	611	1.42	12333	430	330	6122.13	247

① 指50年平均值。多年平均数据来源于《四十年水利建设成就——水利统计资料（1949—1988）》。

① It refers to the average annual value of the past 50 years. The data of mean average are sourced from *Achievements of Water Construction in 40 Years—Water Statistical Data (1949–1988)*.

1-3 主要江河年径流量
Annual Runoff of Major Basins

水 系 Water System	河 名 River	集水面积 /平方千米 Catchment Area /km²	河长 /千米 Length of River /km	多年平均[①] Average Annual Value[①] 年径流量 /亿立方米 Annual Runoff /10^8m^3	年径流深 /毫米 Depth of Annual Runoff /mm	年均流量 /立方米每秒 Mean Annual Runoff /(m^3/s)
黑龙江 Heilong River	松花江 Songhua River	557180	2308	733	134	2320
	嫩江 Nenjiang River	282748	1369	225	80	713
	第二松花江 Second Songhua River	78723	799	165	210	517
	牡丹江 Mudan River	37023	726	84	228	267
辽河 Liaohe River	辽河 Liaohe River	228960	1390	126	55	400
	浑河 Hunhe River	11481	415	29	248	90
	太子河 Taizi River	13883	413	36	264	114
辽宁沿海 Coastal Rivers of Liaoning Province	大凌河 Daling River	23549	397	21	89	66
海滦河 Hai-Luan Rivers	滦河 Luanhe River	44750	877	48	109	152
	海河 Haihe River	263631	1090	228	87	723
	潮白河 Chaobai River	19559	467	19	109	61
	永定河 Yongding River	50830	681	20	45	65
	大清河 Daqing River	39244	483	44	113	140
	子牙河 Ziya River	46300	751	44	95	139
	漳卫南运河 Zhangweinan Canal	37200	959	42	128	133
黄河 Yellow River	黄河 Yellow River	752443	5464	628	84	1990
	洮河 Taohe River	25527	673	53	2080	168
	湟水 Huangshui River	32863	374	50	153	159
	无定河 Wuding River	30261	491	15	48	46
	汾河 Fenhe River	39471	694	27	67	84

① 根据河口控制站 1956—1979 年资料推算。

① It is estimated based on the data of control stations located in river mouthes from 1956 to 1979.

1-3　续表 continued

水　系 Water System	河　名 River	集水面积 /平方千米 Catchment Area /km²	河长 /千米 Length of River /km	多年平均[①]Average Annual Value[①] 年径流量 /亿立方米 Annual Runoff /10^8m^3	年径流深 /毫米 Depth of Annual Runoff /mm	年均流量 /立方米每秒 Mean Annual Runoff /(m^3/s)
黄河 Yellow River	渭河 Weihe River	134766	818	104	77	330
	伊洛河 Yiluo River	18881	447	35	184	110
	沁河 Qinhe River	13532	485	18	136	58
淮河 Huaihe River	淮河 Huaihe River	269283	1000	611	231	1940
	淮河水系 Huaihe River Water System	188497	1000	443	235	1400
	颍河 Yinghe River	39890	557	59	149	188
	史河 Shihe River	6850	211	35	511	111
	淠河 Pihe River	6450	248	39	601	123
	沂河 Yihe River	10315	220	34	331	108
	沭河 Shuhe River	6161	206	19	300	59
长江 Yangtze River	长江 Yangtze River	1808500	6300	9280	513	29460
	金沙江 Jinsha River	473242	2920	1520	321	4820
	雅砻江 Yalong River	128444	1190	586	456	1860
	岷江 Minjiang River	135868	711	921	678	2918
	嘉陵江 Jialing River	157928	1120	696	441	2210
	乌江 Wujiang River	87241	1020	530	608	1680
	湘江 Xiangjiang River	94660	856	759	802	2405
	资水 Zishui River	81422	653	239	849	759
	沅江 Yuanjiang River	89164	1033	667	748	2114
	澧水 Lishui River	18496	388	165	892	523
	汉江 Hanjiang River	159000	1565	557	350	1761
	赣江 Ganjiang River	80948	744	664	820	2105
	抚河 Fuhe River	15811	276	147	930	465

1-3　续表 continued

水　系 Water System	河　名 River	集水面积 /平方千米 Catchment Area /km^2	河长 /千米 Length of River /km	多年平均[①]Average Annual Value[①] 年径流量 /亿立方米 Annual Runoff /10^8m^3	年径流深 /毫米 Depth of Annual Runoff /mm	年均流量 /立方米每秒 Mean Annual Runoff /(m^3/s)
珠江 Pearl River	柳江 Liujiang River	58270	775	527	904	1670
	北江 Beijiang River	46710	468	510	1092	1620
	东江 Dongjiang River	27010	520	257	950	815
韩江 Hanjiang River	韩江 Hanjiang River	30100	470	261	867	828
海南岛诸河 Rivers in Hainan Island	南渡河 Nandu River	7176	311	70	977	222
浙闽诸河 Rivers in Zhejiang and Fujian	钱塘江 Qiantang River	12156	428	364	874	1160
	瓯江 Oujiang River	17859	388	189	1058	599
	闽江 Minjiang River	60992	541	586	961	1870
河西内陆河 Inland Rivers of Hexi Corridor Region	昌马河 Changma River	13405	320	10	74	32
	黑河 Heihe River	10009	303	16	155	49
新疆内陆河 Inland Rivers of Xinjiang	乌伦古河 Wulungu River	32040	821	11	33	34
青海内陆河 Inland Rivers of Qinghai	格尔木河 Golmud River	18648	227	8	40	24

1-4 河 流 流 域 面 积

Drainage Area of Basins

流 域 名 称	River	流域面积/平方千米 Drainage Area/km^2	占外流河、内陆河流域面积合计/% Percentage to Total/%
合计	**Total**	**9506678**	**100.00**
外流河	**Out-flowing Rivers**	**6150927**	**64.70**
黑龙江及绥芬河	Heilong River and Suifen River	934802	9.83
辽河、鸭绿江及沿海诸河	Liaohe River, Yalu River and Coastal Rivers	314146	3.30
海滦河	Hai-Luan Rivers	320041	3.37
黄河	Yellow River	752773	7.92
淮河及山东沿海诸河	Huaihe River and Coastal Rivers in Shandong	330009	3.47
长江	Yangtze River	1782715	18.75
浙闽台诸河	Rivers in Zhejiang, Fujian and Taiwan	244574	2.57
珠江及沿海诸河	Pearl River and Coastal Rivers	578974	6.09
元江及澜沧江	Yuanjiang River and Lancang River	240389	2.53
怒江及滇西诸河	Nujiang River and Rivers in West Yunnan	157392	1.66
雅鲁藏布江及藏南诸河	Yarlung Zangbo River and Rivers in South Tibet	387550	4.08
藏西诸河	Rivers in West Tibet	58783	0.62
额尔齐斯河	Irtysh River	48779	0.51
内陆河	**Inland Rivers**	**3355751**	**35.30**
内蒙古内陆河	Inland Rivers in Inner Mongolia	311378	3.28
河西内陆河	Inland Rivers in Hexi Corridor Region	469843	4.94
准噶尔内陆河	Inland Rivers in Junggar Basin	323621	3.40
中亚细亚内陆河	Inland Rivers in Central Asia	77757	0.82
塔里木内陆河	Inland Rivers in Tarim Basin	1079643	11.36
青海内陆河	Inland Rivers in Qinghai	321161	3.38
羌塘内陆河	Inland Rivers in Qiangtang	730077	7.68
松花江、黄河、藏南闭流区	Closed-Drainage Area of Songhua River, Yellow River and Rivers in Southern Tibet	42271	0.44

注　本表数据为 2002—2005 年进行的第二次水资源评价数据。

Note　The data in this table are sourced from the second water resources evaluation between 2002 and 2005.

1-5 全国主要湖泊

Key Lakes in China

湖　　名 Lake	主要所在地 Main Location	湖泊面积 /平方千米 Area /km^2	湖水贮量 /亿立方米 Storage /10^{8}m^3
青海湖 Qinghai Lake	青海 Qinghai	4200	742
鄱阳湖 Poyang Lake	江西 Jiangxi	3960	259
洞庭湖 Dongting Lake	湖南 Hunan	2740	178
太湖 Taihu Lake	江苏 Jiangsu	2338	44
呼伦湖 Hulun Lake	内蒙古 Inner Mongolia	2000	111
纳木错 Namtso Lake	西藏 Tibet	1961	768
洪泽湖 Hongze Lake	江苏 Jiangsu	1851	24
色林错 Selincuo Lake	西藏 Tibet	1628	492
南四湖 Nansi Lake	山东 Shandong	1225	19
扎日南木错 Zharinanmucuo Lake	西藏 Tibet	996	60
博斯腾湖 Bosten Lake	新疆 Xinjiang	960	77
当惹雍错 Dangreyongcuo Lake	西藏 Tibet	835	209
巢湖 Chaohu Lake	安徽 Anhui	753	18
布伦托海 Buluntuohai Lake	新疆 Xinjiang	730	59
高邮湖 Gaoyou Lake	江苏 Jiangsu	650	9
羊卓雍错 Yangzhuoyongcuo Lake	西藏 Tibet	638	146
鄂陵湖 Eling Lake	青海 Qinghai	610	108
哈拉湖 Hala Lake	青海 Qinghai	538	161
阿牙克库木湖 Ayakekumu Lake	新疆 Xinjiang	570	55
扎陵湖 Gyaring Lake	青海 Qinghai	526	47
艾比湖 Aibi Lake	新疆 Xinjiang	522	9
昂拉仁错 Anglarencuo Lake	西藏 Tibet	513	102
塔若错 Taruocuo Lake	西藏 Tibet	487	97
格仁错 Gerencuo Lake	西藏 Tibet	476	71
赛里木湖 Sayram Lake	新疆 Xinjiang	454	210
松花湖 Songhua Lake	吉林 Jilin	425	108
班公错 Bangongcuo Lake	西藏 Tibet	412	74
玛旁雍错 Manasarovar Lake	西藏 Tibet	412	202
洪湖 Honghu Lake	湖北 Hubei	402	8
阿次克湖 Acike Lake	新疆 Xinjiang	345	34
滇池 Dianchi Lake	云南 Yunnan	298	12
拉昂错 Laangcuo Lake	西藏 Tibet	268	40
梁子湖 Liangzi Lake	湖北 Hubei	256	7
洱海 Erhai Lake	云南 Yunnan	253	26
龙感湖 Longgan Lake	安徽 Anhui	243	4
骆马湖 Luoma Lake	江苏 Jiangsu	235	3
达里诺尔 Dalinuoer Lake	内蒙古 Inner Mongolia	210	22
抚仙湖 Fuxian Lake	云南 Yunnan	211	19
泊湖 Pohu Lake	安徽 Anhui	209	3
石臼湖 Shijiu Lake	江苏 Jiangsu	208	4
月亮泡 Yueliangpao Lake	吉林 Jilin	206	5
岱海 Daihai Lake	内蒙古 Inner Mongolia	140	13
波特港湖 Botegang Lake	新疆 Xinjiang	160	13
镜泊湖 Jingpo Lake	黑龙江 Heilongjiang	95	16

注　本表数据来源于《四十年水利建设成就——水利统计资料（1949—1988）》。

Note　The data in this table are sourced from *Achievements of Water Construction in 40 Years—Water Statistical Data (1949-1988)*.

1-5 续表 continued

湖 名 Lake	所在流域 River Basin		水 型 Lake Type
	内陆湖区 Inland Lake Region	外流湖区 Out-flowing Lake Region	
青海湖 Qinghai Lake	柴达木区 Qaidam		咸水湖 Saltwater Lake
鄱阳湖 Poyang Lake		长江流域 Yangtze River Basin	淡水湖 Freshwater Lake
洞庭湖 Dongting Lake		长江流域 Yangtze River Basin	淡水湖 Freshwater Lake
太湖 Taihu Lake		长江流域 Yangtze River Basin	淡水湖 Freshwater Lake
呼伦湖 Hulun Lake	内蒙古区 Inner Mongolia		咸水湖 Saltwater Lake
纳木错 Namtso Lake	藏北区 North Tibet		咸水湖 Saltwater Lake
洪泽湖 Hongze Lake		淮河流域 Huaihe River Basin	淡水湖 Freshwater Lake
色林错 Selincuo Lake	藏北区 North Tibet		咸水湖 Saltwater Lake
南四湖 Nansi Lake		淮河流域 Huaihe River Basin	淡水湖 Freshwater Lake
扎日南木错 Zharinanmucuo Lake	藏北区 North Tibet		咸水湖 Saltwater Lake
博斯腾湖 Bosten Lake	甘新区 Gansu-Xinjiang Region		咸水湖 Saltwater Lake
当惹雍错 Dangreyongcuo Lake	藏北区 North Tibet		咸水湖 Saltwater Lake
巢湖 Chaohu Lake		长江流域 Yangtze River Basin	淡水湖 Freshwater Lake
布伦托海 Buluntuohai Lake	甘新区 Gansu-Xinjiang Region		咸水湖 Saltwater Lake
高邮湖 Gaoyou Lake		淮河流域 Huaihe River Basin	淡水湖 Freshwater Lake
羊卓雍错 Yangzhuoyongcuo Lake	藏北区 North Tibet		咸水湖 Saltwater Lake
鄂陵湖 Eling Lake		黄河流域 Yellow River Basin	淡水湖 Freshwater Lake
哈拉湖 Hala Lake	柴达木区 Qaidam		咸水湖 Saltwater Lake
阿牙克库木湖 Ayakekumu Lake	藏北区 North Tibet		咸水湖 Saltwater Lake
扎陵湖 Gyaring Lake		黄河流域 Yellow River Basin	淡水湖 Freshwater Lake
艾比湖 Aibi Lake	甘新区 Gansu-Xinjiang Region		咸水湖 Saltwater Lake
昂拉仁错 Anglarencuo Lake	藏北区 North Tibet		咸水湖 Saltwater Lake
塔若错 Taruocuo Lake	藏北区 North Tibet		咸水湖 Saltwater Lake
格仁错 Gerencuo Lake	藏北区 North Tibet		淡水湖 Freshwater Lake
赛里木湖 Sayram Lake	甘新区 Gansu-Xinjiang Region		咸水湖 Saltwater Lake
松花湖 Songhua Lake		黑龙江流域 Heilong River Basin	淡水湖 Freshwater Lake
班公错 Bangongcuo Lake	藏北区 North Tibet		东淡西咸 Freshwater in the East and Saltwater in the West
玛旁雍错 Manasarovar Lake	藏南区 South Tibet		淡水湖 Freshwater Lake
洪湖 Honghu Lake		长江流域 Yangtze River Basin	淡水湖 Freshwater Lake
阿次克湖 Acike Lake	藏北区 North Tibet		咸水湖 Saltwater Lake
滇池 Dianchi Lake		长江流域 Yangtze River Basin	淡水湖 Freshwater Lake
拉昂错 Laangcuo Lake	藏南区 South Tibet		淡水湖 Freshwater Lake
梁子湖 Liangzi Lake		长江流域 Yangtze River Basin	淡水湖 Freshwater Lake
洱海 Erhai Lake		西南诸河 Southwest Region	淡水湖 Freshwater Lake
龙感湖 Longgan Lake		长江流域 Yangtze River Basin	淡水湖 Freshwater Lake
骆马湖 Luoma Lake		淮河流域 Huaihe River Basin	淡水湖 Freshwater Lake
达里诺尔 Dalinuoer Lake	内蒙古区 Inner Mongolia		咸水湖 Saltwater Lake
抚仙湖 Fuxian Lake		珠江流域 Pearl River Basin	淡水湖 Freshwater Lake
泊湖 Pohu Lake		长江流域 Yangtze River Basin	淡水湖 Freshwater Lake
石臼湖 Shijiu Lake		长江流域 Yangtze River Basin	淡水湖 Freshwater Lake
月亮泡 Yueliangpao Lake		黑龙江流域 Heilong River Basin	淡水湖 Freshwater Lake
岱海 Daihai Lake	内蒙古区 Inner Mongolia		咸水湖 Saltwater Lake
波特港湖 Botegang Lake	甘新区 Gansu-Xinjiang Region		淡水湖 Freshwater Lake
镜泊湖 Jingpo Lake		黑龙江流域 Heilong River Basin	淡水湖 Freshwater Lake

1-6 各地区湖泊个数和面积

Number and Area of Lakes by Region

地区	Region	湖泊数量/个 Number of Lakes /unit	淡水湖 Freshwater Lake	咸水湖 Saltwater Lake	盐湖 Salt Lake	其他 Others	湖泊面积/平方千米 Lake Area /km²	淡水湖 Freshwater Lake	咸水湖 Saltwater Lake	盐湖 Salt Lake	其他 Others
合　计	**Total**	**2865**	**1594**	**945**	**166**	**160**	**78007.1**	**35149.9**	**39205.0**	**2003.7**	**1648.6**
北　京	Beijing	1	1				1.3	1.3			
天　津	Tianjin	1	1				5.1	5.1			
河　北	Hebei	23	6	13	4		364.8	268.5	90.7	5.6	
山　西	Shanxi	6	4	2			80.7	18.8	61.9		
内蒙古	Inner Mongolia	428	86	268	73	1	3915.8	571.6	3101.4	240.0	2.8
辽　宁	Liaoning	2	2				44.7	44.7			
吉　林	Jilin	152	27	39	67	19	1055.2	165.6	486.4	338.9	64.3
黑龙江	Heilongjiang	253	241	12			3036.9	2890.8	146.1		
上　海	Shanghai	14	14				68.1	68.1			
江　苏	Jiangsu	99	99				5887.3	5887.3			
浙　江	Zhejiang	57	57				99.2	99.2			
安　徽	Anhui	128	128				3505.0	3505.0			
福　建	Fujian	1	1				1.5	1.5			
江　西	Jiangxi	86	86				3802.2	3802.2			
山　东	Shandong	8	7	1			1051.7	1047.7	4.0		
河　南	Henan	6	6				17.2	17.2			
湖　北	Hubei	224	224				2569.2	2569.2			
湖　南	Hunan	156	156				3370.7	3370.7			
广　东	Guangdong	7	6	1			18.7	17.5	1.2		
广　西	Guangxi	1	1				1.1	1.1			
海　南	Hainan										
重　庆	Chongqing										
四　川	Sichuan	29	29				114.5	114.5			
贵　州	Guizhou	1	1				22.9	22.9			
云　南	Yunnan	29	29				1115.9	1115.9			
西　藏	Tibet	808	251	434	14	109	28868.0	4341.5	22338.3	1234.7	953.5
陕　西	Shaanxi	5		5			41.1		41.1		
甘　肃	Gansu	7	3	3	1		100.6	22.0	13.6	65.0	
青　海	Qinghai	242	104	125	8	5	12826.5	2516.0	10193.8	103.7	13.0
宁　夏	Ningxia	15	11	4			101.3	57.1	44.3		
新　疆	Xinjiang	116	44	44	2	26	5919.8	2606.8	2682.2	15.8	615.1

注 1. 面积大于或等于 1km^2。
2. 有 40 个跨省湖泊在分省数据中有重复统计。
3. 本表数据来源于 2011 年第一次全国水利普查。

Note 1. The lake area is larger or equal to 1 km^2.
2. In the data by regions, 40 trans-provincial lakes are calculated repetitively.
3. The data in this table are sourced from the First National Water Census in 2011.

1-7　2018 年各地区降水量与 2017 年和常年值比较

Comparison of Precipitation of 2018 with 2017 and Normal Year by Region

地区	Region	降水量 /毫米 Precipitation /mm	与 2017 年比较增减 /% Increase or Decrease Comparing to 2017 /%	与常年值比较增减 /% Increase or Decrease Comparing to Normal Year /%
合　计	**Total**	**682.5**	**2.7**	**6.2**
北　京	Beijing	590.4	-0.3	1.1
天　津	Tianjin	581.8	17.2	1.2
河　北	Hebei	507.6	6.0	-4.5
山　西	Shanxi	522.9	-9.8	2.8
内蒙古	Inner Mongolia	328.2	57.6	16.3
辽　宁	Liaoning	586.1	7.8	-13.6
吉　林	Jilin	672.9	12.9	10.5
黑龙江	Heilongjiang	633.3	20.3	18.8
上　海	Shanghai	1266.6	5.9	16.2
江　苏	Jiangsu	1088.1	8.1	9.4
浙　江	Zhejiang	1640.2	5.4	2.2
安　徽	Anhui	1314.7	4.8	12.1
福　建	Fujian	1566.6	3.5	-6.6
江　西	Jiangxi	1487.6	-10.3	-9.2
山　东	Shandong	789.5	24.2	16.2
河　南	Henan	755.0	-8.8	-2.1
湖　北	Hubei	1072.2	-18.1	-9.1
湖　南	Hunan	1363.7	-9.1	-6.0
广　东	Guangdong	1843.1	6.0	4.1
广　西	Guangxi	1560.0	-13.6	1.5
海　南	Hainan	2095.9	1.6	19.8
重　庆	Chongqing	1134.8	-11.0	-4.2
四　川	Sichuan	1050.3	11.6	7.3
贵　州	Guizhou	1162.9	-1.0	-1.3
云　南	Yunnan	1337.5	-1.0	4.6
西　藏	Tibet	619.0	-2.0	8.3
陕　西	Shaanxi	703.0	-12.3	7.1
甘　肃	Gansu	371.9	17.1	23.5
青　海	Qinghai	403.9	19.2	39.0
宁　夏	Ningxia	389.2	17.4	34.9
新　疆	Xinjiang	186.0	-3.3	20.2

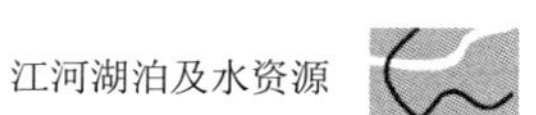

1-8 2018 年各水资源一级区降水量与 2017 年和常年值比较

Comparison of Precipitation of 2018 with 2017 and Normal Year in Grade-Ⅰ Water Resources Regions

水资源一级区	Grade-Ⅰ Water Resources Regions	降水量 /毫米 Precipitation /mm	与 2017 年比较增减 /% Increase or Decrease Comparing to 2017 /%	与常年值比较增减 /% Increase or Decrease Comparing to Normal Year /%
全　国	**Total**	**682.5**	**2.7**	**6.2**
松花江区	Songhua River	569.9	26.4	13.0
辽河区	Liaohe River	511.3	11.2	-6.2
海河区	Haihe River	540.7	8.1	1.1
黄河区	Yellow River	551.6	12.9	23.7
淮河区	Huaihe River	925.2	5.8	10.3
长江区	Yangtze River	1086.3	-3.2	
其中：太湖流域	Among Which: Taihu Lake	1381.8	10.5	16.5
东南诸河区	Southeast Rivers	1607.2	4.0	-3.3
珠江区	Pearl River	1599.7	-4.7	3.3
西南诸河区	Southwest Rivers	1147.9	-1.1	5.6
西北诸河区	Northwest Rivers	203.9	11.1	26.7

1-9　2018 年主要城市降水量
Monthly Precipitation of Major Cities in 2018

单位：毫米　　unit: mm

城　市	City	1 月 Jan.	2 月 Feb.	3 月 Mar.	4 月 Apr.	5 月 May	6 月 June	7 月 July	8 月 Aug.	9 月 Sept.	10 月 Oct.	11 月 Nov.	12 月 Dec.	全年 Total of the Year
北京	Beijing			4.1	47.5	9.3	35.4	309.1	109.6	25.4	4.4	1.6	0.2	546.6
天津	Tianjin	4.4		1.5	33.1	22.0	67.3	262.5	185.5	18.0	15.7	14.4	2.1	626.5
石家庄	Shijiazhuang	0.3		3.4	50.9	64.7	19.9	55.7	146.8	4.3	0.3	2.6	2.8	351.7
太原	Taiyuan	2.1		4.2	22.8	27.7	29.9	153.5	60.2	58.8	2.3	2.9	0.2	364.6
呼和浩特	Hohhot	0.9		5.9	27.1	75.2	2.8	284.6	37.2	144.2	2.2	0.5	0.2	580.8
沈阳	Shenyang	5.0	9.4	19.7	22.7	48.0	81.0	60.2	139.0	40.7	34.0	7.5	15.0	482.2
大连	Dalian	9.0	3.6	2.7	27.8	70.7	50.5	8.1	326.1	4.3	28.1	8.9	26.2	566.0
长春	Changchun	6.6	11.7	16.4	9.1	78.6	61.6	86.2	205.5	79.7	38.7	11.7	1.5	607.3
哈尔滨	Harbin	6.0	4.4	10.4	25.9	12.2	186.4	172.1	121.9	76.7	15.1	15.8	4.4	651.3
上海	Shanghai	96.4	67.7	95.7	84.6	171.6	57.2	122.8	249.4	193.3	35.6	97.8	156.7	1408.8
南京	Nanjing	106.0	44.9	120.7	60.9	142.8	49.1	182.3	273.6	66.2	37.5	65.6	117.4	1267.0
杭州	Hangzhou	140.5	57.9	65.3	108.4	148.0	264.1	153.5	318.4	233.0	23.8	133.1	164.2	1810.2
合肥	Hefei	97.6	54.1	103.3	92.1	164.0	92.1	318.9	281.4	109.6	17.0	68.3	97.2	1495.6
福州	Fuzhou	117.6	21.7	94.5	78.0	159.0	265.6	110.5	292.6	66.2	52.7	121.0	20.2	1399.6
南昌	Nanchang	77.6	45.8	172.1	267.5	127.7	211.3	142.4	108.0	70.4	98.0	115.6	114.1	1550.5
济南	Ji'nan	5.2	0.8	20.3	68.1	72.4	197.1	177.6	249.2	38.3	20.4	22.0	8.6	880.0
青岛	Qingdao	5.0	0.8	45.1	36.9	95.3	116.7	150.4	85.2	90.4	14.9	17.8	27.7	686.2
郑州	Zhengzhou	16.7	4.5	22.3	50.3	108.0	50.4	76.5	150.2	99.0		18.5	13.1	609.5
武汉	Wuhan	88.1	40.2	136.3	109.3	214.5	64.2	116.2	94.7	40.3	20.5	99.8	86.5	1110.6
长沙	Changsha	87.7	53.5	77.0	78.0	148.0	78.5	174.9	184.6	71.4	72.3	137.3	78.3	1241.5
广州	Guangzhou	131.6	12.6	56.0	137.2	148.4	488.9	270.7	217.7	154.9	82.3	40.0	18.7	1759.0
南宁	Nanning	32.3	16.7	69.5	60.1	169.2	223.1	337.8	151.8	99.5	67.4	16.6	30.2	1274.2
桂林	Guilin	39.8	23.1	241.9	133.0	310.6	248.2	280.3	113.6	127.3	94.6	129.0	61.3	1802.7
海口	Haikou	38.2	11.5	27.0	121.8	154.6	610.9	235.2	574.0	239.1	44.3	51.1	27.6	2135.3
重庆（沙坪坝）	Chongqing (Shapingba)	39.1	14.6	97.8	155.1	181.6	79.2	147.9	130.3	179.4	82.7	34.0	44.0	1185.7
成都（温江）	Chengdu (Wenjiang)	2.0	11.4	33.9	48.5	127.5	253.3	381.6	175.9	155.5	33.7	13.9	13.2	1250.4
贵阳	Guiyang	55.1	15.2	111.4	76.4	251.3	238.9	98.4	145.5	147.4	39.9	56.5	21.1	1257.1
昆明	Kunming	29.5	0.7	45.5	37.2	95.0	239.5	172.8	289.6	82.8	53.3		39.3	1085.2
拉萨	Lhasa		1.4	8.4	7.6	35.4	70.8	189.9	175.0	33.7	0.2		12.0	534.4
西安（泾河）	Xi'an (Jinghe)	22.0	3.6	21.2	36.5	25.7	50.7	114.1	71.7	73.7	8.9	28.6	2.5	459.2
兰州（皋兰）	Lanzhou (Gaolan)	1.2	0.8	2.4	44.3	39.3	11.4	97.1	106.4	93.6	8.6	19.7	2.0	426.8
西宁	Xining	2.3	0.1	2.1	30.2	37.5	55.8	113.0	136.6	80.5	31.4	28.8	0.6	518.9
银川	Yinchuan	4.9		3.7	12.0	16.9	2.4	116.2	87.9	24.0	8.2	3.9	0.1	280.2
乌鲁木齐	Urumqi	9.4	3.9	23.7	52.0	44.2	6.9	13.8	41.3	39.5	45.4	23.1	22.2	325.4

注　本表数据来源于《中国统计年鉴 2019》。

Source: *Chira Statistical Yearbook 2019.*

1-10 各流域片年平均降水量、径流量
Mean Annual Precipitation and Runoff by River Basin

各 流 域 片	River Basin	计算面积 /平方千米 Calculated Area /km²	多年平均① Average Annual Value① 年降水量 /毫米 Annual Precipitation /mm	年径流深 /毫米 Annual Runoff /mm	年降水总量 /亿立方米 Annual Precipitation /10⁸m³	年径流量 /亿立方米 Annual Runoff /10⁸m³
合计	**Total**	**9545322**	**648**	**284**	**61889**	**27115**
一、黑龙江流域片	Ⅰ. Heilong River Basin	903418	496	129	4476	1166
1. 嫩江	1. Nenjiang River	267817	450	94	1205	251
2. 第二松花江	2. Second Songhua River	78723	666	210	524	165
3. 松花江干流	3. Mainstream of Songhua River	210640	573	164	1206	346
松花江流域	Songhua River Basin	557180	527	137	2935	762
二、辽河流域片	Ⅱ. Liaohe River Basin	345027	551	141	1901	487
4. 辽河流域	4. Liaohe River Basin	228960	473	65	1082	148
5. 辽宁沿海诸河	5. Coastal Rivers of Liaoning Province	60740	639	207	388	126
三、海滦河流域片	Ⅲ. Hai-Luan Rivers Basin	318161	560	91	1781	288
6. 滦河(含冀东沿海诸河)	6. Luanhe River (Including Coastal Rivers in the East of Hebei Province)	54530	565	110	308	60
7. 海河北系	7. North System of Haihe River	83119	507	80	421	67
8. 海河南系	8. South System of Haihe River	148669	580	98	862	145
9. 徒骇马颊河	9. Tuhaimajia River	31843	597	52	190	17
海河流域	Haihe River Basin	263631	559	87	1473	228
四、黄河流域片	Ⅳ. Yellow River Basin	794712	464	83	3691	661
10. 湟水	10. Huangshui River	32863	502	153	165	50
11. 洮河	11. Taohe River	25527	603	208	154	53
12. 兰州以上干流区间	12. Mainstream above Lanzhou	164161	473	149	777	244
13. 兰州—河口镇	13. Lanzhou-Hekou Town	163415	271	9	443	14
黄河上游	Upper Reaches of Yellow River	385966	399	94	1539	362
14. 河口镇—龙门	14. Hekou Town-Longmen	111595	460	54	513	60
15. 汾河	15. Fenhe River	39471	530	67	209	27
16. 泾河	16. Jinghe River	45421	539	46	245	21
17. 洛河	17. Luohe River	26905	550	37	148	10
18. 渭河	18. Weihe River	62440	629	117	393	73
19. 龙门—三门峡干流区间	19. Mainstream of Longmen-Sanmenxia	16623	573	73	95	12

注 本表数据来源于《中国水资源评价》。

Source: *China Water Resources Assessment Report*.

① 指 1956—1979 年数据平均。

① It refers to the average annual value in 1956-1979.

1-10 续表 continued

各 流 域 片	River Basin	计算面积/平方千米 Calculated Area /km^2	多年平均① Average Annual Value① 年降水量/毫米 Annual Precipitation /mm	年径流深/毫米 Annual Runoff /mm	年降水总量/亿立方米 Annual Precipitation /10^8m^3	年径流量/亿立方米 Annual Runoff /10^8m^3
20. 伊洛河	20. Yiluo River	18881	694	184	131	35
21. 沁河	21. Qinhe River	13532	642	136	87	18
22. 三门峡—花园口干流区间	22. Mainstream of Sanmenxia-Huayuankou	9202	648	133	60	12
黄河中游	Middle Reaches of Yellow River	344070	547	78	1881	267
23. 黄河下游	23. Lower Reaches of Yellow River	22407	674	130	151	29
黄河流域	Yellow River Basin	752443	475	88	3571	658
24. 鄂尔多斯内流区	24. Ordos Endorheic River Region	42269	284	8	120	3
五、淮河流域片	Ⅴ. Huaihe River Basin	329211	860	225	2830	741
25. 淮河上中游	25. Upper and Middle Reaches of Huaihe River	160837	889	234	1430	376
26. 淮河下游	26. Lower Reaches of Huaihe River	30337	1015	258	308	78
27. 沂沭泗河	27. Yi-Shu-Si Rivers	78109	836	215	653	168
淮河流域	Huaihe River Basin	269283	889	231	2390	622
28. 山东沿海诸河	28. Coastal Rivers of Shandong Province	59928	733	199	439	119
六、长江流域片	Ⅵ. Yangtze River Basin	1808500	1071	526	19360	9513
29. 金沙江	29. Jinsha River	490650	706	313	3466	1535
30. 岷沱江	30. Min-Tuo Rivers	164766	1083	627	1785	1033
31. 嘉陵江	31. Jialing River	158776	965	443	1532	704
32. 乌江	32. Wujiang River	86976	1164	620	1012	539
33. 长江上游干流区间	33. Mainstream of Upper Reaches of Yangtze River	100504	1169	653	1175	656
长江上游	Upper Reaches of Yangtze River	1001672	896	446	8570	4467
34. 洞庭湖水系	34. Water System of Dongting Lake	262344	1414	767	3709	2012
35. 汉江	35. Hanjiang River	155204	900	361	1396	560
36. 鄱阳湖水系	36. Water System of Poyang Lake	162274	1598	853	2593	1384
37. 长江中游干流区间	37. Mainstream of Middle Reaches of Yangtze River	57069	1243	550	1207	534
长江中游	Middle Reaches of Yangtze River	676891	1316	663	8905	4490
38. 太湖水系	38. Water System of Taihu Lake	37464	1105	366	414	137
39. 长江下游干流区间	39. Mainstream of Lower Reaches of Yangtze River	92473	1158	453	1071	419
长江下游	Lower Reaches of Yangtze River	129937	1143	428	1485	556
七、珠江流域片	Ⅶ. Pearl River Basin	580641	1544	807	8967	4685
40. 南北盘江	40. South and North Panjiang River	82480	1122	467	925	385
41. 红水河与柳黔江	41. Hongshui River and Liuqian River	115525	1480	782	1710	903
42. 北江	42. Beijiang River	44725	1757	1096	786	490

1-10 续表 continued

各流域片	River Basin	计算面积/平方千米 Calculated Area /km²	多年平均[①] Average Annual Value[①] 年降水量/毫米 Annual Precipitation /mm	年径流深/毫米 Annual Runoff /mm	年降水总量/亿立方米 Annual Precipitation /10^8m^3	年径流量/亿立方米 Annual Runoff /10^8m^3
43. 东江	43. Dongjiang River	28191	1788	993	504	280
44. 珠江三角洲	44. Pearl River Delta	31443	1791	996	563	313
珠江流域	Pearl River Basin	444304	1469	751	6528	3338
45. 韩江	45. Hanjiang River	32457	1630	881	529	286
46. 粤东沿海诸河	46. Coastal Rivers of East Guangdong	13653	2058	1260	281	172
47. 桂南粤西沿海诸河	47. Coastal Rivers of South Guangxi and West Guangdong	56093	1836	1032	1030	579
48. 海南岛和南海诸岛	48. Hainan Island and South China Sea Islands	34134	1755	908	599	310
八、浙闽诸河片	Ⅷ. Rivers in Zhejiang and Fujian	239803	1758	1066	4216	2557
49. 钱塘江(含浦阳江)	49. Qiantang River (Including Puyang River)	42156	1587	875	669	369
50. 浙东诸河	50. Rivers in East Zhejiang	18592	1442	715	268	133
51. 浙南诸河	51. Rivers in South Zhejiang	32775	1718	1062	563	348
52. 闽江	52. Minjiang River	60992	1710	961	1043	586
53. 闽东沿海诸河	53. Coastal Rivers of East Fujian	15394	1747	1156	269	178
54. 闽南诸河	54. Rivers in South Fujian	33913	1563	902	530	306
九、西南诸河片	Ⅸ. Rivers in Southwest	851406	1098	688	9346	5853
55. 藏南诸河	55. Rivers in South Tibet	155778	1689	1253	2631	1952
56. 藏西诸河	56. Rivers in West Tibet	57340	129	35	74	20
十、内陆诸河片	Ⅹ. Inland Rivers	3321713	154	32	5113	1064
57. 内蒙古内陆河	57. Inland Rivers in Inner Mongolia	308067	254	4	783	12
58. 河西内陆河	58. Inland Rivers in Hexi Corridor Region Basin	488708	123	14	599	69
59. 准噶尔内陆河	59. Inland Rivers in Junggar	316530	168	40	532	125
60. 中亚细亚内陆河	60. Inland Rivers in Central Asia	93130	468	207	436	193
61. 青海内陆河	61. Inland Rivers in Qinghai	319286	138	23	441	72
62. 羌塘内陆河	62. Inland Rivers in Qiangtang	721182	170	34	1226	246

1-11 历年水资源量

Water Resources by Year

年份 Year	水资源总量 /亿立方米 Total Quantity of Water Resources /10^8m^3	地表水资源量 /亿立方米 Surface Water Resources /10^8m^3	地下水资源量 /亿立方米 Groundwater Resources /10^8m^3	地下水与地表水资源重复量 /亿立方米 Duplicated Amount of Surface Water and Groundwater /10^8m^3	降水量 /亿立方米 Total Precipitation /10^8m^3	人均水资源量 /立方米每人 Per Capita Water Resources /(m^3/person)
1998	34017	32726	9400	8109	67631	2723
1999	28196	27204	8387	7395	59702	2219
2000	27701	26562	8502	7363	60092	2194
2001	26868	25933	8390	7456	58122	2112
2002	28261	27243	8697	7679	62610	2207
2003	27460	26251	8299	7090	60416	2131
2004	24130	23126	7436	6433	56876	1856
2005	28053	26982	8091	7020	61010	2152
2006	25330	24358	7643	6671	57840	1932
2007	25255	24242	7617	6604	57763	1916
2008	27434	26377	8122	7065	62000	2071
2009	24180	23125	7267	6212	55966	1812
2010	30906	29798	8417	7308	65850	2310
2011	23257	22214	7215	6171	55133	1726
2012	29529	28373	8296	7141	65150	2186
2013	27958	26840	8081	6963	62674	2060
2014	27267	26264	7745	6742		1999
2015	27963	26901	7797	6735	62569	2039
2016	32466	31274	8855	7662	68672	2355
2017	28761	27746	8310	7295	62936	2086
2018	27463	26323	8247	7107	64618	1972

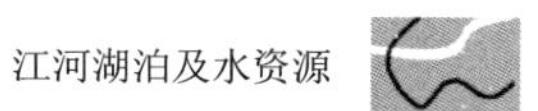

1-12　多年平均水资源量（按地区分）
Mean Annual Water Resources (by Region)

地区	Region	平均年水资源总量/亿立方米 Mean Annual Total Available Water Resources /10^8m^3	平均年地表水资源量/亿立方米 Mean Annual Surface Water Resources /10^8m^3	平均年地下水资源量/亿立方米 Mean Annual Groundwater Resources /10^8m^3	平均年地表水与地下水资源重复量/亿立方米 Duplicated Amount of Surface Water and Groundwater /10^8m^3	平均年产水模数/万立方米每平方千米 Mean Annual Water Production Modulus /($10^4m^3/km^2$)
全　国	**Total**	**27460.3**	**26478.2**	**8149.0**	**7166.9**	**29.5**
北　京	Beijing	40.8	25.3	26.2	10.7	24.3
天　津	Tianjin	14.6	10.8	5.8	2.0	12.9
河　北	Hebei	236.9	167.0	145.8	75.9	12.6
山　西	Shanxi	143.5	115.0	94.6	66.1	9.2
内蒙古	Inner Mongolia	506.7	371.0	248.3	112.6	4.4
辽　宁	Liaoning	363.2	325.0	105.5	67.3	25.0
吉　林	Jilin	390.0	345.0	110.1	65.1	20.7
黑龙江	Heilongjiang	775.8	647.0	269.3	140.5	16.6
上　海	Shanghai	26.9	18.6	12.0	3.7	43.5
江　苏	Jiangsu	325.4	249.0	115.3	38.9	31.9
浙　江	Zhejiang	897.1	885.0	213.3	201.2	88.1
安　徽	Anhui	676.8	617.0	166.6	106.8	48.5
福　建	Fujian	1168.7	1168.0	306.4	305.7	96.3
江　西	Jiangxi	1422.4	1416.0	322.6	316.2	85.1
山　东	Shandong	335.0	264.0	154.2	83.2	21.9
河　南	Henan	407.7	311.0	198.9	102.2	24.4
湖　北	Hubei	981.2	946.0	291.3	256.1	52.8
湖　南	Hunan	1626.6	1620.0	374.8	368.2	76.8
广　东	Guangdong	2134.1	2111.0	545.9	522.8	100.7
广　西	Guangxi	1880.0	1880.0	397.7	397.7	79.1
四　川	Sichuan	3133.8	3131.0	801.6	798.8	55.2
贵　州	Guizhou	1035.0	1035.0	258.9	258.9	58.8
云　南	Yunnan	2221.0	2221.0	738.0	738.0	57.9
西　藏	Tibet	4482.0	4482.0	1094.3	1094.3	37.3
陕　西	Shaanxi	441.9	420.0	165.1	143.2	21.5
甘　肃	Gansu	274.3	273.0	132.7	131.4	6.9
青　海	Qinghai	626.2	623.0	258.1	254.9	8.7
宁　夏	Ningxia	9.9	8.5	16.2	14.8	1.9
新　疆	Xinjiang	882.8	793.0	579.5	489.7	5.4

注　本表数据来源于《中国水资源评价》。

Source: *China Water Resources Assessment Report*.

1-13　2018年水资源量（按地区分）

Water Resources in 2018 (by Region)

地区	Region	水资源总量/亿立方米 Total Quantity of Water Resources /10^8m^3	地表水资源量/亿立方米 Surface Water Resources /10^8m^3	地下水资源量/亿立方米 Groundwater Resources /10^8m^3	地下水与地表水资源重复量/亿立方米 Duplicated Amount of Surface Water and Groundwater /10^8m^3	降水量/毫米 Total Precipitation /mm	人均水资源量/立方米每人 Per Capita Water Resources /(m^3/person)
全　国	**Total**	**27462.5**	**26323.2**	**8246.5**	**7107.2**	**682.5**	**1972**
北　京	Beijing	35.5	14.3	28.9	7.7	590.4	164
天　津	Tianjin	17.6	11.8	7.3	1.5	581.8	113
河　北	Hebei	164.1	85.3	124.4	45.6	507.6	218
山　西	Shanxi	121.9	81.3	100.3	59.7	522.9	329
内蒙古	Inner Mongolia	461.5	302.4	253.6	94.5	328.2	1823
辽　宁	Liaoning	235.4	209.3	79.8	53.7	586.1	539
吉　林	Jilin	481.2	422.2	137.9	78.9	672.9	1775
黑龙江	Heilongjiang	1011.4	842.2	347.5	178.3	633.3	2675
上　海	Shanghai	38.7	32.0	9.6	2.9	1266.6	160
江　苏	Jiangsu	378.4	274.9	119.7	16.2	1088.1	471
浙　江	Zhejiang	866.2	848.3	213.9	196.0	1640.2	1520
安　徽	Anhui	835.8	766.7	203.7	134.6	1314.7	1329
福　建	Fujian	778.5	777.0	245.7	244.2	1566.6	1983
江　西	Jiangxi	1149.1	1129.9	298.5	279.3	1487.6	2479
山　东	Shandong	343.3	230.6	196.7	84.0	789.5	342
河　南	Henan	339.8	241.7	188.0	89.9	755.0	355
湖　北	Hubei	857.0	825.9	257.7	226.6	1072.2	1450
湖　南	Hunan	1342.9	1336.5	333.5	327.1	1363.7	1952
广　东	Guangdong	1895.1	1885.2	460.6	450.7	1843.1	1683
广　西	Guangxi	1831.0	1829.7	440.9	439.6	1560.0	3733
海　南	Hainan	418.1	414.6	98.0	94.5	2095.9	4496
重　庆	Chongqing	524.2	524.2	104.0	104.0	1134.8	1697
四　川	Sichuan	2952.6	2951.5	635.1	634.0	1050.3	3548
贵　州	Guizhou	978.7	978.7	252.7	252.7	1162.9	2726
云　南	Yunnan	2206.5	2206.5	772.8	772.8	1337.5	4582
西　藏	Tibet	4658.2	4658.2	1105.7	1105.7	619.0	136804
陕　西	Shaanxi	371.4	347.6	125.0	101.2	703.0	965
甘　肃	Gansu	333.3	325.7	165.6	158.0	371.9	1266
青　海	Qinghai	961.9	939.5	424.2	401.8	403.9	16018
宁　夏	Ningxia	14.7	12.0	18.1	15.4	389.2	214
新　疆	Xinjiang	858.8	817.8	497.0	456.0	186.0	3572

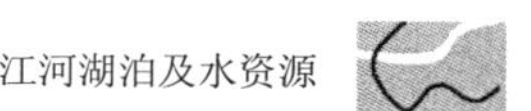

1-14 2018 年水资源量（按水资源一级区分）
Water Resources in 2018 (by Water Resources Regions)

水资源一级区	Grade- Ⅰ Water Resources Rregions	水资源总量 /亿立方米 Total Quantity of Water Resources $/10^8m^3$	地表水资源量 /亿立方米 Surface Water Resources $/10^8m^3$	地下水资源量 /亿立方米 Groundwater Resources $/10^8m^3$	地下水与地表水资源重复量 /亿立方米 Duplicated Amount of Surface Water and Groundwater $/10^8m^3$	降水量 /毫米 Total Precipitation /mm
全　国	**Total**	**27462.5**	**26323.2**	**8246.5**	**7107.2**	**682.5**
松花江区	Songhua River	1688.6	1441.7	553.0	306.1	569.9
辽河区	Liaohe River	387.1	307.8	161.6	82.3	511.3
海河区	Haihe River	338.4	173.9	257.1	92.6	540.7
黄河区	Yellow River	869.1	755.3	449.8	336.0	551.6
淮河区	Huaihe River	1028.7	769.9	431.8	173.0	925.2
长江区	Yangtze River	9373.7	9238.1	2383.6	2248.0	1086.3
其中：太湖流域	Among Which: Taihu Lake	231.3	204.1	52.3	25.1	1381.8
东南诸河区	Southeast Rivers	1517.7	1505.5	420.1	407.9	1607.2
珠江区	Pearl River	4777.5	4762.9	1163.0	1148.4	1599.7
西南诸河区	Southwest Rivers	5986.5	5986.5	1537.1	1537.1	1147.9
西北诸河区	Northwest Rivers	1495.3	1381.5	889.4	775.6	203.9

1-15　2018 年河流水质状况（按水资源分区分）
Water Quality of Rivers of 2018 (by Water Resources Sub-region)

水资源一级区	Grade- Ⅰ Water Resources Rregions	评价河长/千米 Assessed River Length /km	分类河长占评价河长百分比/% Percentage of Classed River Length to the Total Assessed/%					
			Ⅰ类 Class-Ⅰ	Ⅱ类 Class-Ⅱ	Ⅲ类 Class-Ⅲ	Ⅳ类 Class-Ⅳ	Ⅴ类 Class-Ⅴ	劣Ⅴ类 Inferior to Class-Ⅴ
全　国	**Total**	**262364.2**	**8.7**	**51.0**	**21.9**	**8.7**	**4.2**	**5.5**
松花江区	Songhua River	16633.1	1.4	20.6	53.1	9.7	8.0	7.2
辽河区	Liaohe River	5519.2	1.4	21.6	36.7	14.3	6.5	19.5
海河区	Haihe River	15495.3	2.1	25.5	15.0	17.4	15.0	25.0
黄河区	Yellow River	23043.1	11.9	44.1	17.8	8.7	5.2	12.3
淮河区	Huaihe River	24431.8	0.8	17.8	42.2	23.2	9.3	6.7
长江区	Yangtze River	85897.9	7.2	61.2	19.7	7.6	2.0	2.3
其中：太湖流域	Among Which: Taihu Lake	6219.3		10.1	32.4	40.0	11.0	6.5
东南诸河区	Southeast Rivers	14340.8	8.1	62.1	21.7	6.0	0.8	1.3
珠江区	Pearl River	32491.7	4.6	65.6	16.8	6.3	3.0	3.7
西南诸河区	Southwest Rivers	21085.5	11.6	72.0	13.2	2.5	0.2	0.5
西北诸河区	Northwest Rivers	23425.8	34.5	54.3	6.6	0.3	2.4	1.9

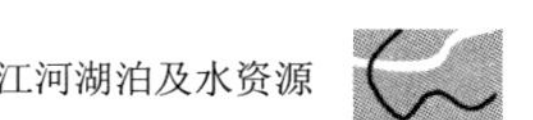

1-16 2018年全国重点湖泊水质及富营养化状况

Water Quality and Eutrophication Status of Major Lakes in 2018

湖泊名称 Lake	所属行政区 Region	水质类别 Water Quality	营养状况 Eutrophication Condition
太湖（含五里湖） Taihu Lake (Including Wuli Lake)	江苏、浙江 Jiangsu，Zhejiang	Ⅳ Class-Ⅳ	中度富营养 Moderate
呼伦湖 Hulun Lake	内蒙古 Inner Mongolia	劣Ⅴ Inferior to Class-Ⅴ	—
乌梁素海 Ulansu Hai	内蒙古 Inner Mongolia	劣Ⅴ Inferior to Class-Ⅴ	—
白洋淀 Baiyangdian Lake	河北 Hebei	Ⅴ Class-Ⅴ	轻度富营养 Slight
洪泽湖 Hongze Lake	江苏 Jiangsu	Ⅴ Class-Ⅴ	轻度富营养 Slight
查干湖 Chagan Lake	吉林 Jilin	Ⅴ Class-Ⅴ	轻度富营养 Slight
骆马湖 Luoma Lake	江苏 Jiangsu	Ⅳ Class-Ⅳ	轻度富营养 Slight
高邮湖 Gaoyou Lake	江苏 Jiangsu	Ⅳ Class-Ⅳ	轻度富营养 Slight
白马湖 Baima Lake	江苏 Jiangsu	Ⅳ Class-Ⅳ	轻度富营养 Slight
巢湖 Chaohu Lake	安徽 Anhui	Ⅴ Class-Ⅴ	中度富营养 Moderate
鄱阳湖 Poyang Lake	江西 Jiangxi	Ⅳ Class-Ⅳ	中度富营养 Moderate
南四湖 Nansihu Lakes	山东、江苏 Shandong，Jiangsu	Ⅲ Class-Ⅲ	轻度富营养 Slight
邵伯湖 Shaobo Lake	江苏 Jiangsu	Ⅳ Class-Ⅳ	轻度富营养 Slight
洪湖 Honghu Lake	湖北 Hubei	Ⅳ Class-Ⅳ	轻度富营养 Slight
长湖 Changhu Lake	湖北 Hubei	Ⅳ Class-Ⅳ	轻度富营养 Slight
梁子湖 Liangzi Lake	湖北 Hubei	Ⅳ Class-Ⅳ	轻度富营养 Slight
龙感湖 Longgan Lake	湖北、安徽 Hubei，Anhui	Ⅳ Class-Ⅳ	轻度富营养 Slight
洞庭湖 Dongting Lake	湖南 Hunan	Ⅳ Class-Ⅳ	轻度富营养 Slight
宝应湖 Baoying Lake	江苏 Jiangsu	Ⅳ Class-Ⅳ	轻度富营养 Slight
滆湖 Gehu Lake	江苏 Jiangsu	Ⅴ Class-Ⅴ	中度富营养 Moderate
石臼湖 Shijiu Lake	江苏、安徽 Jiangsu，Anhui	Ⅳ Class-Ⅳ	轻度富营养 Slight

1-16　续表 continued

湖泊名称 Lake	所属行政区 Region	水质类别 Water Quality	营养状况 Eutrophication Condition
大官湖黄湖 Daguanhuhuanghu Lake	安徽 Anhui	Ⅳ Class-Ⅳ	轻度富营养 Slight
菜子湖 Caizi Lake	安徽 Anhui	Ⅳ Class-Ⅳ	轻度富营养 Slight
南漪湖 Nanyi Lake	安徽 Anhui	Ⅳ Class-Ⅳ	轻度富营养 Slight
滇池 Dianchi Lake	云南 Yunnan	劣Ⅴ Inferior to Class-Ⅴ	中度富营养 Moderate
抚仙湖 Fuxian Lake	云南 Yunnan	Ⅰ Class- Ⅰ	中度富营养 Moderate
城西湖 Chengxi Lake	安徽 Anhui	Ⅳ Class-Ⅳ	轻度富营养 Slight
城东湖 Chengdong Lake	安徽 Anhui	Ⅳ Class-Ⅳ	轻度富营养 Slight
女山湖 Nushan Lake	安徽 Anhui	Ⅳ Class-Ⅳ	轻度富营养 Slight
洱海 Erhai Lake	云南 Yunnan	Ⅲ Class-Ⅲ	中度富营养 Moderate
纳木错 Namtso Lake	西藏 Tibet	劣Ⅴ Inferior to Class-Ⅴ	中度富营养 Moderate
普莫雍错 Pumoyongcuo Lake	西藏 Tibet	Ⅱ Class- Ⅱ	中度富营养 Moderate
羊卓雍错 Yangzhuoyongcuo Lake	西藏 Tibet	劣Ⅴ Inferior to Class-Ⅴ	中度富营养 Moderate
青海湖 Qinghai Lake	青海 Qinghai	Ⅱ Class-Ⅱ	中度富营养 Moderate
瓦埠湖 Wabu Lake	安徽 Anhui	Ⅳ Class-Ⅳ	轻度富营养 Slight
乌伦古湖 Wulungu Lake	新疆 Xinjiang	劣Ⅴ Inferior to Class-Ⅴ	中度富营养 Moderate
赛里木湖 Sailimu Lake	新疆 Xinjiang	Ⅰ Class- Ⅰ	中度富营养 Moderate
博斯腾湖 Bosten Lake	新疆 Xinjiang	Ⅲ Class-Ⅲ	中度富营养 Moderate
艾比湖 Ebinur Lake	新疆 Xinjiang	劣Ⅴ Inferior to Class-Ⅴ	中度富营养 Moderate
泊湖 Pohu Lake	安徽 Anhui	Ⅳ Class-Ⅳ	轻度富营养 Slight
东平湖 Dongping Lake	山东 Shandong	Ⅲ Class-Ⅲ	轻度富营养 Slight

主要统计指标解释

地表水资源量 河流、湖泊以及冰川等地表水体中可以逐年更新的动态水量，即天然河川径流量。

地下水资源量 地下饱和含水层逐年更新的动态水量，即降水和地表水入渗对地下水的补给量。

水资源总量 当地降水形成的地表和地下产水总量，即地表径流量与降水入渗补给量之和。

降水量 从天空降落到地面的液态或固态（经融化后）水，未经蒸发、渗透、流失而在地面上积聚的深度。其统计计算方法为：月降水量是将全月各日的降水量累加而得；年降水量是将 12 个月的月降水量累加而得。

径流量 在一定时段内通过河流某一过水断面的水量。

内陆水域面积 江、河、湖泊、坑塘、塘堰、水库等各种流水或蓄水的水面占地面积。

流域面积 每条河流都有自己的干流和支流，干支流共同组成这条河流的水系。每条河流都有自己的集水区域，这个集水区域就称为该河流的流域，流域面积是该流域区域的总面积。

水质等级 水质等级根据《地表水环境质量标准》（GB 3838—2002）确定。依据地表水水域环境功能和保护目标，按功能高低依次划分为五类：

Ⅰ类：主要适用于源头水、国家自然保护区；

Ⅱ类：主要适用于集中式生活饮用水地表水源地一级保护区、珍稀水生生物栖息地、鱼虾类产场、仔稚幼鱼的索饵场等；

Ⅲ类：主要适用于集中式生活饮用水地表水源地二级保护区、鱼虾类越冬场、洄游通道、水产养殖区等渔业水域及游泳区；

Ⅳ类：主要适用于一般工业用水区及人体非直接接触的娱乐用水区；

Ⅴ类：主要适用于农业用水区及一般景观要求水域。

Explanatory Notes of Main Statistical Indicators

Surface water resources Dynamic quantity of water that is renewable year by year in surface water bodies such as rivers, lakes or glaciers; it also means the quantity of natural river runoff.

Groundwater resources Quantity of recharge of precipitation and surface water to the saturated rock and clay, including infiltration recharge of precipitation and surface water bodies of river courses, lakes, reservoirs, canal system and irrigation field.

Total Quantity of water resources Total available surface and underground water that is formed by local precipitation, i.e. the sum of surface runoff and underground water infiltrated by precipitation recharge.

Precipitation Accumulative depth of water in liquid or solid (after melting) states from the sky to the ground without evaporation, infiltration and running off. Its calculation methods are as follows: monthly precipitation shall be the total sum of everyday rainfall in a month; annual precipitation shall be the total sum of rainfalls of twelve months.

Amount of runoff Water quantity runs through a water carrying section of a river during a fixed period of time. The calculation formula: runoff = precipitation – evaporation.

Inland water area Total land area occupied by running or stored water, including river, lake, pond, weir or reservoir etc.

Drainage area Each river has its own mainstream and tributaries that jointly form the water system of this river. Each river has its own water catchment area, and this catchment is called the river basin of this river. The area of a river basin is the total area of its catchments.

Classification of water quality Classification of water quality is based on ***Environmental quality standards for surface water*** (GB 3838-2002). Water quality is classified into five levels in sequence from high to low in line with environment functions and aims of protection of the surface water bodies.

Class-Ⅰ Water can be used as source of drinking water and national nature reserve.

Class-Ⅱ Water can be used as Grade-Ⅰ surface water source for centralized domestic drinking water supply, habitat of rare and endemic aquatic life, spawning ground for fish and shrimp, and feeding ground of juvenile and young fish.

Class-Ⅲ Water can be used as Grade-Ⅱ surface water source for centralized domestic drinking water supply, wintering or migratory passage of fish and shrimp, water bodies used for fishery such as aquiculture and swimming.

Class-Ⅳ Water can be used for industries and recreation without direct contact with human bodies.

Class-Ⅴ Water can be used for irrigation and landscape watering.

2 江河治理

River Regulation

简要说明

江河治理统计资料主要包括水库数量、水库总库容、堤防长度与等级划分、水闸数量与类型、除涝面积以及除涝标准。

江河治理资料按水资源一级分区和地区分组。水库、堤防、水闸、除涝等历史数据汇总1974年至今的数据。

1. 水库统计范围为已建成水库，包括水利、电力、城建等部门建设的水库。因2007年湖南省对小型水库数量进行调减，因此对2000—2006年水库数量与库容进行相应调减。

2. 堤防统计范围为已建成或基本建成的河堤、湖堤、海堤、江堤、分洪区和行洪区围堤等各种堤防，生产堤、渠堤、排涝堤不做统计。本年鉴堤防长度为五级及以上堤防长度。

3. 水闸统计范围为江河、湖泊上的防洪、分洪、节制、挡潮、排涝、引水灌溉等各种类型水闸，水库枢纽等建筑物上的水闸不包括在内。水闸流量不够10立方米每秒，不做统计。2012年始，水闸数量统计口径为水闸流量达到5立方米每秒。

4. 洪灾、旱灾及防治状况历史资料汇总1949年以来的数据，按地区整理。

5. 2012年，水库、堤防、水闸相关指标已与2011年水利普查数据进行了衔接。

Brief Introduction

Statistical data of rivers regulation mainly includes number of reservoirs, total storage capacity, embankment length and grade division, number and types of sluices and gates, drainage area and standard.

The data of river regulation is divided into groups in accordance with regions and basins. Historical data of reservoirs, embankments, water gates, waterlogging prevention areas is collected from 1974 until present.

1. The statistical data of reservoirs also covers reservoirs built by department of electricity or urban construction despite of water department. Due to the reduction for the number of small reservoirs of Hunan Province in 2007, the number of reservoirs and storage capacity in 2000-2006 were reduced accordingly.

2. The statistical scope of embankment covers various types such as river embankment and levee, lake embankment, sea dyke, embankment for flood retention and discharge basins, excluding embankment for production, canal and drainage purposes. The data of the length of embankment and dyke is about from Grade-Ⅰ to Grade-Ⅴ.

3. The statistical scope of sluice and gate covers various types of sluices and gates on rivers or lakes, such as those for flood control and flood diversion, control gate and tidal gate, and gate for drainage and irrigation. The gates built on the reservoirs are not included. The gates with a flow lower than 10 m^3/s are not included. Since 2012, only the gates with a flow higher than 5 m^3/s are included.

4. Historical data of flood and drought disasters, and summary of prevention and control status are collected from 1949 until present and classified according to regions.

5. The data of reservoir, embankment, sluice and gate in 2012 is integrated with the First National Census for Water in 2011.

2-1 主 要 指 标
Key Indicators

指标名称 Indicator	单位	unit	2010	2011	2012	2013	2014	2015	2016	2017	2018
水库 Reservoir	座	unit	87873	88605	97543	97721	97735	97988	98460	98795	98822
总库容 Total Storage	亿立方米	10^8m^3	7162	7201	8255	8298	8394	8581	8967	9035	8953
大型 Large Reservoir	座	unit	552	567	683	687	697	707	720	732	736
总库容 Total Storage	亿立方米	10^8m^3	5594	5602	6493	6529	6617	6812	7166	7210	7117
中型 Medium Reservoir	座	unit	3269	3346	3758	3774	3799	3844	3890	3934	3954
总库容 Total Storage	亿立方米	10^8m^3	930	954	1064	1070	1075	1068	1096	1117	1126
小型 Small Reservoir	座	unit	84052	84692	93102	93260	93239	93437	93850	94129	94132
总库容 Total Storage	亿立方米	10^8m^3	638	645	698	700	702	701	705	709	710
堤防 Embankment and Dyke	千米	km	294104	299911	271661	276823	284425	291417	299322	306200	311932
保护耕地面积 Protected Cultivated Area	千公顷	10^3ha	46831	42625	42597	42573	42794	40844	41087	40946	41409
保护人口 Protected Population	万人	10^4persons	59853	57216	56566	57138	58584	58608	59468	60557	62837
水闸 Water Gate	座	unit	43300	44306	97256	98192	98686	103964	105283	103878	104403
大型 Large Gate	座	unit	567	599	862	870	875	888	892	892	897
中型 Medium Gate	座	unit	4692	4767	6308	6336	6360	6401	6473	6504	6534
小型 Small Gate	座	unit	38041	38942	90086	90986	91451	96675	97918	96482	96972
除涝面积 Drainage Area	千公顷	10^3ha	21692	21722	21857	21943	22369	22713	23067	23824	24262

2-2 历年已建成水库数量、库容和耕地灌溉面积

Number, Storage Capacity and Effective Irrigated Area of Completed Reservoirs by Year

年份 Year	已建成水库 Completed Reservoirs			大型水库 Large Reservoir			中型水库 Medium Reservoir			小型水库 Small Reservoir		
	座数 /座 Number /unit	总库容 /亿立方米 Total Storage Capacity /10^8m^3	耕地灌溉面积 /千公顷 Effective Irrigated Area /10^3ha	座数 /座 Number /unit	总库容 /亿立方米 Total Storage Capacity /10^8m^3	耕地灌溉面积 /千公顷 Effective Irrigated Area /10^3ha	座数 /座 Number /unit	总库容 /亿立方米 Total Storage Capacity /10^8m^3	耕地灌溉面积 /千公顷 Effective Irrigated Area /10^3ha	座数 /座 Number /unit	总库容 /亿立方米 Total Storage Capacity /10^8m^3	耕地灌溉面积 /千公顷 Effective Irrigated Area /10^3ha
1979	86132	4081	16806	319	2945	7159	2252	593	4164	83561	543	5483
1980	86822	4130	15989	326	2975	6255	2298	605	4213	84198	550	5522
1981	86881	4169	15806	328	2989	6080	2333	622	4253	84220	558	5473
1982	86900	4188	15943	331	2994	6217	2353	632	4318	84216	562	5408
1983	86567	4208	15671	335	3007	6081	2367	640	4251	83865	561	5339
1984	84998	4292	15833	338	3068	6280	2387	658	4232	82273	566	5321
1985	83219	4301	15760	340	3076	6407	2401	661	4206	80478	564	5147
1986	82716	4432	15749	350	3199	6408	2115	666	4189	79951	567	5153
1987	82870	4475	15902	353	3233	6449	2428	672	4257	80089	570	5196
1988	82937	4504	15801	355	3252	6399	2462	681	4201	80120	571	5201
1989	82848	4617	15826	358	3357	6409	2480	688	4254	80010	572	5163
1990	83387	4660	15809	366	3397	6431	2499	690	4205	80522	573	5173
1991	83799	4678		367	3400		2524	698		80908	579	
1992	84130	4688		369	3407		2538	700		81223	580	
1993	84614	4717		374	3425		2562	707		81678	583	
1994	84558	4751		381	3456		2572	713		81605	582	
1995	84775	4797		387	3493		2593	719		81795	585	
1996	84905	4571		394	3260		2618	724		81893	587	
1997	84837	4583		397	3267		2634	729		81806	587	
1998	84944	4930		403	3595		2653	736		81888	598	
1999	85119	4499		400	3164		2681	743		82039	593	
2000	83260	5183		420	3843		2704	746		80136	593	
2001	83542	5280		433	3927		2736	758		80373	595	
2002	83960	5594		445	4230		2781	768		80734	596	
2003	84091	5657		453	4279		2827	783		80811	596	
2004	84363	5541		460	4147		2869	796		81034	598	
2005	84577	5623		470	4197		2934	826		81173	601	
2006	85249	5841		482	4379		3000	852		81767	610	
2007	85412	6345		493	4836		3110	883		81809	625	
2008	86353	6924		529	5386		3181	910		82643	628	
2009	87151	7064		544	5506		3259	921		83348	636	
2010	87873	7162		552	5594		3269	930		84052	638	
2011	88605	7201		567	5602		3346	954		84692	645	
2012	97543	8255		683	6493		3758	1064		93102	698	
2013	97721	8298		687	6529		3774	1070		93260	700	
2014	97735	8394		697	6617		3799	1075		93239	702	
2015	97988	8581		707	6812		3844	1068		93437	701	
2016	98460	8967		720	7166		3890	1096		93850	705	
2017	98795	9035		732	7210		3934	1117		94129	709	
2018	98822	8953		736	7117		3954	1126		94132	710	

2-3 2018年已建成水库数量和库容（按地区分）

Number and Storage Capacity of Completed Reservoirs in 2018 (by Region)

地区	Region	已建成水库 Completed Reservoirs		大型水库 Large Reservoir		中型水库 Medium Reservoir		小型水库 Small Reservoir	
		座数/座 Number/unit	总库容/亿立方米 Total Storage Capacity/10^8m^3	座数/座 Number/unit	总库容/亿立方米 Total Storage Capacity/10^8m^3	座数/座 Number/unit	总库容/亿立方米 Total Storage Capacity/10^8m^3	座数/座 Number/unit	总库容/亿立方米 Total Storage Capacity/10^8m^3
合 计	**Total**	**98822**	**8953**	**736**	**7117**	**3954**	**1126**	**94132**	**710**
北 京	Beijing	87	52	3	46	17	5	67	1
天 津	Tianjin	27	26	3	22	10	3	14	1
河 北	Hebei	1070	206	23	183	45	16	1002	8
山 西	Shanxi	610	70	11	39	70	22	529	9
内蒙古	Inner Mongolia	607	110	16	66	90	33	501	11
辽 宁	Liaoning	795	371	35	341	75	21	685	9
吉 林	Jilin	1621	334	20	291	106	30	1495	13
黑龙江	Heilongjiang	1031	268	28	218	101	35	902	16
上 海	Shanghai								
江 苏	Jiangsu	952	35	6	13	45	12	901	10
浙 江	Zhejiang	4308	446	34	373	158	45	4116	28
安 徽	Anhui	6063	204	15	142	111	31	5937	31
福 建	Fujian	3673	171	21	91	186	50	3466	30
江 西	Jiangxi	10809	322	30	190	262	65	10517	66
山 东	Shandong	6192	220	38	129	217	55	5937	36
河 南	Henan	2654	426	26	370	124	34	2504	22
湖 北	Hubei	6946	1264	77	1135	284	79	6585	49
湖 南	Hunan	14092	514	45	351	359	93	13688	71
广 东	Guangdong	8394	450	37	290	343	96	8014	65
广 西	Guangxi	4537	711	59	594	231	68	4247	48
海 南	Hainan	1109	112	10	76	76	23	1023	12
重 庆	Chongqing	3076	126	18	81	103	27	2955	19
四 川	Sichuan	8239	523	47	414	211	62	7981	47
贵 州	Guizhou	2414	445	22	390	113	32	2279	22
云 南	Yunnan	6702	757	36	645	283	70	6383	43
西 藏	Tibet	116	38	8	33	14	5	94	1
陕 西	Shaanxi	1102	94	12	54	77	29	1013	12
甘 肃	Gansu	388	103	9	83	42	14	337	6
青 海	Qinghai	207	317	11	309	19	5	177	3
宁 夏	Ningxia	327	28	1	6	36	14	290	8
新 疆	Xinjiang	674	211	35	144	146	53	493	13

2-4　2018 年已建成水库数量和库容（按水资源分区分）

Number and Storage Capacity of Completed Reservoirs in 2018 (by Water Resources Sub-region)

水资源一级区	Grade-Ⅰ Water Resources Regions	已建成水库 Completed Reservoirs		大型水库 Large Reservoir		中型水库 Medium Reservoir		小型水库 Small Reservoir	
		座数/座 Number /unit	总库容/亿立方米 Total Storage Capacity /10^8m^3	座数/座 Number /unit	总库容/亿立方米 Total Storage Capacity /10^8m^3	座数/座 Number /unit	总库容/亿立方米 Total Storage Capacity /10^8m^3	座数/座 Number /unit	总库容/亿立方米 Total Storage Capacity /10^8m^3
合　计	**Total**	**98822**	**8953**	**736**	**7117**	**3954**	**1126**	**94132**	**710**
松花江区	Songhua River	2605	603	49	508	204	66	2352	29
辽河区	Liaohe River	1108	449	46	399	124	37	938	14
海河区	Haihe River	1861	338	36	273	164	47	1661	18
黄河区	Yellow River	3255	852	41	731	234	80	2980	42
淮河区	Huaihe River	9488	386	57	250	291	79	9140	57
长江区	Yangtze River	52832	3444	270	2713	1541	413	51021	317
东南诸河区	Southeast Rivers	7681	606	51	457	333	92	7297	56
珠江区	Pearl River	16413	1468	114	1118	735	209	15564	141
西南诸河区	Southwest Rivers	2618	569	32	513	146	37	2440	18
西北诸河区	Northwest Rivers	961	237	40	154	182	65	739	18

2-5 2018年已建成水库数量和库容（按水资源分区和地区分）

Number and Storage Capacity of Completed Reservoirs in 2018 (by Water Resources Sub-region and Region)

地区	Region	已建成水库 Completed Reservoirs		大型水库 Large Reservoir		中型水库 Medium Reservoir		小型水库 Small Reservoir	
		座数/座 Number /unit	总库容/亿立方米 Total Storage Capacity /10^8m^3	座数/座 Number /unit	总库容/亿立方米 Total Storage Capacity /10^8m^3	座数/座 Number /unit	总库容/亿立方米 Total Storage Capacity /10^8m^3	座数/座 Number /unit	总库容/亿立方米 Total Storage Capacity /10^8m^3
松花江区	**Songhua River**	**2605**	**603**	**49**	**508**	**204**	**66**	**2352**	**29**
内蒙古	Inner Mongolia	68	26	3	18	15	7	50	1
吉　林	Jilin	1506	309	18	272	88	24	1400	12
黑龙江	Heilongjiang	1031	268	28	218	101	35	902	16
辽河区	**Liaohe River**	**1108**	**449**	**46**	**399**	**124**	**37**	**938**	**14**
内蒙古	Inner Mongolia	206	53	9	38	31	11	166	3
辽　宁	Liaoning	787	371	35	341	75	21	677	9
吉　林	Jilin	115	25	2	19	18	5	95	1
海河区	**Haihe River**	**1861**	**338**	**36**	**273**	**164**	**47**	**1661**	**18**
北　京	Beijing	87	52	3	46	17	5	67	1
天　津	Tianjin	27	26	3	22	10	3	14	1
河　北	Hebei	1070	206	23	183	45	16	1002	8
山　西	Shanxi	258	27	4	13	36	10	218	4
内蒙古	Inner Mongolia	36	2	1	1	6	1	29	0.3
辽　宁	Liaoning	8	0.1					8	0.1
山　东	Shandong	138	11			32	7	106	4
河　南	Henan	237	14	2	7	18	5	217	1
黄河区	**Yellow River**	**3255**	**852**	**41**	**731**	**234**	**80**	**2980**	**42**
山　西	Shanxi	352	43	7	26	34	12	311	6
内蒙古	Inner Mongolia	226	22	2	6	28	11	196	5
山　东	Shandong	1020	57	4	44	27	7	989	6
河　南	Henan	411	264	7	254	21	5	383	5
四　川	Sichuan	2	0.1					2	0.1
陕　西	Shaanxi	573	46	6	15	59	23	508	8
甘　肃	Gansu	173	82	4	74	16	4	153	3
青　海	Qinghai	171	312	10	306	13	4	148	2
宁　夏	Ningxia	327	28	1	6	36	14	290	8
淮河区	**Huaihe River**	**9488**	**386**	**57**	**250**	**291**	**79**	**9140**	**57**
江　苏	Jiangsu	433	20	3	9	18	6	412	5
安　徽	Anhui	2493	92	6	63	57	16	2430	13
山　东	Shandong	5034	153	34	85	158	41	4842	27
河　南	Henan	1528	121	14	93	58	16	1456	12

2-5 续表 continued

地区	Region	已建成水库 Completed Reservoirs 座数/座 Number/unit	已建成水库 总库容/亿立方米 Total Storage Capacity $/10^8m^3$	大型水库 Large Reservoir 座数/座 Number/unit	大型水库 总库容/亿立方米 Total Storage Capacity $/10^8m^3$	中型水库 Medium Reservoir 座数/座 Number/unit	中型水库 总库容/亿立方米 Total Storage Capacity $/10^8m^3$	小型水库 Small Reservoir 座数/座 Number/unit	小型水库 总库容/亿立方米 Total Storage Capacity $/10^8m^3$
长江区	**Yangtze River**	**52832**	**3444**	**270**	**2713**	**1541**	**413**	**51021**	**317**
上　海	Shanghai								
江　苏	Jiangsu	519	15	3	3	27	6	489	5
浙　江	Zhejiang	340	11	4	6	11	3	325	1
安　徽	Anhui	3530	112	9	79	54	15	3467	18
江　西	Jiangxi	10809	322	30	190	262	65	10517	66
河　南	Henan	478	27	3	16	27	9	448	3
湖　北	Hubei	6946	1264	77	1135	284	79	6585	49
湖　南	Hunan	13896	512	45	351	354	92	13497	70
广　西	Guangxi	131	7	1	1	13	4	117	1
重　庆	Chongqing	3076	126	18	81	103	27	2955	19
四　川	Sichuan	8237	523	47	414	211	62	7979	47
贵　州	Guizhou	1920	284	17	242	84	25	1819	17
云　南	Yunnan	2386	186	8	153	87	19	2291	14
陕　西	Shaanxi	529	49	6	39	18	6	505	4
甘　肃	Gansu	31	6	2	4	5	1	24	0.5
青　海	Qinghai	4	0.3			1	0.2	3	0.2
东南诸河区	**Southeast Rivers**	**7681**	**606**	**51**	**457**	**333**	**92**	**7297**	**56**
浙　江	Zhejiang	3968	435	30	367	147	42	3791	26
安　徽	Anhui	40	0.2					40	0.2
福　建	Fujian	3673	171	21	91	186	50	3466	30
珠江区	**Pearl River**	**16413**	**1468**	**114**	**1118**	**735**	**209**	**15564**	**141**
湖　南	Hunan	196	2			5	1	191	1
广　东	Guangdong	8394	450	37	290	343	96	8014	65
广　西	Guangxi	4406	704	58	593	218	64	4130	47
海　南	Hainan	1109	112	10	76	76	23	1023	12
贵　州	Guizhou	494	161	5	148	29	7	460	5
云　南	Yunnan	1814	40	4	10	64	19	1746	11
西南诸河区	**Southwest Rivers**	**2618**	**569**	**32**	**513**	**146**	**37**	**2440**	**18**
云　南	Yunnan	2502	530	24	481	132	32	2346	18
西　藏	Tibet	116	38	8	33	14	5	94	1
青　海	Qinghai								
西北诸河区	**Northwest Rivers**	**961**	**237**	**40**	**154**	**182**	**65**	**739**	**18**
内蒙古	Inner Mongolia	71	6	1	3	10	3	60	1
甘　肃	Gansu	184	16	3	5	21	8	160	2
青　海	Qinghai	32	4	1	3	5	1	26	1
新　疆	Xinjiang	674	211	35	144	146	53	493	13

2-6 历年堤防长度、保护耕地、保护人口和达标长度

Length of Embankment and Dyke, Protected Farmland and Population, Length of Up-to-standard Embankment and Dyke by Year

年份 Year	长度 /千米 Length /km	保护耕地 /千公顷 Protected Farmland /10³ha	保护人口 /万人 Protected Population /10⁴ persons	累计达标堤防长度 /千米 Accumulated Up-to-standard Embankment and Dyke /km	#1级、2级堤防 Grade-I and Grade-II Embankment and Dyke	新增达标堤防长度 /千米 Newly-increased Up-to-standard Embankment and Dyke /km	主要堤防 Key Embankment & Dyke: 长度 /千米 Length /km	主要堤防 Key Embankment & Dyke: 保护面积 /千公顷 Protected Farmland Area /10³ha	一般堤防 General Embankment & Dyke: 长度 /千米 Length /km	一般堤防 General Embankment & Dyke: 保护面积 /千公顷 Protected Farmland Area /10³ha
1978	164585	31924					44024	21235	120561	10689
1979	168276	32086					43349	20374	124927	11712
1980	170645	33621					43257	22363	127388	11258
1981	170644	33621					43256	22363	127388	11258
1982	170645	33621					43256	22363	127389	11258
1983	175499	33882					46125	22335	129374	11547
1984	178958	35459					53046	22912	125912	12547
1985	177048	31060					53739	20714	123309	10346
1986	185045	31665					55706	21279	129339	10387
1987	200175	32205					56067	21131	144108	11073
1988	203709	32330					56267	21115	147442	11215
1989	216979	31966					56634	20785	160345	11180
1990	225770	31616					57499	20954	168271	10661
1991	237746	29507					59536	18257	178210	11251
1992	242246	29565					60112	18521	182134	11044
1993	245130	30885					61140	18639	183990	12246
1994	245876	30246					61803	18337	184073	11910
1995	246680	30609					63423	18777	183257	11833
1996	248243	32686					64706	21638	183537	11048
1997	250815	40476					65729	26982	185086	13493
1998	258600	36289					69879	24840	188721	11449
1999	266278	38575					74021	26014	192257	12561
2000	270364	39595	46586				76769	27458	193595	12137
2001	273401	40671	47939	76532	15875	8369				
2002	273786	42862	50049	82395	21181	11426				
2003	275171	43875	51304	88030	22854	5634				
2004	277305	43934	53065	94634	22679	6647				
2005	277450	44121	54174	98147	23240	3856				
2006	280850	45486	55403	106334	23609	5883				
2007	283770	45518	56487	109349	24347	4243				
2008	286896	45712	57289	112837	25309	5115				
2009	291420	46547	58978	116739	26256	4515				
2010	294104	46831	59853	121440	27865	4697				
2011	299911	42625	57216	128557	28419	7413				
2012	271661	42597	56566	177490	27949	11080				
2013	276823	42573	57138	179763	29452	9170				
2014	284425	42794	58584	188681	30382	9098				
2015	291417	40844	58608	196536	31164	8005				
2016	299322	41087	59468	201124	32266	6733				
2017	306200	40946	60557	210286	33381	9114				
2018	311932	41409	62837	217607	33983	8439				

2-7 2018 年堤防长度、保护耕地、保护人口和达标长度（按地区分）

Length of Embankment and Dyke, Protected Farmland and Population, Length of Up-to-standard Embankment and Dyke in 2018 (by Region)

地区	Region	长度 /千米 Length /km	保护耕地 /千公顷 Protected Farmland /10³ha	保护人口 /万人 Protected Population /10⁴persons	累计达标堤防长度 /千米 Accumulated Length of Up-to-standard Embankment and Dyke /km	#1 级、2 级堤防 Grade-Ⅰ and Grade-Ⅱ Embankment and Dyke	新增达标堤防长度 /千米 Newly-increased Length of Up-to-standard Embankment and Dyke /km
合 计	**Total**	**311932**	**41409**	**62837**	**217607**	**33983**	**8439**
北 京	Beijing	1612	202	366	1497	570	79
天 津	Tianjin	2164	374	1285	999	767	10
河 北	Hebei	10414	3573	4078	4992	1645	114
山 西	Shanxi	6661	600	1021	5191	513	170
内蒙古	Inner Mongolia	6757	1658	1243	5220	1369	123
辽 宁	Liaoning	13174	1496	1970	10992	2341	298
吉 林	Jilin	8203	1317	1028	4874	1459	112
黑龙江	Heilongjiang	13795	3460	1291	6979	1602	369
上 海	Shanghai	2354	191	2424	2215	1148	16
江 苏	Jiangsu	50837	2976	5097	42012	4911	849
浙 江	Zhejiang	19745	1338	3621	16568	1137	547
安 徽	Anhui	22042	2864	3605	14006	2788	525
福 建	Fujian	4987	383	1894	3854	276	197
江 西	Jiangxi	8258	972	1992	4594	323	316
山 东	Shandong	23732	4064	4546	17075	4037	431
河 南	Henan	16634	3538	4791	11071	1631	256
湖 北	Hubei	18156	3080	3910	6030	1550	387
湖 南	Hunan	13064	1722	2387	4721	1151	264
广 东	Guangdong	21779	1129	5609	12639	2265	76
广 西	Guangxi	2882	288	1219	1979	122	116
海 南	Hainan	716	122	350	515	67	16
重 庆	Chongqing	2428	182	871	2297	69	202
四 川	Sichuan	6034	851	2422	5494	216	316
贵 州	Guizhou	3447	392	854	3231	208	227
云 南	Yunnan	7576	579	1091	6255	117	417
西 藏	Tibet	2164	36	84	1920	111	156
陕 西	Shaanxi	5519	613	1167	4895	860	259
甘 肃	Gansu	8124	513	1006	7478	389	787
青 海	Qinghai	1917	66	145	1908	187	224
宁 夏	Ningxia	951	198	228	881		110
新 疆	Xinjiang	5808	2635	1239	5223	153	471

2-8　2018年堤防长度、保护耕地、保护人口和达标长度（按水资源分区分）

Length of Embankment and Dyke, Protected Farmland and Population, Length of Up-to-standard Embankment and Dyke in 2018 (by Water Resources Sub-region)

水资源一级区	Grade-Ⅰ Water Resources Regions	长度/千米 Length /km	保护耕地/千公顷 Protected Farmland /10^3ha	保护人口/万人 Protected Population /10^4 persons	累计达标堤防长度/千米 Accumulated Length of Up-to-standard Embankment and Dyke /km	#1级、2级堤防 Grade-Ⅰ and Grade-Ⅱ Embankment and Dyke	新增达标堤防长度/千米 Newly-increased Length of Up-to-standard Embankment and Dyke /km
合　计	**Total**	**311932**	**41409**	**62837**	**217607**	**33983**	**8439**
松花江区	Songhua River	22271	4946	2524	12761	3241	478
辽河区	Liaohe River	16807	2151	2525	13079	2971	350
海河区	Haihe River	23403	5772	7580	13853	4670	350
黄河区	Yellow River	21029	2756	3770	18250	3038	1308
淮河区	Huaihe River	72837	9242	11306	54569	7592	753
长江区	Yangtze River	96314	10144	20478	61294	8579	3102
东南诸河区	Southeast Rivers	16454	1361	4784	13326	946	621
珠江区	Pearl River	28625	1755	7628	17764	2460	342
西南诸河区	Southwest Rivers	5727	339	615	5102	169	435
西北诸河区	Northwest Rivers	8464	2943	1629	7608	317	701

2-9 2018 年堤防长度、保护耕地、保护人口和达标长度（按水资源分区和地区分）

Length of Embankment and Dyke, Protected Farmland and Population, Length of Up-to-standard Embankment and Dyke in 2018 (by Water Resources Sub-region and Region)

地区	Region	长度/千米 Length /km	保护耕地/千公顷 Protected Farmland /10^3ha	保护人口/万人 Protected Population /10^4persons	累计达标堤防长度/千米 Accumulated Length of Up-to-standard Embankment and Dyke /km	#1 级、2 级堤防 Grade-Ⅰ and Grade-Ⅱ Embankment and Dyke	新增达标堤防长度/千米 Newly-increased Length of Up-to-standard Embankment and Dyke /km
松花江区	**Songhua River**	**22271**	**4946**	**2524**	**12761**	**3241**	**478**
内蒙古	Inner Mongolia	1489	382	369	1445	244	11
吉　林	Jilin	6987	1104	864	4337	1395	97
黑龙江	Heilongjiang	13795	3460	1291	6979	1602	369
辽河区	**Liaohe River**	**16807**	**2151**	**2525**	**13079**	**2971**	**350**
内蒙古	Inner Mongolia	2535	443	396	1668	569	37
辽　宁	Liaoning	13056	1495	1965	10874	2338	298
吉　林	Jilin	1216	213	164	537	65	15
海河区	**Haihe River**	**23403**	**5772**	**7580**	**13853**	**4670**	**350**
北　京	Beijing	1612	202	366	1497	570	79
天　津	Tianjin	2164	374	1285	999	767	10
河　北	Hebei	10414	3573	4078	4992	1645	114
山　西	Shanxi	2133	193	298	1524	221	27
内蒙古	Inner Mongolia	106	3	37	104		
辽　宁	Liaoning	118	1	5	118	3	
山　东	Shandong	5764	1106	1043	4029	1263	113
河　南	Henan	1093	322	467	591	202	6
黄河区	**Yellow River**	**21029**	**2756**	**3770**	**18250**	**3038**	**1308**
山　西	Shanxi	4528	407	723	3667	292	142
内蒙古	Inner Mongolia	2253	818	393	1692	556	59
山　东	Shandong	1067	181	231	795	105	7
河　南	Henan	2939	439	653	2437	945	215
四　川	Sichuan	21	0.4	6	21		5
陕　西	Shaanxi	3345	468	877	3035	750	126
甘　肃	Gansu	4461	218	574	4264	246	472
青　海	Qinghai	1464	28	84	1457	143	172
宁　夏	Ningxia	951	198	228	881		110
淮河区	**Huaihe River**	**72837**	**9242**	**11306**	**54569**	**7592**	**753**
江　苏	Jiangsu	34077	1950	2508	27029	2695	415
安　徽	Anhui	10183	1984	2198	7982	1743	14
山　东	Shandong	16901	2777	3272	12252	2669	310
河　南	Henan	11676	2530	3328	7307	484	13

2-9 续表 continued

地区	Region	长度/千米 Length /km	保护耕地/千公顷 Protected Farmland /10³ha	保护人口/万人 Protected Population /10⁴persons	累计达标堤防长度/千米 Accumulated Length Up-to-standard Embankment and Dyke /km	#1级、2级堤防 Grade-Ⅰ and Grade-Ⅱ Embankment and Dyke	新增达标堤防长度/千米 Newly-increased Length of Up-to-standard Embankment and Dyke /km
长江区	**Yangtze River**	**96314**	**10144**	**20478**	**61294**	**8579**	**3102**
上　海	Shanghai	2354	191	2424	2215	1148	16
江　苏	Jiangsu	16759	1026	2589	14983	2216	434
浙　江	Zhejiang	8499	367	743	7304	466	148
安　徽	Anhui	11638	873	1394	5816	1045	486
江　西	Jiangxi	8258	972	1992	4594	323	316
河　南	Henan	927	247	344	736		22
湖　北	Hubei	18156	3080	3910	6030	1550	387
湖　南	Hunan	12935	1709	2347	4600	1151	251
广　西	Guangxi	58	24	55	51		1
重　庆	Chongqing	2428	182	871	2297	69	202
四　川	Sichuan	6013	850	2416	5473	216	311
贵　州	Guizhou	2316	289	692	2129	208	185
云　南	Yunnan	1966	152	257	1613	54	58
陕　西	Shaanxi	2175	145	290	1860	111	133
甘　肃	Gansu	1785	38	143	1543	22	143
青　海	Qinghai	48	1	9	48		10
东南诸河区	**Southeast Rivers**	**16454**	**1361**	**4784**	**13326**	**946**	**621**
浙　江	Zhejiang	11246	971	2877	9264	671	399
安　徽	Anhui	221	7	12	208		25
福　建	Fujian	4987	383	1894	3854	276	197
珠江区	**Pearl River**	**28625**	**1755**	**7628**	**17764**	**2460**	**342**
湖　南	Hunan	129	14	40	120		13
广　东	Guangdong	21779	1129	5609	12639	2265	76
广　西	Guangxi	2824	265	1164	1928	122	115
海　南	Hainan	716	122	350	515	67	16
贵　州	Guizhou	1131	103	162	1102		43
云　南	Yunnan	2047	124	303	1460	5	80
西南诸河区	**Southwest Rivers**	**5727**	**339**	**615**	**5102**	**169**	**435**
云　南	Yunnan	3564	303	531	3182	58	280
西　藏	Tibet	2164	36	84	1920	111	156
青　海	Qinghai						
西北诸河区	**Northwest Rivers**	**8464**	**2943**	**1629**	**7608**	**317**	**701**
内蒙古	Inner Mongolia	373	13	49	311		16
甘　肃	Gansu	1879	257	290	1670	120	173
青　海	Qinghai	405	37	51	403	44	42
新　疆	Xinjiang	5808	2635	1239	5224	153	470

2-10 历年水闸数量

Number of Water Gates by Year

单位：座　　　　unit: unit

年份 Year	合计 Total	按过闸流量大小分 Classified According to Flow			按作用分 Classified According to Functions				
		大型 Large Gate	中型 Medium Gate	小型 Small Gate	分洪闸 Flood Diversion Gate	节制闸 Control Gate	排水闸 Drainage Gate	引水闸 Water Diversion Gate	挡潮闸 Tide Gate
1978	25909	266	1732	23911					
1979	25694	241	1802	23651					
1980	26656	250	1783	24623					
1981	26834	252	1837	24745					
1982	24906	253	1949	22704					
1983	24980	263	1912	22805					
1984	24862	290	1941	22631					
1985	24816	294	1957	22565					
1986	25315	299	2032	22984					
1987	26131	299	2060	23772					
1988	26319	300	2060	23959					
1989	26739	308	2086	24345					
1990	27649	316	2126	25207					
1991	29390	320	2228	26842					
1992	30571	322	2296	27953					
1993	30730	325	2676	27729					
1994	31097	320	2740	28037					
1995	31434	333	2794	28307					
1996	31427	333	2821	28273					
1997	31697	340	2836	28521					
1998	31742	353	2910	28479					
1999	32918	359	3025	29534					
2000	33702	402	3115	30185					
2001	36875	410							
2002	39144	431							
2003	39834	416							
2004	39313	413							
2005	39839	405							
2006	41209	426	3495	37288					
2007	41110	438	3531	37141	2656	11663	14288	7562	4941
2008	41626	504	4182	36940	2647	11904	14381	7686	5008
2009	42523	565	4661	37297	2672	12824	14488	7895	4644
2010	43300	567	4692	38041	2797	12951	14676	8182	4694
2011	44306	599	4767	38940	2878	13313	14937	8427	4751
2012	97256	862	6308	90086	7962	55297	17229	10955	5813
2013	98192	870	6336	90986	7985	55758	17509	11106	5834
2014	98686	875	6360	91451	7993	56157	17581	11124	5831
2015	103964	888	6401	96675	10817	54687	18800	14296	5364
2016	105283	892	6473	97918	10557	57013	18210	14350	5153
2017	103878	892	6504	96482	8363	57670	18280	14435	5130
2018	104403	897	6534	96972	8373	57972	18355	14570	5133

2-11 2018 年水闸数量（按地区分）

Number of Water Gates in 2018 (by Region)

单位：座 unit: unit

地区	Region	合计 Total	按过闸流量大小分 Classified According to Flow			按作用分 Classified According to Functions				
			大型 Large Gate	中型 Medium Gate	小型 Small Gate	分洪闸 Flood Diversion Gate	节制闸 Control Gate	排水闸 Drainage Gate	引水闸 Water Diversion Gate	挡潮闸 Tide Gate
合　计	**Total**	**104403**	**897**	**6534**	**96972**	**8373**	**57972**	**18355**	**14570**	**5133**
北　京	Beijing	426	11	64	351	6	415	1	4	
天　津	Tianjin	1128	13	54	1061	53	505	257	301	12
河　北	Hebei	3054	10	255	2789	268	1719	459	577	31
山　西	Shanxi	746	3	54	689	67	447	100	132	
内蒙古	Inner Mongolia	1749	7	97	1645	265	944	63	477	
辽　宁	Liaoning	1347	41	303	1003	81	467	198	526	75
吉　林	Jilin	480	20	63	397	61	229	87	103	
黑龙江	Heilongjiang	1311	6	75	1230	234	366	405	306	
上　海	Shanghai	2521		64	2457		2521			
江　苏	Jiangsu	22490	37	468	21985	276	16116	2492	3460	146
浙　江	Zhejiang	9363	18	330	9015	374	5556	1484	284	1665
安　徽	Anhui	4739	60	351	4328	594	2044	1264	837	
福　建	Fujian	2501	47	279	2175	578	452	654	94	723
江　西	Jiangxi	4471	25	246	4200	951	1770	1189	561	
山　东	Shandong	5350	96	598	4656	289	3039	830	1133	59
河　南	Henan	3882	39	328	3515	170	1710	1324	678	
湖　北	Hubei	6821	22	166	6633	657	2932	1908	1324	
湖　南	Hunan	11924	151	1118	10655	1011	9123	927	863	
广　东	Guangdong	8194	144	729	7321	821	1484	3450	391	2048
广　西	Guangxi	1586	49	145	1392	255	276	515	170	370
海　南	Hainan	206	3	28	175	57	87	32	26	4
重　庆	Chongqing	51	2	19	30	12	13	2	24	
四　川	Sichuan	1329	50	110	1169	367	677	54	231	
贵　州	Guizhou	41	1	2	38				41	
云　南	Yunnan	1679	4	191	1484	103	1321	39	216	
西　藏	Tibet	37		3	34		15		22	
陕　西	Shaanxi	438	2	12	424	42	148	113	135	
甘　肃	Gansu	1180	4	78	1098	178	782	85	135	
青　海	Qinghai	119	6	16	97	3	23	10	83	
宁　夏	Ningxia	411		16	395	37	186	100	88	
新　疆	Xinjiang	4829	26	272	4531	563	2605	313	1348	

2-12 2018 年水闸数量（按水资源分区分）

Number of Water Gates in 2018 (by Water Resources Sub-region)

单位：座 unit: unit

水资源一级区	Grade- Ⅰ Water Resources Regions	合计 Total	按过闸流量大小分 Classified According to Flow			按作用分 Classified According to Functions				
			大型 Large Gate	中型 Medium Gate	小型 Small Gate	分洪闸 Flood Diversion Gate	节制闸 Control Gate	排水闸 Drainage Gate	引水闸 Water Diversion Gate	挡潮闸 Tide Gate
合计	**Total**	**104403**	**897**	**6534**	**96972**	**8373**	**57972**	**18355**	**14570**	**5133**
松花江区	Songhua River	1881	24	143	1714	297	636	511	437	
辽河区	Liaohe River	2071	42	371	1658	280	811	216	689	75
海河区	Haihe River	7297	60	545	6692	555	3907	1174	1596	65
黄河区	Yellow River	2846	23	152	2671	172	1526	492	656	
淮河区	Huaihe River	23957	182	1287	22488	596	15008	4498	3691	164
长江区	Yangtze River	41636	268	2109	39259	3683	27595	5551	4777	30
东南诸河区	Southeast Rivers	7489	65	561	6863	856	2363	1518	375	2377
珠江区	Pearl River	10797	203	978	9616	1180	2445	4024	726	2422
西南诸河区	Southwest Rivers	301	1	45	255	21	227	10	43	
西北诸河区	Northwest Rivers	6128	29	343	5756	733	3454	361	1580	

2-13　2018年水闸数量（按水资源分区和地区分）

Number of Water Gates in 2018 (by Water Resources Sub-region and Region)

单位：座　　unit: unit

地区	Region	合计 Total	按过闸流量大小分 Classified According to Flow			按作用分 Classified According to Functions				
			大型 Large Gate	中型 Medium Gate	小型 Small Gate	分洪闸 Flood Diversion Gate	节制闸 Control Gate	排水闸 Drainage Gate	引水闸 Water Diversion Gate	挡潮闸 Tide Gate
松花江区	**Songhua River**	**1881**	**24**	**143**	**1714**	**297**	**636**	**511**	**437**	
内蒙古	Inner Mongolia	162		17	145	13	78	28	43	
吉　林	Jilin	408	18	51	339	50	192	78	88	
黑龙江	Heilongjiang	1311	6	75	1230	234	366	405	306	
辽河区	**Liaohe River**	**2071**	**42**	**371**	**1658**	**280**	**811**	**216**	**689**	**75**
内蒙古	Inner Mongolia	666	6	59	601	188	307	9	162	
辽　宁	Liaoning	1333	34	300	999	81	467	198	512	75
吉　林	Jilin	72	2	12	58	11	37	9	15	
海河区	**Haihe River**	**7297**	**60**	**545**	**6692**	**555**	**3907**	**1174**	**1596**	**65**
北　京	Beijing	426	11	64	351	6	415	1	4	
天　津	Tianjin	1128	13	54	1061	53	505	257	301	12
河　北	Hebei	3054	10	255	2789	268	1719	459	577	31
山　西	Shanxi	445		30	415	42	244	62	97	
内蒙古	Inner Mongolia	3			3				3	
辽　宁	Liaoning	14	7	3	4				14	
山　东	Shandong	1773	18	109	1646	124	808	318	501	22
河　南	Henan	454	1	30	423	62	216	77	99	
黄河区	**Yellow River**	**2846**	**23**	**152**	**2671**	**172**	**1526**	**492**	**656**	
山　西	Shanxi	301	3	24	274	25	203	38	35	
内蒙古	Inner Mongolia	735	1	17	717	49	448	25	213	
山　东	Shandong	198	6	23	169	8	100	63	27	
河　南	Henan	710	4	38	668	16	405	137	152	
四　川	Sichuan									
陕　西	Shaanxi	308	2	7	299	11	117	81	99	
甘　肃	Gansu	150	1	12	137	23	52	45	30	
青　海	Qinghai	33	6	15	12	3	15	3	12	
宁　夏	Ningxia	411		16	395	37	186	100	88	
淮河区	**Huaihe River**	**23957**	**182**	**1287**	**22488**	**596**	**15008**	**4498**	**3691**	**164**
江　苏	Jiangsu	15330	32	322	14976	155	10543	2274	2231	127
安　徽	Anhui	2826	45	252	2529	212	1367	755	492	
山　东	Shandong	3379	72	466	2841	157	2131	449	605	37
河　南	Henan	2422	33	247	2142	72	967	1020	363	

2-13 续表 continued

地区	Region	合计 Total	按过闸流量大小分 Classified According to Flow			按作用分 Classified According to Functions				
			大型 Large Gate	中型 Medium Gate	小型 Small Gate	分洪闸 Flood Diversion Gate	节制闸 Control Gate	排水闸 Drainage Gate	引水闸 Water Diversion Gate	挡潮闸 Tide Gate
长江区	**Yangtze River**	**41636**	**268**	**2109**	**39259**	**3683**	**27595**	**5551**	**4777**	**30**
上　海	Shanghai	2521		64	2457		2521			
江　苏	Jiangsu	7160	5	146	7009	121	5573	218	1229	19
浙　江	Zhejiang	4376		48	4328	96	3645	620	4	11
安　徽	Anhui	1912	15	99	1798	382	677	509	344	
江　西	Jiangxi	4471	25	246	4200	951	1770	1189	561	
河　南	Henan	296	1	13	282	20	122	90	64	
湖　北	Hubei	6821	22	166	6633	657	2932	1908	1324	
湖　南	Hunan	11862	147	1107	10608	1007	9069	927	859	
广　西	Guangxi	11			11		7		4	
重　庆	Chongqing	51	2	19	30	12	13	2	24	
四　川	Sichuan	1329	50	110	1169	367	677	54	231	
贵　州	Guizhou	41	1	2	38				41	
云　南	Yunnan	655		84	571	39	558	2	56	
陕　西	Shaanxi	130		5	125	31	31	32	36	
甘　肃	Gansu									
青　海	Qinghai									
东南诸河区	**Southeast Rivers**	**7489**	**65**	**561**	**6863**	**856**	**2363**	**1518**	**375**	**2377**
浙　江	Zhejiang	4987	18	282	4687	278	1911	864	280	1654
安　徽	Anhui	1			1				1	
福　建	Fujian	2501	47	279	2175	578	452	654	94	723
珠江区	**Pearl River**	**10797**	**203**	**978**	**9616**	**1180**	**2445**	**4024**	**726**	**2422**
湖　南	Hunan	62	4	11	47	4	54		4	
广　东	Guangdong	8194	144	729	7321	821	1484	3450	391	2048
广　西	Guangxi	1575	49	145	1381	255	269	515	166	370
海　南	Hainan	206	3	28	175	57	87	32	26	4
贵　州	Guizhou									
云　南	Yunnan	760	3	65	692	43	551	27	139	
西南诸河区	**Southwest Rivers**	**301**	**1**	**45**	**255**	**21**	**227**	**10**	**43**	
云　南	Yunnan	264	1	42	221	21	212	10	21	
西　藏	Tibet	37		3	34		15		22	
青　海	Qinghai									
西北诸河区	**Northwest Rivers**	**6128**	**29**	**343**	**5756**	**733**	**3454**	**361**	**1580**	
内蒙古	Inner Mongolia	183		4	179	15	111	1	56	
甘　肃	Gansu	1030	3	66	961	155	730	40	105	
青　海	Qinghai	86		1	85		8	7	71	
新　疆	Xinjiang	4829	26	272	4531	563	2605	313	1348	

2-14 历年水旱灾害

Flood and Drought Disasters by Year

年份 Year	洪灾 Flood Disasters							旱灾 Drought Disasters		
	受灾面积 /千公顷 Disaster-affected Area /10^3ha	成灾面积 /千公顷 Damaged Area /10^3ha	成灾率 /% Percentage of Damaged Area /%	受灾人口 /万人 Affected Population /10^4persons	死亡人口 /人 Death Toll /person	直接经济总损失 /亿元 Total Direct Economic Loss /10^8yuan	水利设施经济损失 /亿元 Economic Loss of Water Facilities /10^8yuan	受灾面积 /千公顷 Disaster-affected Area /10^3ha	成灾面积 /千公顷 Damaged Area /10^3ha	成灾率 /% Percentage of Damaged Area /%
1949	9282								52	
1950	6559	4710	71.8		1982			2398	589	24.6
1951	4173	1476	35.4		7819			7829	2299	29.4
1952	2794	1547	55.4		4162			4236	2565	60.6
1953	7187	3285	45.7		3308			8616	1341	15.6
1954	16131	11305	70.1		42447			2988	560	18.7
1955	5247	3067	58.5		2718			13433	4024	30.0
1956	14377	10905	75.9		10676			3127	2051	65.6
1957	8083	6032	74.6		4415			17205	7400	43.0
1958	4279	1441	33.7		3642			22361	5031	22.5
1959	4813	1817	37.8		4540			33807	11173	33.1
1960	10155	4975	49.0		6033			38125	16177	42.4
1961	8910	5356	60.1		5074			37847	18654	49.3
1962	9810	6318	64.4		4350			20808	8691	41.8
1963	14071	10479	74.5		10441			16865	9021	53.5
1964	14933	10038	67.2		4288			4219	1423	33.7
1965	5587	2813	50.3		1906			13631	8107	59.5
1966	2508	950	37.9		1901			20015	8106	40.5
1967	2599	1407	54.1		1095			6764	3065	45.3
1968	2670	1659	62.1		1159			13294	7929	59.6
1969	5443	3265	60.0		4667			7624	3442	45.1
1970	3129	1234	39.4		2444			5723	1931	33.7
1971	3989	1481	37.1		2323			25049	5319	21.2
1972	4083	1259	30.8		1910			30699	13605	44.3
1973	6235	2577	41.3		3413			27202	3928	14.4
1974	6431	2737	42.6		1849			25553	2296	9.0
1975	6817	3467	50.9		29653			24832	5318	21.4
1976	4197	1329	31.7		1817			27492	7849	28.5
1977	9095	4989	54.9		3163			29852	7005	23.5
1978	2820	924	32.8		1796			40169	17969	44.7
1979	6775	2870	42.4		3446			24646	9316	37.8
1980	9146	5025	54.9		3705			26111	12485	47.8
1981	8625	3973	46.1		5832			25693	12134	47.2

2-14 续表 continued

年份 Year	洪灾 Flood Disasters							旱灾 Drought Disasters		
	受灾面积 /千公顷 Disaster-affected Area /10^3ha	成灾面积 /千公顷 Damaged Area /10^3ha	成灾率 /% Percentage of Damaged Area /%	受灾人口 /万人 Affected Population /10^4persons	死亡人口 /人 Death Toll /person	直接经济总损失 /亿元 Total Direct Economic Loss /10^8yuan	水利设施经济损失 /亿元 Economic Loss of Water Facilities /10^8yuan	受灾面积 /千公顷 Disaster-affected Area /10^3ha	成灾面积 /千公顷 Damaged Area /10^3ha	成灾率 /% Percentage of Damaged Area /%
1982	8361	4463	53.4		5323			20697	9972	48.2
1983	12162	5747	47.3		7238			16089	7586	47.2
1984	10632	5361	50.4		3941			15819	7015	44.3
1985	14197	8949	63.0		3578			22989	10063	43.8
1986	9155	5601	61.2		2761			31042	14765	47.6
1987	8686	4104	47.2		3749			24920	13033	52.3
1988	11949	6128	51.3		4094			32904	15303	46.5
1989	11328	5917	52.2		3270			29358	15262	52.0
1990	11804	5605	47.5		3589	239		18175	7805	42.9
1991	24596	14614	59.4		5113	779		24914	10559	42.4
1992	9423	4464	47.4		3012	413		32980	17049	51.7
1993	16387	8610	52.5		3499	642		21098	8659	41.0
1994	18859	11490	60.9	21523	5340	1797		30282	17049	56.3
1995	14367	8001	55.7	20070	3852	1653		23455	10374	44.2
1996	20388	11823	58.0	25384	5840	2208		20151	6247	31.0
1997	13135	6515	49.6	18067	2799	930		33514	20010	59.7
1998	22292	13785	61.8	18655	4150	2551	287	14237	5068	35.6
1999	9605	5389	56.1	13013	1896	930	132	30153	16614	55.1
2000	9045	5396	59.7	12936	1942	712	103	40541	26777	66.0
2001	7138	4253	59.6	11087	1605	623	98	38480	23702	61.6
2002	12384	7439	60.1	15204	1819	838	166	22207	13247	59.7
2003	20366	13000	63.8	22572	1551	1301	173	24852	14470	58.2
2004	7782	4017	51.6	10673	1282	714	113	17255	7951	46.1
2005	14967	8217	54.9	20026	1660	1662	249	16028	8479	52.9
2006	10522	5592	53.2	13882	2276	1333	208	20738	13411	64.7
2007	12549	5969	47.6	17698	1230	1123	177	29386	16170	55.0
2008	8867	4537	51.2	14047	633	955	172	12137	6798	56.0
2009	8748	3796	43.4	11102	538	846	148	29259	13197	45.1
2010	17867	8728	48.9	21085	3222	3745	692	13259	8987	67.8
2011	7192	3393	47.2	8942	519	1301	210	16304	6599	40.4
2012	11218	5871	52.3	12367	673	2675	468	9333	3509	37.6
2013	11901	6623	55.7	12022	775	3146	445	11220	6971	62.1
2014	5919	2830	47.8	7382	486	1574	249	12272	5677	46.3
2015	6132	3054	49.8	7641	319	1661	254	10067	5577	55.4
2016	9443	5063	53.6	10095	686	3643	698	9873	6131	62.0
2017	5196	2781	53.5	5515	316	2143	345	9946	4490	45.1
2018	6427	3131	48.7	5577	187	1615	258	7397	3667	49.6

2-15 2018年水旱灾害（按地区分）
Flood and Drought Disasters in 2018 (by Region)

地区	Region	洪灾 Flood Disasters						旱灾 Drought Disasters	
		受灾面积 /千公顷 Disaster-affected Area /10^3ha	成灾面积 /千公顷 Damaged Area /10^3ha	受灾人口 /万人 Affected Population /10^4persons	死亡人口 /人 Death Toll /person	直接经济总损失 /亿元 Total Direct Economic Loss /10^8yuan	水利设施经济损失 /亿元 Economic Loss of Water Facilities /10^8yuan	受灾面积 /千公顷 Disaster-affected Area /10^3ha	成灾面积 /千公顷 Damaged Area /10^3ha
合　计	**Total**	**6426.98**	**3131.16**	**5576.55**	**187**	**1615.47**	**257.98**	**7397.21**	**3667.23**
北　京	Beijing	1.96	1.01	10.16		18.55	8.09		
天　津	Tianjin	6.28	2.53	2.37		0.74	0.18		
河　北	Hebei	177.24	106.78	136.80	2	10.47	1.48	363.12	173.90
山　西	Shanxi	14.19	7.46	13.72		3.23	0.93	100.14	59.68
内蒙古	Inner Mongolia	607.06	411.52	138.18	20	89.03	7.51	1770.88	796.80
辽　宁	Liaoning	226.97	172.78	144.79		34.30	5.71	1381.96	797.11
吉　林	Jilin	104.37	69.99	41.29		27.66	15.85	998.30	504.60
黑龙江	Heilongjiang	925.85	526.22	88.96		43.60	4.95	699.47	359.96
上　海	Shanghai	4.61	0.51	34.00		0.84			
江　苏	Jiangsu	289.31	101.57	252.71	5	22.26	2.68	5.80	5.67
浙　江	Zhejiang	47.41	18.96	69.37		17.88	2.07		
安　徽	Anhui	501.22	255.88	412.74	3	52.90	3.28	172.11	43.75
福　建	Fujian	38.98	13.63	94.77		34.85	5.77	38.35	19.97
江　西	Jiangxi	154.60	90.25	195.29	4	29.87	9.95	199.21	124.19
山　东	Shandong	814.42	408.75	636.59	9	277.18	15.82	269.32	117.60
河　南	Henan	537.21	95.31	552.57		14.73	1.28	122.99	17.64
湖　北	Hubei	140.01	50.21	196.46		19.38	3.35	475.53	200.49
湖　南	Hunan	84.73	37.52	155.41	7	19.42	4.95	150.82	122.47
广　东	Guangdong	592.65	156.59	660.35	18	276.53	43.06	106.75	52.71
广　西	Guangxi	197.74	55.19	166.67	8	19.99	6.48	49.88	42.37
海　南	Hainan	23.48	12.89	38.85		5.95	2.01		
重　庆	Chongqing	30.68	21.17	76.64		12.57	2.11	28.95	10.63
四　川	Sichuan	396.35	197.62	666.73	1	319.68	57.48	181.55	48.25
贵　州	Guizhou	54.95	27.51	86.74	5	14.26	1.72	120.41	76.06
云　南	Yunnan	93.65	50.33	205.96	20	61.14	7.64	41.12	13.41
西　藏	Tibet	10.48	5.96	16.29		20.73	6.01	0.44	0.44
陕　西	Shaanxi	44.39	28.60	55.97	1	18.79	3.01	21.20	6.24
甘　肃	Gansu	247.21	167.22	326.37	47	110.12	20.31	57.64	39.76
青　海	Qinghai	14.02	11.50	27.34	4	18.85	9.13	30.26	22.83
宁　夏	Ningxia	18.44	15.09	6.91		3.05	2.04	11.01	10.70
新　疆	Xinjiang	26.52	10.61	65.55	33	16.92	3.13		

2-16 历年除涝面积和治碱面积

Drainage and Saline Control Areas by Year

单位：千公顷 unit: 10^3ha

年份 Year	易涝面积 Waterlogging Area	除涝面积合计 Total Drainage Control Area	3～5年 3-5 Years	5年以上 More than 5 Years	盐碱耕地面积 Area of Saline and Alkaline Farmland	盐碱耕地改良面积 Area of Improved Saline and Alkaline Farmland
1977	22277.33	16881.33	7219.33	9662.00	7132.00	4040.67
1978	22554.00	17281.33	7416.67	9864.67	7262.00	4131.33
1979	23218.00	17748.67	7539.33	10209.33	7258.67	4132.00
1980	23410.00	17847.33	7316.00	10531.33	7302.00	4235.33
1981	23776.67	17896.00	7174.00	10722.00	7145.33	4262.67
1982	23776.67	18092.67	7210.67	10882.00	7243.33	4265.33
1983	24066.00	18200.67	7194.67	11006.00	7243.33	4391.33
1984	24235.33	18399.33	7157.33	11242.00	7357.33	4474.00
1985	24086.67	18584.00	7217.33	11366.67	7331.33	4569.33
1986	24229.33	18760.67	7430.67	11330.00	7692.00	4623.33
1987	24337.33	18958.00	7521.33	11436.67	7606.67	4755.33
1988	24348.00	19064.00	7532.00	11532.00	7636.00	4830.00
1989	24425.33	19229.33	7566.00	11663.33	7672.00	4883.33
1990	24466.67	19336.66	7671.33	11665.33	7538.67	4995.09
1991	24424.00	19580.30	8004.00	11576.30	7539.33	5110.09
1992	24410.00	19769.76	7996.88	11772.88	7617.83	5210.21
1993		19883.48	8068.40	11815.08	7633.22	5304.62
1994		19678.55	8172.43	11506.12	7655.82	5350.83
1995		20055.64	8241.97	11813.67	7655.82	5433.91
1996		20278.74	8367.67	11911.07		5513.15
1997		20525.80	8540.54	11985.26		5612.25
1998		20680.73	8645.98	12034.75		5653.94
1999		20838.48	8878.23	11960.25		5736.82
2000		20989.70	8812.76	12176.94		5841.36
2001		21021.33	8841.33	12180.00		5750.67
2002		21097.11	8916.94	12180.17		5282.86
2003		21137.31	8918.54	12218.77		5864.59
2004		21198.00				5961.56
2005		21339.74	9272.60	12067.14		
2006		21376.31	9197.50	12178.80		
2007		21419.14	9208.24	12210.90		
2008		21424.55	9334.67	12089.87		
2009		21584.32	9370.59	12213.73		
2010		21691.74	9427.39	12264.35		
2011		21721.62	9505.51	12216.11		
2012		21857.33	9515.22	12342.11		
2013		21943.10	9517.05	12426.05		
2014		22369.34	9751.38	12617.97		
2015		22712.71	9796.27	12916.44		
2016		23066.67	9704.95	13361.72		
2017		23824.33	9526.26	14298.07		
2018		24261.74	9559.06	8588.48		

2-17　2018 年除涝面积（按地区分）

Drainage Control Area in 2018 (by Region)

单位：千公顷　　unit: 10^3ha

地区	Region	除涝面积合计 Total Drainage Control Area	3～5 年 3-5 Years	5～10 年 5-10 Years	10 年以上 More than 10 Years	新增除涝面积 Newly Increased Drainage Control Area
合　计	**Total**	**24261.74**	**9559.06**	**8588.48**	**6114.20**	**480.42**
北　京	Beijing	12.00			12.00	
天　津	Tianjin	364.58	83.87	210.90	69.81	
河　北	Hebei	1638.25	805.79	759.40	73.06	0.22
山　西	Shanxi	89.25	60.06	28.76	0.43	
内蒙古	Inner Mongolia	277.00	157.76	84.87	34.37	
辽　宁	Liaoning	931.57	179.75	407.80	344.02	0.01
吉　林	Jilin	1034.77	149.66	355.63	529.48	0.17
黑龙江	Heilongjiang	3400.10	2400.06	935.20	64.84	2.83
上　海	Shanghai	60.29	13.26	14.68	32.35	0.03
江　苏	Jiangsu	4315.45	285.59	977.63	3052.23	318.07
浙　江	Zhejiang	556.40	125.02	212.69	218.69	2.37
安　徽	Anhui	2414.09	978.77	1301.17	134.15	19.26
福　建	Fujian	157.63	81.74	51.20	24.69	3.76
江　西	Jiangxi	431.17	210.56	190.90	29.71	9.08
山　东	Shandong	3026.98	1470.47	1398.90	157.61	35.39
河　南	Henan	2136.92	1618.91	494.16	23.85	19.88
湖　北	Hubei	1482.14	218.48	472.47	791.19	49.16
湖　南	Hunan	438.41	142.99	226.02	69.40	1.49
广　东	Guangdong	541.24	62.01	98.21	381.02	2.08
广　西	Guangxi	235.32	126.29	98.49	10.54	1.73
海　南	Hainan	25.19	9.70	5.63	9.86	
重　庆	Chongqing					
四　川	Sichuan	102.25	53.10	44.94	4.21	1.38
贵　州	Guizhou	124.07	44.01	66.16	13.90	2.65
云　南	Yunnan	293.17	194.45	82.86	15.86	8.40
西　藏	Tibet	3.39	0.92	2.13	0.34	
陕　西	Shaanxi	133.30	74.42	53.52	5.36	1.66
甘　肃	Gansu	14.28	5.43	1.63	7.22	
青　海	Qinghai	0.80	0.80			0.80
宁　夏	Ningxia					
新　疆	Xinjiang	21.73	5.19	12.53	4.01	

2-18　2018 年除涝面积（按水资源分区分）

Drainage Control Area in 2018 (by Water Resources Sub-region)

单位：千公顷　　unit: 10^3ha

水资源一级区	Grade- I Water Resources Regions	除涝面积合计 Total Drainage Control Area	3～5 年 3-5 Years	5～10 年 5-10 Years	10 年以上 More than 10 Years	新增除涝面积 Newly Increased Drainage Control Area
合　计	**Total**	**24261.74**	**9559.06**	**8588.48**	**6114.20**	**480.42**
松花江区	Songhua River	4348.71	2616.42	1207.47	524.82	3.00
辽河区	Liaohe River	1251.43	243.67	560.37	447.39	0.01
海河区	Haihe River	3299.38	1576.37	1518.62	204.39	3.53
黄河区	Yellow River	601.13	388.26	175.21	37.66	3.48
淮河区	Huaihe River	8213.83	3093.12	2886.41	2234.30	324.27
长江区	Yangtze River	5036.21	1120.02	1761.10	2155.09	131.95
东南诸河区	Southeast Rivers	439.39	178.13	169.82	91.44	4.82
珠江区	Pearl River	933.36	254.38	272.47	406.51	7.76
西南诸河区	Southwest Rivers	115.77	82.70	24.48	8.59	0.80
西北诸河区	Northwest Rivers	22.53	5.99	12.53	4.01	0.8

2-19 2018 年除涝面积（按水资源分区和地区分）

Drainage Control Area in 2018 (by Water Resources Sub-region and Region)

单位：千公顷 unit: 10^3ha

地区	Region	除涝面积合计 Total Drainage Control Area	3～5 年 3-5 Years	5～10 年 5-10 Years	10 年以上 More than 10 Years	新增除涝面积 Newly Increased Drainage Control Area
松花江区	**Songhua River**	**4348.71**	**2616.42**	**1207.47**	**524.82**	**3.00**
内蒙古	Inner Mongolia	106.86	89.85	17.01		
吉 林	Jilin	841.75	126.51	255.26	459.98	0.17
黑龙江	Heilongjiang	3400.10	2400.06	935.20	64.84	2.83
辽河区	**Liaohe River**	**1251.43**	**243.67**	**560.37**	**447.39**	**0.01**
内蒙古	Inner Mongolia	126.84	40.77	52.20	33.87	
辽 宁	Liaoning	931.57	179.75	407.80	344.02	0.01
吉 林	Jilin	193.02	23.15	100.37	69.50	
海河区	**Haihe River**	**3299.38**	**1576.37**	**1518.62**	**204.39**	**3.53**
北 京	Beijing	12.00			12.00	
天 津	Tianjin	364.58	83.87	210.90	69.81	
河 北	Hebei	1638.25	805.79	759.40	73.06	0.22
山 西	Shanxi	32.48	21.84	10.41	0.23	
内蒙古	Inner Mongolia	0.91	0.91			
辽 宁	Liaoning					
山 东	Shandong	1062.92	517.77	498.61	46.54	1.33
河 南	Henan	188.24	146.19	39.30	2.75	1.98
黄河区	**Yellow River**	**601.13**	**388.26**	**175.21**	**37.66**	**3.48**
山 西	Shanxi	56.77	38.22	18.35	0.20	
内蒙古	Inner Mongolia	42.39	26.23	15.66	0.50	
山 东	Shandong	107.07	36.58	42.73	27.76	1.50
河 南	Henan	266.47	218.32	47.34	0.81	0.66
四 川	Sichuan	0.87	0.87			
陕 西	Shaanxi	121.44	67.44	49.50	4.50	1.32
甘 肃	Gansu	6.12	0.60	1.63	3.89	
青 海	Qinghai					
宁 夏	Ningxia					
淮河区	**Huaihe River**	**8213.83**	**3093.12**	**2886.41**	**2234.30**	**324.27**
江 苏	Jiangsu	3092.63	262.92	791.31	2038.40	264.49
安 徽	Anhui	1818.89	821.08	905.51	92.30	12.84
山 东	Shandong	1856.99	916.12	857.56	83.31	32.56
河 南	Henan	1445.32	1093.00	332.03	20.29	14.38

2-19 续表 continued

地区	Region	除涝面积合计 Total Drainage Control Area	3～5 年 3-5 Years	5～10 年 5-10 Years	10 年以上 More than 10 Years	新增除涝面积 Newly Increased Drainage Control Area
长江区	**Yangtze River**	**5036.21**	**1120.02**	**1761.10**	**2155.09**	**131.95**
上 海	Shanghai	60.29	13.26	14.68	32.35	0.03
江 苏	Jiangsu	1222.82	22.67	186.32	1013.83	53.58
浙 江	Zhejiang	274.64	28.63	94.07	151.94	1.31
安 徽	Anhui	595.20	157.69	395.66	41.85	6.42
江 西	Jiangxi	431.17	210.56	190.90	29.71	9.08
河 南	Henan	236.89	161.40	75.49		2.86
湖 北	Hubei	1482.14	218.48	472.47	791.19	49.16
湖 南	Hunan	434.27	140.55	224.80	68.92	1.49
广 西	Guangxi	3.65	1.91	1.45	0.29	
重 庆	Chongqing					
四 川	Sichuan	101.38	52.23	44.94	4.21	1.38
贵 州	Guizhou	68.13	30.31	25.01	12.81	0.28
云 南	Yunnan	105.61	70.52	31.29	3.80	6.02
陕 西	Shaanxi	11.86	6.98	4.02	0.86	0.34
甘 肃	Gansu	8.16	4.83		3.33	
青 海	Qinghai					
东南诸河区	**Southeast Rivers**	**439.39**	**178.13**	**169.82**	**91.44**	**4.82**
浙 江	Zhejiang	281.76	96.39	118.62	66.75	1.06
安 徽	Anhui					
福 建	Fujian	157.63	81.74	51.20	24.69	3.76
珠江区	**Pearl River**	**933.36**	**254.38**	**272.47**	**406.51**	**7.76**
湖 南	Hunan	4.14	2.44	1.22	0.48	
广 东	Guangdong	541.24	62.01	98.21	381.02	2.08
广 西	Guangxi	231.67	124.38	97.04	10.25	1.73
海 南	Hainan	25.19	9.70	5.63	9.86	
贵 州	Guizhou	55.94	13.70	41.15	1.09	2.37
云 南	Yunnan	75.18	42.15	29.22	3.81	1.58
西南诸河区	**Southwest Rivers**	**115.77**	**82.70**	**24.48**	**8.59**	**0.80**
云 南	Yunnan	112.38	81.78	22.35	8.25	0.80
西 藏	Tibet	3.39	0.92	2.13	0.34	
青 海	Qinghai					
西北诸河区	**Northwest Rivers**	**22.53**	**5.99**	**12.53**	**4.01**	**0.80**
内蒙古	Inner Mongolia					
甘 肃	Gansu					
青 海	Qinghai	0.80	0.80			0.80
新 疆	Xinjiang	21.73	5.19	12.53	4.01	

主要统计指标解释

已建成水库座数 在江河上筑坝（闸）所形成的能拦蓄水量、调节径流的蓄水区的数量。

大型水库：总库容在1亿立方米及以上。

中型水库：总库容在1000万（含1000万）～1亿立方米。

小型水库：库容在10万（含10万）～1000万立方米。

水库库容 从设计规模和统计角度规定如下：

（1）总库容：即校核水位以上的库容。包括死库容、兴利库容、防洪库容（减掉和兴利库容重复部分）之综合，称总库容。

（2）兴利库容：一般为正常高水位至死水位之间的库容。

（3）调洪库容或防洪库容：指校核洪水位与防洪限制水位（也叫汛期限制水位）之间的库容。防汛限制水位，是水库在汛期的下限水位，这个水位以上的库容在汛期专供滞蓄防洪标准内的洪水使用，洪水到来之前水库蓄水不允许超过此水位。

堤防长度 建成或基本建成的在江、河、湖、海岸边用于防洪、防潮的工程长度之总和，包括新中国成立前建成以及需要加固加高培厚的老堤防。但不包括单纯除涝河道的堤防和弃土形成的堤防，也不包括子埝和生产堤。所谓基本建成，是指按设计标准已经完成并能发挥设计效益，但还留有少量尾工的工程。

堤防保护人口 报告期堤防保护范围内的全部人口数。也就是假设河流在设计最大洪水通过时，如没有堤防或一旦堤防决口，所能淹及的最大范围内在报告期当年年末全部人口数。

堤防保护耕地面积 堤防保护范围内的耕地。即按设计最大洪水通过时，假设不修堤防的情况下，洪水所能淹及的最大范围内的耕地面积。

累计达标堤防长度 根据《防洪标准》（GB 50201—94）和江河防洪规划，已达到国家所认定的堤防等级的堤防长度。根据《防洪标准》规定，由于堤防保护的耕地面积和人口不同，以及城市、工矿企业、交通干线等防护对象的重要性程度不同，堤防工程的防洪标准不一样。达标堤防是指按国家标准堤防工程设计规范进行堤防工程标准设计，施工完成后达到设计规定要求的堤防。

堤防工程的级别 按防洪标准分为五个级别。堤防工程防护对象的防洪标准应按照《防洪标准》确定。

主要堤防 保护耕地面积在30万亩以上（包括30万亩）或保护重要工矿、企业、交通干线、国防设施、机场、主要城镇的河道堤防及海堤（海塘）。

水闸数量 水利工程中用以控制水流、水位、通航的水工建筑物的数量。关闭或开启闸门起到调节闸上、下游水位，控制泄流以达到防洪、引水、排水、通航、发电等作用。按流量划分：大型水闸指校核过闸流量1000立方米每秒及以上水闸；中型水闸指校核过闸流量100～1000立方米每秒的水闸；小型水闸指校核过闸流量10～100立方米每秒的水闸。

分洪闸 为了保护河道下游堤防及重要城镇、工厂、矿区的安全，在河道遇到特大洪水时宣泄部分洪水进入湖泊、洼地等分洪区（或滞洪区）中，以削减洪峰，免除洪水泛滥所造成的灾害而在河岸边修的水闸。

节制闸 为控制河渠、湖泊水位，保证引水、供水要求而修建的水闸。这种闸一般是拦河、渠而修建的，又称拦河闸。

排水闸 为排除内涝积水在河道两岸修建的闸。或在分洪区（或滞洪闸）出口处设置的尾水闸、退水闸。

引水闸（渠首闸） 从河流、湖泊、水库中引水进行灌溉、发电等而在引水源口处设置的水闸，其功能主要是引水。

挡潮闸 在沿海河口附近修建的发挥排水、挡潮作用的水闸。

洪涝灾害 因降雨、融雪、冰凌、溃坝（堤）、风暴潮、热带气旋等造成的江河洪水、渍涝、山洪、滑坡和泥石流等，以及由其引发的次生灾害。

受灾面积 因洪涝灾害造成在田农作物产量损失一成（含一成）以上的播种面积（含成灾、绝收面积），同一地块的当季农作物遭受一次以上洪涝灾害时，只计其中最严重的一次。

成灾面积 因洪涝灾害造成在田农作物受灾面积中，产量损失三成（含三成）以上的播种面积（含绝收面积）。

干旱灾害 因降水少、水资源短缺，对城乡居民生活、工农业生产造成直接影响的旱情，以及旱情发生后给工农业生产造成的旱灾损失。

作物受灾面积 在受旱面积中作物产量比正常年产量减产一成以上的面积。

作物成灾面积 在受旱面积中作物产量比正常年产量减产三成（含三成）以上的面积。

易涝面积 抗涝能力标准低的低洼涝耕地面积。2003年年报开始只统计“十五”现状数，即2001年年初的时点数，包括未治理的易涝耕地面积和排涝设施严重老化毁损的易涝面积。

除涝面积 通过水利工程如围埝、抽水等对易涝面积进行治理，使易涝耕地免除淹涝称除涝面积。按除涝的标准分为3～5年、5～10年和10年以上。易涝面积虽经过治理，但标准尚未达到3年一遇标准的，不作为除涝面积统计。

盐碱耕地面积 土壤中含有盐碱、影响农作物生长甚至接近不能耕种的面积。

盐碱耕地改良面积 在新、老盐碱耕地上进行水利、农业和土壤改良等措施，在正常年景使农作物出苗率达到70%以上的面积。

Explanatory Notes of Main Statistical Indicators

Number of completed reservoirs The storage area that is formed by constructing a dam (gate) to detain and store water and regulate runoff.

Large reservoir: the total storage capacity is over 100 million m^3 (including 100 million m^3).

Medium reservoir: the total storage capacity is between 10 million m^3 (including 10 million m^3) to 100 million m^3.

Small reservoir: the total storage capacity is between 0.1 million m^3 (including 0.1 million m^3) to 10 million m^3.

Storage capacity of reservoir Following indicators are defined according to the scale of design and needs of statistics.

1. Total storage capacity: refers to storage capacity above the check water level, total storage capacity includes dead storage capacity, usable storage capacity, and flood control storage capacity (deducting the repeating part of usable storage).

2. Usable storage capacity: refers to storage capacity between levels of normal high to dead water.

3. Flood regulation capacity or flood control storage capacity: refers to storage capacity between check floodwater to floodwater limit (also termed limited water level in flood season). Floodwater limit refers to the lowest level of reservoir in flood season, which is used to store and detain floods specified by flood control standard; before floodwater comes, water level of reservoirs is not allowed to exceed this limit.

Length of embankment Total length of embankment is the sum of completed or mostly completed levees or dykes along a river and lake, sea dike, polder and flood control wall etc., including old embankments built before the founding of People's Republic of China in 1949 and those need to be strengthened, heightened and thickened, but excluding embankment purely for waterlogging control and spoil dike, as well as sub-cofferdam or production dikes. Mostly completed embankment refers to a project that has a few of works to end up, but it can put into use and generate benefit according to design standard.

Protected population of embankment Total population protected by embankment during report period. In another word, the total population inundated by flood as a maximum at the end of the year when the design maximum flood passes river courses and if no embankment or break of embankment exists.

Protected farmland of embankment Cultivated land under the protection of embankment, i.e. inundated farmland of flood as a maximum if design maximum flood passes and no embankment exists.

Accumulated length of up-to-standard embankment Total length of embankment that has reached national standard, in accordance of *National Standards for Flood Control* (GB 50201-94) and river flood control planning. According to the current *National Standards for Flood Control*, the standards of embankment can be varied in accordance with protected cultivated area or population and importance of protected target such as a city, industrial and mining enterprises or key transportation line. Up-to-standard embankment refers to those designed and constructed according to national standards, and meet all requirements of original design upon completion.

Classification of embankment Embankment is classified into five categories according to flood control standards; the category of embankment for a protected target is determined according to the current *National Standards for Flood Control*.

Key embankment and dyke Embankment or levees along the river or sea dikes used for protecting farmlands of above 300,000 mu (including 300,000 mu), or important pastures land, and those areas less than 300,000 mu but where have important mine, enterprise, transportation line, national defense facilities, airport and key cities and towns.

Number of water gates Number of hydraulic structures employed for controlling flow and water level or for navigation. When the gate is open or close, water level at upper and down stream and discharge can be controlled in order to realize flood prevention, water diversion, drainage, navigation, and power generation. According to water flow, large size refers to the gate with a check flow of 1,000 m^3/s or above; medium size refers to gate with a check flow of 100-1,000 m^3/s, and small size refers to gate with a check flow of 10-100 m^3/s.

Flood diversion gates Water gates are constructed beside river banks to protect the safety of dikes, major cities, factories, mines in lower reaches, and drain water into lakes, low ground or flood detention basins, in order to reduce flood peak and prevent flooding when severe flood happens.

Control gates Water gates are built to control water level of rivers, canals or lakes to ensure water diversion and water supply. Water control gates are also termed barrage gates.

Drainage gates Water gates are located beside river banks to drain waterlogging, or constructed in the outlets of flood detention basins (flood retarding gates) as tail locks and waste locks.

Water diversion gates (head gates) Water gates are built in water sources to divert water from rivers, lakes and reservoirs to irrigate, generate hydropower, etc., but its main purpose is to divert water.

Tide gates Water gates are located in coastal estuaries to drain water or prevent tides.

Flood & waterlogging disasters River flood, waterlogging or inland inundation, mountain flood, landslide and mudflow caused by rainfall, snow melting, river ice jam, dam failure, storm tide and tropical cyclone, as well as secondary disasters induced by them.

Affected area Cultivated area (including damaged area and no harvest area) where loss of crop yield is more than 10% (including 10%) due to flood and waterlogging disasters; The most serious damage is calculated only when crop in same land suffer from more than one flood and waterlogging disaster during the same season.

Damaged area Cultivated area (including no harvest area) where loss of crop yield is more than 30% (including 30%) due to flood and waterlogging disasters.

Drought disaster It refers to a disaster that results in direct impact on life of people, industrial and agricultural production in urban and rural areas because of less precipitation and water shortage.

Drought affected area It refers to drought-affected area where loss of crop yield is 10% more than normal years.

Drought damaged area It refers to drought-affected area where loss of crop yield is 30% more (including 30%) than normal years.

Waterlogging area It refers to low-lying farmland with a poor capacity of waterlogging control. Starting from the year of 2003, the annual report only provides statistics of current status in the 10th Five-Year Plan Period, i.e. the data in the early 2001, including waterlogging-prone farmland areas without control measures or those with severely damaged or aged facilities.

Drainage control area The area of prone-waterlogging farmland controlled by waterworks such as cofferdams and water pump. The standard for waterlogging control is divided into 3-5 years, 5-10 years and above 10 years. Drainage control area do not include the farmland that has not reach to the waterlogging control standard of once in three years return period, even though efforts have been made to make improvement.

Area of saline and alkaline farmland The area cannot be or almost cannot be cultivated because the soil contains salt and alkaline that affects the growing of crops.

Reclaimed area of saline and alkaline farmland The reclaimed area of old or newly-emerged saline and alkaline farmlands that have a percentage of seedling emergence at and above 70% in normal years, thanks to the measure of water conservation, agricultural technology and soil improvement.

3 农业灌溉

Agricultural Irrigation

简要说明

农业灌溉统计资料主要包括农田水利设施的数量和产生的效益，分为灌溉面积、灌区、机电排灌站以及节水灌溉面积等四大类。

农业灌溉资料按水资源一级分区和地区分组。

1. 灌溉面积统计范围：已建成或基本建成的灌溉工程、水利综合利用工程、农田水利工程的灌溉面积，包括水利、农业等部门建设的灌溉面积。

2. 按耕地灌溉面积达到万亩以上的统计口径调整2008年数据；2012年，灌区统计口径调整为设计灌溉面积2000亩及以上灌区。

3. 节水灌溉面积只统计利用工程措施节水的面积。

4. 万亩以上灌区、机电排灌站历史资料汇总1974年至今数据；灌溉面积历史资料汇总1949年至今数据；农田排灌机械、机电灌溉面积历史资料汇总1949—2012年数据；机电井历史资料汇总1961年至今数据。

5. 灌溉面积、灌区、机电井数据已与2011年水利普查数据进行了衔接。

Brief Introduction

Statistical data of agricultural irrigation mainly covers number of farm irrigation facilities and benefit generation, and is divided into four types of irrigated area, irrigation district, electromechanical irrigation station and water-saving irrigated area.

The data of agricultural irrigation is grouped in accordance with Grade-Ⅰ water resources regions and regions.

1. Scope of statistics for irrigated area covers completed or mostly completed irrigation projects, multiple-purpose projects, irrigation and drainage systems, including the statistical data of water and agricultural departments and others.

2. The data in 2008 is adjusted based on irrigated area up to ten thousand mu. The data in 2012 is adjusted based on irrigation district with a designed irrigated area of two thousand mu and above.

3. Water-saving irrigated area only includes those with structure measures.

4. Historical data of irrigation district with an irrigated area up to ten thousand mu as well as electro-mechanical drainage stations are collected from 1974 until present. Data of irrigated area are collected from 1949 until present; farmland mechanical equipment for irrigation and drainage, electro-mechanical irrigated area are collected from 1949 to 2012; the data of electro-mechanical wells are collected from 1961 until present.

5. The data of irrigated area, irrigation district and electro-mechanical wells is integrated with the First National Water Census in 2011.

3-1 主 要 指 标

Key Indicators

指标名称	Item	单位	unit	2010	2011	2012	2013	2014	2015	2016	2017	2018
灌溉面积	Irrigated Area	千公顷	10^3ha	66352	67743	67783	69481	70652	72061	73177	73946	74542
耕地灌溉面积	Irrigated Area of Cultivated Land	千公顷	10^3ha	60348	61682	62491	63473	64540	65873	67141	67816	68272
占耕地面积①	In Total Cultivated Land	%	%	49.58	50.82	51.3	52.9	53.8	48.8	49.8	50.3	50.7
林地灌溉面积	Irrigated Area of Forest Land	千公顷	10^3ha	1822	1899	1767	2111	2229	2211	2388	2403	2510
牧草灌溉面积	Irrigated Area of Grassland	千公顷	10^3ha	1258	1265	819	1059	1092	1079	1076	1104	1115
耕地实灌面积	Actual Irrigated Cultivated Land	千公顷	10^3ha	52589	53982		53105	54975	56739	58107	58553	58574
占耕地灌溉面积	In Irrigated Area of Cultivated Land	%	%	87.14	87.52		83.67	85.18	86.13	86.54	86.34	85.80
节水灌溉面积	Water-saving Irrigated Area	千公顷	10^3ha	27314	29179	31217	27109	29019	31060	32847	34319	36135
万亩以上灌区数量	Irrigation District with an Area of 10,000 mu and above	处	unit	5795	5824	7756	7709	7709	7773	7806	7839	7881
其中：30 万亩以上	Among Which: Irrigated Area up to 300,000 mu and above	处	unit	349	348	456	456	456	456	458	458	461
万亩以上灌区耕地灌溉面积	Irrigated Area of Irrigation District with an Area of 10,000 mu and above	千公顷	10^3ha	29415	29748	30087	30216	30256	32302	33045	33262	33324
其中：30 万亩以上	Among Which: Irrigated Area up to 300,000 mu and above	千公顷	10^3ha	15658	15786	11260	11252	11251	17686	17765	17840	17799
机电排灌面积	Irrigated and Drainage Area with Mechanical and Electrical Equipment	千公顷	10^3ha	40751	41465	42491						
其中：机电提灌面积	Among Which: Lifting Irrigated Area	千公顷	10^3ha	36401	37079	38152						
排灌机械保有量	Registered Irrigation and Drainage Mechinery and Equipment	千千瓦	10^3kW	87201	88237	102222						
固定机电排灌站	Fixed Irrigation and Drainage Stations	万处	10^4unit	43.53	42.33	43.41						

① 耕地面积按国家统计局《2017 年中国统计年鉴》数据 20.2381 亿亩。

① The data of cultivated land is 20.2381×10^8 mu, and sourced from *China Statistical Yearbook 2017*.

3-2 历年万亩以上灌区数量和耕地灌溉面积

Irrigation Districts with an Area above 10,000 mu by Year

年份 Year	合计 Total		#50 万亩以上灌区 Irrigation Districts with an Area up to 500,000 mu and above		#30 万～50 万亩灌区 Irrigation Districts with an Area from 300,000 to 500,000 mu	
	处数 /处 Number /unit	耕地灌溉面积 /千公顷 Irrigated Area of Cultivated Land /10^3ha	处数 /处 Number /unit	耕地灌溉面积 /千公顷 Irrigated Area of Cultivated Land /10^3ha	处数 /处 Number /unit	耕地灌溉面积 /千公顷 Irrigated Area of Cultivated Land /10^3ha
1978	5249	20227	74	5751	74	1849
1979	5227	20219	72	5793	71	1789
1980	5289	20486	66	5737	72	1817
1981	5247	20363	66	5720	71	1777
1982	5252	20578	66	5788	72	1825
1983	5288	20941	67	5941	76	1789
1984	5319	20775	71	5994	69	1738
1985	5281	20777	71	5996	66	1670
1986	5299	20869	70	5988	71	1793
1987	5343	21144	70	6014	75	1889
1988	5302	21075	71	6066	75	1877
1989	5331	21177	72	6119	78	1933
1990	5363	21231	72	6048	76	1896
1991	5665	23292	73	6169	91	2186
1992	5531	23632	74	6184	92	2270
1993	5567	24483	74	6239	92	2318
1994	5523	22353	74	6288	98	2429
1995	5562	22499	74	6314	99	2444
1996	5606	22062	75	6150	108	2665
1997	5579	22495	77	6408	115	2862
1998	5611	22747	79	6692	114	2769
1999	5648	23580	90	7632	123	3093
2000	5683	24493	101	7883	141	3440
2001	5686	24766	108	8617	169	4054
2002	5691	25030	110	9158	168	4072
2003	5729	25244	112	9381	169	4084
2004	5800	25506	111	9714	169	4057
2005	5860	26419	117	10230	170	4080
2006	5894	28021	119	10520	166	4092
2007	5869	28341	120	10519	174	4148
2008	5851	29440	120	10768	205	4633
2009	5844	29562	125	10828	210	4747
2010	5795	29415	131	10918	218	4740
2011	5824	29748	129	10990	219	4796
2012	7756	30191	177	6243	280	5017
2013	7709	30216	176	6241	280	5010
2014	7709	30256	176	6241	280	5010
2015	7773	32302	176	12024	280	5663
2016	7806	33045	177	12335	281	5430
2017	7839	33262	177	12416	281	5425
2018	7881	33324	175	12399	286	5400

3-3　2018 年万亩以上灌区数量和耕地灌溉面积（按地区分）

Irrigation Districts with an Area above 10,000 mu in 2018 (by Region)

地区	Region	合计 Total		#50 万亩以上灌区 Irrigation Districts up to 500,000 mu and above		#30 万～50 万亩灌区 Irrigation Districts from 300,000 to 500,000 mu	
		处数 /处 Number /unit	耕地灌溉面积 /千公顷 Irrigated Area of Cultivated Land /10³ha	处数 /处 Number /unit	耕地灌溉面积 /千公顷 Irrigated Area of Cultivated Land /10³ha	处数 /处 Number /unit	耕地灌溉面积 /千公顷 Irrigated Area of Cultivated Land /10³ha
合　计	**Total**	**7881**	**33324**	**175**	**12399**	**286**	**5400**
北　京	Beijing	10	54			1	23
天　津	Tianjin	80	188			1	28
河　北	Hebei	151	1148	6	432	15	306
山　西	Shanxi	187	876	6	291	6	126
内蒙古	Inner Mongolia	210	1400	10	884	4	97
辽　宁	Liaoning	89	449	5	203	6	89
吉　林	Jilin	137	413	5	75	5	80
黑龙江	Heilongjiang	390	1290	3	148	25	256
上　海	Shanghai	1	3				
江　苏	Jiangsu	316	2338	7	336	28	661
浙　江	Zhejiang	183	620	3	138	9	128
安　徽	Anhui	511	2078	7	1002	3	89
福　建	Fujian	145	254			4	96
江　西	Jiangxi	313	790	5	176	13	179
山　东	Shandong	508	3211	19	1497	34	570
河　南	Henan	335	2412	18	1496	19	304
湖　北	Hubei	582	2672	15	795	25	567
湖　南	Hunan	683	1601	5	132	17	371
广　东	Guangdong	487	770	2	113	1	7
广　西	Guangxi	353	685	3	82	8	127
海　南	Hainan	68	353	1	138		
重　庆	Chongqing	126	160				
四　川	Sichuan	392	1380	6	819	4	78
贵　州	Guizhou	115	115				
云　南	Yunnan	340	814	2	59	10	183
西　藏	Tibet	113	98		15	1	19
陕　西	Shaanxi	187	829	8	454	4	66
甘　肃	Gansu	250	1190	4	202	20	420
青　海	Qinghai	94	135				
宁　夏	Ningxia	33	578	4	490	1	21
新　疆	Xinjiang	492	4420	31	2419	22	510

3-4 2018年万亩以上灌区数量和耕地灌溉面积（按水资源分区分）

Irrigation Districts with an Area above 10,000 mu in 2018 (by Water Resources Sub-region)

水资源一级区	Grade-I Water Resources Sub-region	合计 Total		#50万亩以上灌区 Irrigated Area up to 500,000 mu and above		#30万～50万亩灌区 Irrigated Area from 300,000 to 500,000 mu	
		处数/处 Number/unit	耕地灌溉面积/千公顷 Irrigated Area of Cultivated Land/10^3ha	处数/处 Number/unit	耕地灌溉面积/千公顷 Irrigated Area of Cultivated Land/10^3ha	处数/处 Number/unit	耕地灌溉面积/千公顷 Irrigated Area of Cultivated Land/10^3ha
合　计	**Total**	**7881**	**33324**	**175**	**12399**	**286**	**5400**
松花江区	Songhua River	561	1735	8	224	29	336
辽河区	Liaohe River	192	889	9	297	11	165
海河区	Haihe River	463	3599	20	1769	25	507
黄河区	Yellow River	765	3974	31	2320	21	408
淮河区	Huaihe River	957	5764	24	2137.73	63	1201
长江区	Yangtze River	2788	8699	39	2551	69	1420
东南诸河区	Rivers in Southeast	270	794	3	138	13	224
珠江区	Pearl River	1007	2053	7	376	11	173
西南诸河区	Rivers in Southwest	280	480		15	5	96
西北诸河区	Rivers in Northwest	598	5337	34	2571	39	870

3-5　2018 年万亩以上灌区数量和耕地灌溉面积（按水资源分区和地区分）

Irrigation Districts with an Area above 10,000 mu in 2018 (by Water Resources Sub-region and Region)

地区	Region	合计 Total		#50 万亩以上灌区 Irrigation Districts up to 500,000 mu and above		#30 万～50 万亩灌区 Irrigation Districts from 300,000 to 500,000 mu	
		处数 /处 Number /unit	耕地灌溉面积 /千公顷 Irrigated Area of Cultivated Land /10^3ha	处数 /处 Number /unit	耕地灌溉面积 /千公顷 Irrigated Area of Cultivated Land /10^3ha	处数 /处 Number /unit	耕地灌溉面积 /千公顷 Irrigated Area of Cultivated Land /10^3ha
松花江区	**Songhua River**	**561**	**1735**	**8**	**224**	**29**	**336**
内蒙古	Inner Mongolia	44	65	1	20		
吉　林	Jilin	127	380	4	55	4	80
黑龙江	Heilongjiang	390	1290	3	148	25	256
辽河区	**Liaohe River**	**192**	**889**	**9**	**297**	**11**	**165**
内蒙古	Inner Mongolia	93	407	3	75	4	77
辽　宁	Liaoning	89	449	5	203	6	89
吉　林	Jilin	10	33	1	19	1	
海河区	**Haihe River**	**463**	**3599**	**20**	**1769**	**25**	**507**
北　京	Beijing	10	54			1	23
天　津	Tianjin	80	188			1	28
河　北	Hebei	151	1148	6	432	15	306
山　西	Shanxi	83	280			3	56
内蒙古	Inner Mongolia	2	1				
辽　宁	Liaoning						
山　东	Shandong	100	1533	10	1045	3	74
河　南	Henan	37	396	4	292	2	21
黄河区	**Yellow River**	**765**	**3974**	**31**	**2320**	**21**	**408**
山　西	Shanxi	104	596	6	291	3	70
内蒙古	Inner Mongolia	60	876	5	743		20
山　东	Shandong	61	185			4	52
河　南	Henan	107	549	7	267	6	119
四　川	Sichuan						
陕　西	Shaanxi	154	733	7	433	4	66
甘　肃	Gansu	174	360	2	96	3	61
青　海	Qinghai	72	97				
宁　夏	Ningxia	33	578	4	490	1	21
淮河区	**Huaihe River**	**957**	**5764**	**24**	**2138**	**63**	**1201**
江　苏	Jiangsu	228	1945	6	299	25	588
安　徽	Anhui	237	1107	4	619	1	14
山　东	Shandong	347	1494	9	452	27	444
河　南	Henan	145	1219	5	767	10	155

3-5 续表 continued

地区	Region	合计 Total		#50万亩以上灌区 Irrigation Districts up to 500,000 mu and above		#30万～50万亩灌区 Irrigation Districts from 300,000 to 500,000 mu	
		处数 /处 Number /unit	耕地灌溉面积 /千公顷 Irrigated Area of Cultivated Land /10³ha	处数 /处 Number /unit	耕地灌溉面积 /千公顷 Irrigated Area of Cultivated Land /10³ha	处数 /处 Number /unit	耕地灌溉面积 /千公顷 Irrigated Area of Cultivated Land /10³ha
长江区	**Yangtze River**	**2788**	**8699**	**39**	**2551**	**69**	**1420**
上　海	Shanghai	1	3				
江　苏	Jiangsu	88	393	1	37	3	73
浙　江	Zhejiang	58	81				
安　徽	Anhui	274	971	3	383	2	76
江　西	Jiangxi	313	790	5	176	13	179
河　南	Henan	46	247	2	169	1	9
湖　北	Hubei	582	2672	15	795	25	567
湖　南	Hunan	670	1585	5	132	17	371
广　西	Guangxi	18	24				
重　庆	Chongqing	126	160				
四　川	Sichuan	392	1380	6	819	4	78
贵　州	Guizhou	87	81				
云　南	Yunnan	97	213	1	17	4	68
陕　西	Shaanxi	33	96	1	22		
甘　肃	Gansu	3	3				
青　海	Qinghai						
东南诸河区	**Southeast Rivers**	**270**	**794**	**3**	**138**	**13**	**224**
浙　江	Zhejiang	125	540	3	138	9	128
安　徽	Anhui						
福　建	Fujian	145	254			4	96
珠江区	**Pearl River**	**1007**	**2053**	**7**	**376**	**11**	**173**
湖　南	Hunan	13	16				
广　东	Guangdong	487	770	2	113	1	7
广　西	Guangxi	335	661	3	82	8	127
海　南	Hainan	68	353	1	138		
贵　州	Guizhou	28	34				
云　南	Yunnan	76	220	1	42	2	39
西南诸河区	**Southwest Rivers**	**280**	**480**		**15**	**5**	**96**
云　南	Yunnan	167	382			4	76
西　藏	Tibet	113	98		15	1	19
青　海	Qinghai						
西北诸河区	**Northwest Rivers**	**598**	**5337**	**34**	**2571**	**39**	**870**
内蒙古	Inner Mongolia	11	52	1	46		
甘　肃	Gansu	73	827	2	106	17	360
青　海	Qinghai	22	38				
新　疆	Xinjiang	492	4420	31	2419	22	510

3-6 历年机电排灌站处数和装机容量

Number and Installed Capacity of Irrigation and Drainage Stations with Mechanical and Electrical Equipment by Year

年份 Year	机电排灌站装机容量 /千千瓦 Installed Capacity of Mechanical and Electrical Irrigation and Drainage Stations /10^3kW	固定机电排灌站 Fixed Irrigation and Drainage Stations				流动机装机容量 /千千瓦 Installed Capacity of Mobile Equipment /10^3kW	喷滴灌装机容量 /千千瓦 Installed Capacity of Sprinkler and Drip /10^3kW
		处数 /处 Number /unit	机械 Mechanical Equipment	电力 Electrical Equipment	装机容量 /千千瓦 Installed Capacity /10^3kW		
1977		405472	162486	242986	13933		
1978		415898	160142	255756	15028		
1979		431730	155529	276201	16494		
1980		524426	234029	290397	17976		
1981		472299	175243	297056	18043		
1982		470819	166225	304594	18566		
1983		475350	159120	316230	19055		
1984		478130	151055	327075	19249		
1985		462269	133519	328750	19148		
1986		455616	122806	332810	19182		
1987		462100	115602	346498	19558		
1988		461085	107156	353929	19854		
1989		465377			19978		
1990		473680			20065		
1991		481566			23213		
1992		493599			22200		
1993		493501			21142		
1994		494349			21086		
1995		495700			21061		
1996		498063			21418		
1997		502861			21530		
1998		503805			21797		
1999		513883			21987		
2000	41570	506067			21798	17837	1934
2001	46670	516743			23510	20891	2269
2002	43604	507397			22881	18170	2553
2003	43039	502165			21988	18316	2735
2004	43748	494172			21912	19016	2820
2005	43599	489921			22176	18515	2908
2006	44726	473349			24531	20196	
2007	45789	443504			23953	18590	3247
2008	44378	446151			22327	18379	3671
2009	45174	446494			24474	16688	4011
2010	43987	435320			23305	16734	3947
2011	44030	423335			23111	16628	4291
2012	52791	434062			27158	19598	6034

注 2006年流动机装机容量包含了喷滴灌装机容量。

Note The installed capacity of mobile equipment includes those of sprinklers and drips in 2006.

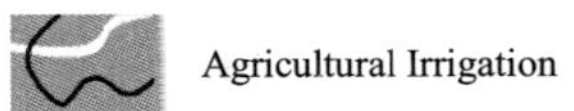

3-7 历年农田排灌机械保有量和装机容量

Registered Mechanical Equipment for Irrigation and Drainage by Year

单位：千千瓦 unit: 10^3kW

年份 Year	排灌机械保有量合计 Total Registered Machinery and Equipment for Irrigation and Drainage	#电动机 Motor	配套机电井装机容量 Installed Capacity of Counterpart Wells	机电排灌站装机容量 Installed Capacity of Irrigation and Drainage Stations	#固定机电排灌站 Fixed Irrigation and Drainage Stations
1951	84				
1952	94				
1953	104				
1954	121				
1955	153				
1956	282				
1957	415	71			
1958	886				
1959	2299	383			
1960	3540	624			
1961	3948	1016			
1962	4521	1648			
1963	5101	2164			
1964	5579	2675			
1965	6674	3259			
1970	13421				
1971	14598	6299			
1972	18126	10218			
1973	25442	12867			
1974	28894	14798			
1975	34810	17064	15765		11285
1976	39850	19824	18200		12730
1977	42920	21084	18453		13933
1978	47224	24200	20732		15028
1979	51329	25988	20616		16494
1980	53840	27355	20740		17976
1981	54548	28563	21228		18043
1982	55618	29894	21907		18566
1983	57923	31731	22814		19055
1984	59575	32942	22857		19249
1985	59414	33192	23151		19148
1986	59793	34059	22774		19182
1987	62422	35459	23706		19558
1988	64367	36424	25378		19854
1989	66354	37400	25932		19978
1990	68055	38311	26594		20065
1991	70485	39907	26451		23213
1992	65968	39895	27257		22200
1993	65845	39806	27648		21142
1994	66905	40706	27988		21086
1995	68241	41764	29001		21061
1996	70196	43034	30468		21418
1997	72686		32215		21530
1998	75594		33606		21797
1999	77009		35242		21987
2000	77477		35908	41570	21798
2001	87999		41329	46670	23510
2002	81295		37692	43604	22881
2003	80780		37741	43039	21988
2004	82159		38411	43748	21912
2005	82469		38871	43599	22176
2006	85443		40718	44726	24531
2007	86684		40894	45789	23953
2008	85883		41505	44378	22327
2009	87530		42356	45174	24474
2010	87201		43215	43987	23305
2011	88237		44207	44030	23111
2012	102222		49431	52791	27158

3-8 历年机电井眼数和装机容量

Number and Installed Capacity of Mechanical and Electrical Wells by Year

年份 Year	机电井眼数 /万眼 Number of Mechanical and Electrical Wells /10^4unit	#灌溉机电井 Mechanical and Electrical Wells for Irrigation	配套机电井眼数 /万眼 Number of Counterpart Mechanical and Electrical Wells /10^4unit	#灌溉机电井 Mechanical and Electrical Wells for Irrigation	配套机电井装机容量 /千千瓦 Installed Capacity of Counterpart Mechanical and Electrical Wells /10^3kW	#灌溉机电井 Mechanical and Electrical Wells for Irrigation
1965		19.42		19.42		
1966		22.84		15.26		
1969		74.87		43.41		
1970		91.89		62.70		
1971		113.31		80.67		
1972		134.91		100.76		
1973		170.02		130.35		
1974		194.62		157.09		
1975		217.46		181.75		15765
1976		240.73		203.32		18200
1977		254.59		210.88		18463
1978		265.87		221.83		20732
1979		273.25		229.37		20616
1980		269.10		229.06		20740
1981		266.47		229.77		21228
1982		271.46		234.31		21901
1983		278.12		241.30		22814
1984		279.86		240.31		22857
1985		277.00		237.04		23151
1986		276.65		236.39		22774
1987		282.31		243.02		23706
1988		291.83		251.90		25378
1989		305.47		263.29		25932
1990		314.92		273.11		26594
1991		324.64		283.27		26451
1992		335.39		294.58		27257
1993		342.48		302.16		27648
1994		345.59		306.30		27988
1995		355.91		316.98		29001
1996		373.00		332.55		30468
1997		399.84		355.07		32215
1998		417.88		371.75		33606
1999		434.06		386.67		35242
2000		444.81		398.96		35908
2001		454.66		409.23		41329
2002		465.57		418.35		37692
2003		470.94		422.43		37741
2004		475.58		426.24		38411
2005		478.57		428.20		38871
2006		485.85		436.53		40718
2007	511.80	484.90	461.39	438.84	46286	40894
2008	522.58	488.74	474.12	443.86	46571	41505
2009	529.31	493.82	482.56	450.80	49859	42356
2010	533.71	501.21	487.20	458.18	51446	43215
2011	541.38	507.90	494.83	464.94	54048	43757
2012	454.33					
2013	458.36					
2014	469.11					
2015	483.25					
2016	487.18					
2017	495.98					
2018	510.09					

注 2006 年以前（含 2006 年）只统计灌溉机电井，2007 年以后还包括供水机电井。

Note Before 2006 (including 2006), the statistical data only includes mechanical and electrical wells for irrigation; after 2007 it also include wells for water supply.

3-9 历年灌溉面积

Irrigated Area by Year

单位：千公顷 unit: 10^3ha

年份 Year	灌溉面积总计 Total Irrigated Area						耕地实灌面积 Actual Irrigated Area	旱涝保收面积 Harvest Area Guaranteed in Case of Flood and Drought
		耕地灌溉面积 Irrigated Area of Cultivated Land	林地灌溉面积 Irrigated Area of Forest	果园灌溉面积 Irrigated Area of Fruit Garden	牧草灌溉面积 Irrigated Area of Pasture Land	其他灌溉面积 Others		
1957		25004.7						
1962		28696.7						
1965		32036.0						
1972		40642.0						
1973		43810.7						
1974		45707.3						
1975		46120.7					39281.3	
1976		45463.3					40825.3	
1977		48186.7					40559.3	
1978		48053.3					41714.7	
1979		48318.7					41663.3	
1980		48888.0					39906.0	
1981		48600.0					39656.7	
1982		48663.3					40177.3	
1983		48546.0					39383.3	
1984		48400.0					39933.3	
1985		47932.7					38671.3	
1986		47872.7					39938.0	
1987		47966.7					39861.3	33349.3
1988		47980.7					41188.7	33570.7
1989		48337.3					40695.3	33994.0
1990		48389.3					41437.3	34365.3
1991		48951.3					42884.0	34720.0
1992		49464.0					43501.3	35374.0
1993		49839.3					42914.0	35631.3
1994		49938.0					43610.7	36140.0
1995		50412.7					44102.0	36636.0
1996		51160.7					44768.7	37187.3
1997		52268.7					46187.3	38102.0
1998		53400.0					47036.0	38760.7
1999		54366.0					47709.3	39375.3
2000	59341.6	55013.2	1072.8	1601.3	1001.3	653.0	47965.2	40164.3
2001	60025.4	55517.0	1136.5	1665.7	1035.9	670.1	48398.4	40532.2
2002	60753.1	55857.9	1252.0	1759.6	1194.9	660.9	48434.6	40594.9
2003	61056.1	55900.6	1468.2	1835.1	1186.7	665.5	47383.2	40852.5
2004	61511.2	56252.1	1573.3	1862.5	1185.0	638.3	47783.9	40740.6
2005	61897.9	56562.4	1636.6	1861.0	1172.0	672.5	47968.7	41337.7
2006	62559.1	57078.4	1562.1	1988.6	1201.2	728.8	49024.5	41335.0
2007	63413.5	57782.4	1598.4	2039.4	1225.5	767.8	49936.9	41745.7
2008	64119.7	58471.7	1648.9	2065.0	1214.4	719.7	50665.5	42024.9
2009	65164.6	59261. 5	1774.7	2088.6	1246.9	793.0	51806.6	42358.2
2010	66352.3	60347.7	1821.9	2151.4	1257.6	773.7	52589.0	42871.5
2011	67742.9	61681.6	1899.2	2178.2	1264.7	719.2	53982.2	43383.4
2012	67782.7	62490.5	1766.8	2189.8	819.4	516.2		
2013	69481.4	63473.3	2111.3	2315.1	1059.4	522.2	53105.4	
2014	70651.7	64539.5	2228.7	2376.2	1092.4	414.8	54974.9	
2015	72060.8	65872.6	2211.1	2433.3	1079.2	464.5	56739.4	
2016	73176.9	67140.6	2388.4	2571.9	1076.0		58107.0	
2017	73946.1	67815.6	2402.7	2623.6	1104.2		58553.3	
2018	74541.8	68271.6	2510.0	2645.6	1114.6		58573.6	

3-10 历年人均耕地灌溉面积和机电灌溉占有效灌溉比重

Irrigated Area Per Capita and Proportion of Mechanical & Electrical Equipment in Effective Irrigated Area by Year

年份 Year	人均耕地灌溉面积/亩每人 Irrigated Area Per Capita/(mu/person)		机电排灌面积占耕地灌溉面积的比重/% Proportion of Total Mechanical and Electrical Equipment in Effective Irrigated Area /%
	按总人口 Based on Total Population	按乡村人口 Based on Total Rural Population	
1950	0.45	0.54	
1951	0.49	0.58	
1952	0.50	0.59	1.6
1953	0.57	0.67	
1954	0.58	0.68	
1955	0.60	0.71	
1957	0.58	0.69	4.8
1962	0.64	0.77	
1965	0.66	0.80	25.3
1972	0.70	0.83	
1973	0.74	0.87	
1974	0.76	0.89	
1975	0.75	0.89	51.8
1976	0.79	0.93	
1977	0.76	0.90	
1978	0.75	0.89	52.7
1979	0.74	0.89	54.4
1980	0.74	0.90	54.1
1982	0.72	0.87	54.1
1983	0.71	0.87	54.3
1984	0.70	0.87	54.1
1985	0.69	0.86	54.9
1986	0.68	0.80	55.0
1987	0.67	0.84	55.7
1988	0.66	0.83	55.8
1989	0.66	0.83	55.9
1990	0.63	0.81	56.3
1991	0.64	0.82	56.1
1992	0.64	0.82	57.4
1993	0.63	0.83	57.3
1994	0.63	0.83	57.4
1995	0.62	0.82	57.7
1996	0.63	0.83	58.2
1997	0.63	0.86	58.6
1998	0.64	0.88	59.1
1999	0.65	0.86	59.2
2000	0.65	0.87	59.3
2001	0.65	0.89	59.4
2002	0.66	0.90	59.5
2003	0.65	0.89	59.6
2004	0.65	0.90	58.4
2005	0.65	0.89	66.9
2006	0.65	0.90	65.8
2007	0.66	1.19	67.0
2008	0.66	1.22	67.2
2009	0.67	1.25	67.5
2010	0.68	1.34	67.5
2011	0.69	1.41	67.2
2012	0.69	1.46	68.0
2013	0.70	1.51	
2014	0.71	1.56	
2015	0.72	1.64	
2016	0.73	1.71	
2017	0.73	1.72	
2018	0.73	1.82	

3-11 2018 年灌溉面积（按地区分）

Irrigated Area in 2018 (by Region)

单位：千公顷 unit: 10^3ha

地区	Region	灌溉面积 总计 Total Irrigated Area	耕地灌溉面积 Irrigated Area of Cultivated Land	林地灌溉面积 Irrigated Area of Forest	果园灌溉面积 Irrigated Area of Fruit Garden	牧草灌溉面积 Irrigated Area of Pasture Land	耕地实灌面积 Actual Irrigated Area
合 计	**Total**	**74541.8**	**68271.6**	**2510.0**	**2645.6**	**1114.6**	**58573.6**
北 京	Beijing	212.1	109.7	59.5	41.7	1.2	97.0
天 津	Tianjin	329.7	304.7	18.2	6.8		275.1
河 北	Hebei	4835.6	4492.3	124.7	210.7	7.9	4066.4
山 西	Shanxi	1625.2	1518.7	47.9	53.2	5.4	1481.8
内蒙古	Inner Mongolia	3816.3	3196.5	85.2	10.3	524.3	2621.9
辽 宁	Liaoning	1762.0	1619.3	29.7	106.5	6.5	1374.9
吉 林	Jilin	1922.2	1893.1	2.9	12.3	14.0	1431.3
黑龙江	Heilongjiang	6146.9	6119.6	9.9	6.6	10.7	4896.5
上 海	Shanghai	207.2	190.8	16.1	0.3		190.8
江 苏	Jiangsu	4468.0	4179.8	149.2	129.4	9.5	3777.3
浙 江	Zhejiang	1565.0	1440.8	49.9	73.5	0.8	1323.7
安 徽	Anhui	4625.6	4538.3	36.9	49.7	0.7	3633.0
福 建	Fujian	1234.0	1085.2	54.8	90.0	4.0	891.7
江 西	Jiangxi	2119.2	2032.0	26.8	60.3		1732.8
山 东	Shandong	5832.3	5236.0	213.8	375.4	7.2	4805.4
河 南	Henan	5408.3	5288.7	62.8	56.5	0.3	4549.1
湖 北	Hubei	3122.8	2931.9	115.2	69.2	6.6	2479.9
湖 南	Hunan	3261.4	3164.0	47.9	48.9	0.6	2440.4
广 东	Guangdong	2070.5	1775.2	57.6	237.7		1628.0
广 西	Guangxi	1786.2	1706.9	12.8	66.6		1461.0
海 南	Hainan	350.7	290.5	38.9	20.4	0.9	217.1
重 庆	Chongqing	696.9	696.9				423.7
四 川	Sichuan	3181.5	2932.5	100.6	139.1	9.2	2406.5
贵 州	Guizhou	1139.1	1132.2	1.7	4.5	0.7	941.0
云 南	Yunnan	2011.7	1898.1	29.0	77.1	7.6	1584.5
西 藏	Tibet	467.8	264.5	35.2	24.9	143.2	250.0
陕 西	Shaanxi	1431.8	1275.0	19.9	135.6	1.3	1045.6
甘 肃	Gansu	1550.2	1337.5	150.6	44.6	17.4	1168.6
青 海	Qinghai	295.8	214.0	38.0	3.5	40.3	190.5
宁 夏	Ningxia	623.0	523.4	43.8	39.5	16.3	473.2
新 疆	Xinjiang	6442.9	4883.5	830.5	450.7	278.3	4715.1

3-12 2018年灌溉面积（按水资源分区分）
Irrigated Area in 2018 (by Water Resources Sub-region)

单位：千公顷 unit: 10^3ha

水资源一级区	Grade-I Water Resources Region	灌溉面积 总计 Total Irrigated Area	耕地灌溉面积 Irrigated Area of Cultivated Land	林地灌溉面积 Irrigated Area of Forest	果园灌溉面积 Irrigated Area of Fruit Garden	牧草灌溉面积 Irrigated Area of Pasture Land	耕地实灌面积 Actual Irrigated Area
合　计	**Total**	**74541.8**	**68271.6**	**2510.0**	**2645.6**	**1114.6**	**58573.6**
松花江区	Songhua River	8528.3	8398.9	15.0	17.3	97.1	6422.7
辽河区	Liaohe River	3293.6	2964.3	52.4	107.1	169.7	2571.4
海河区	Haihe River	8266.0	7634.0	279.3	324.2	28.5	7062.5
黄河区	Yellow River	6316.2	5623.7	221.1	275.0	196.3	5036.4
淮河区	Huaihe River	13335.1	12567.8	303.7	455.5	8.2	10683.8
长江区	Yangtze River	18213.6	17314.5	426.5	445.9	26.7	14357.6
东南诸河区	Southeast Rivers	2418.0	2167.9	91.3	154.1	4.7	1879.0
珠江区	Pearl River	4878.9	4434.9	107.7	334.7	1.6	3855.9
西南诸河区	Southwest Rivers	1533.9	1278.7	45.4	65.5	144.3	1087.3
西北诸河区	Northwest Rivers	7758.1	5886.9	967.5	466.2	437.5	5617.0

3-13 2018 年灌溉面积（按水资源分区和地区分）
Irrigated Area in 2018 (by Water Resources Sub-region and Region)

单位：千公顷 unit: 10^3ha

地区	Region	灌溉面积 总计 Total Irrigated Area	耕地灌溉面积 Irrigated Area of Cultivated Land	林地灌溉面积 Irrigated Area of Forest	果园灌溉面积 Irrigated Area of Fruit Garden	牧草灌溉面积 Irrigated Area of Pasture Land	耕地实灌面积 Actual Irrigated Area
松花江区	**Songhua River**	**8528.3**	**8398.9**	**15.0**	**17.3**	**97.1**	**6422.7**
内蒙古	Inner Mongolia	763.7	686.1	2.9	0.1	74.7	311.6
吉　林	Jilin	1617.8	1593.3	2.2	10.6	11.8	1214.5
黑龙江	Heilongjiang	6146.9	6119.6	9.9	6.6	10.7	4896.5
辽河区	**Liaohe River**	**3293.6**	**2964.3**	**52.4**	**107.1**	**169.7**	**2571.4**
内蒙古	Inner Mongolia	1245.3	1060.3	22.2	2.0	160.9	993.1
辽　宁	Liaoning	1743.8	1604.3	29.6	103.4	6.5	1361.6
吉　林	Jilin	304.5	299.8	0.7	1.7	2.3	216.8
海河区	**Haihe River**	**8266.0**	**7634.0**	**279.3**	**324.2**	**28.5**	**7062.5**
北　京	Beijing	212.1	109.7	59.5	41.7	1.2	97.0
天　津	Tianjin	329.7	304.7	18.2	6.8		275.1
河　北	Hebei	4835.6	4492.3	124.7	210.7	7.9	4066.4
山　西	Shanxi	579.7	558.5	12.9	4.0	4.3	544.0
内蒙古	Inner Mongolia	78.9	67.9	0.3		10.6	61.6
辽　宁	Liaoning	18.3	15.0	0.2	3.1		13.3
山　东	Shandong	1575.5	1465.4	56.3	49.4	4.4	1418.0
河　南	Henan	636.5	620.5	7.4	8.6		587.1
黄河区	**Yellow River**	**6316.2**	**5623.7**	**221.1**	**275.0**	**196.3**	**5036.4**
山　西	Shanxi	1045.5	960.2	35.0	49.2	1.1	937.8
内蒙古	Inner Mongolia	1500.5	1285.4	50.0	7.8	157.4	1169.0
山　东	Shandong	386.2	356.8	7.3	22.1		341.5
河　南	Henan	825.3	794.0	19.5	11.6	0.3	711.9
四　川	Sichuan	3.6	1.3			2.3	0.5
陕　西	Shaanxi	1220.6	1092.3	11.0	116.3	1.1	883.1
甘　肃	Gansu	518.8	458.3	27.8	25.9	6.7	386.2
青　海	Qinghai	192.6	152.0	26.9	2.7	11.1	133.3
宁　夏	Ningxia	623.0	523.4	43.8	39.5	16.3	473.2
淮河区	**Huaihe River**	**13335.1**	**12567.8**	**303.7**	**455.5**	**8.2**	**10683.8**
江　苏	Jiangsu	3107.4	2917.1	111.5	73.3	5.5	2584.1
安　徽	Anhui	2925.5	2870.5	10.9	44.0		2221.7
山　东	Shandong	3870.7	3413.8	150.2	303.9	2.7	3045.9
河　南	Henan	3431.6	3366.3	31.0	34.2		2832.1

3-13 续表 continued

地区	Region	灌溉面积 总计 Total Irrigated Area	耕地灌溉面积 Irrigated Area of Cultivated Land	林地灌溉面积 Irrigated Area of Forest	果园灌溉面积 Irrigated Area of Fruit Garden	牧草灌溉面积 Irrigated Area of Pasture Land	耕地实灌面积 Actual Irrigated Area
长江区	**Yangtze River**	**18213.6**	**17314.5**	**426.5**	**445.9**	**26.7**	**14357.6**
上 海	Shanghai	207.2	190.8	16.1	0.3		190.8
江 苏	Jiangsu	1360.7	1262.7	37.8	56.1	4.1	1193.2
浙 江	Zhejiang	388.7	365.6	13.7	9.4		343.9
安 徽	Anhui	1692.4	1660.3	25.7	5.7	0.7	1403.8
江 西	Jiangxi	2119.2	2032.0	26.8	60.3		1732.8
河 南	Henan	514.9	507.8	4.9	2.1		418.0
湖 北	Hubei	3122.8	2931.9	115.2	69.2	6.6	2479.9
湖 南	Hunan	3216.7	3121.1	47.0	48.1	0.6	2408.0
广 西	Guangxi	69.8	63.4	4.2	2.2		60.7
重 庆	Chongqing	696.9	696.9				423.7
四 川	Sichuan	3177.9	2931.2	100.6	139.1	6.9	2406.0
贵 州	Guizhou	843.0	837.4	1.7	3.9	0.1	706.9
云 南	Yunnan	545.0	496.0	17.1	25.7	6.3	403.1
陕 西	Shaanxi	211.1	182.7	9.0	19.3	0.2	162.5
甘 肃	Gansu	44.4	32.5	6.8	4.5	0.5	24.3
青 海	Qinghai	3.0	2.2			0.8	
东南诸河区	**Southeast Rivers**	**2418.0**	**2167.9**	**91.3**	**154.1**	**4.7**	**1879.0**
浙 江	Zhejiang	1176.3	1075.2	36.2	64.1	0.8	979.8
安 徽	Anhui	7.8	7.5	0.3			7.5
福 建	Fujian	1234.0	1085.2	54.8	90.0	4.0	891.7
珠江区	**Pearl River**	**4878.9**	**4434.9**	**107.7**	**334.7**	**1.6**	**3855.9**
湖 南	Hunan	44.7	43.0	0.9	0.8	0.01	32.4
广 东	Guangdong	2070.5	1775.2	57.6	237.7		1628.0
广 西	Guangxi	1716.5	1643.5	8.6	64.4		1400.3
海 南	Hainan	350.7	290.5	38.9	20.4	0.9	217.1
贵 州	Guizhou	296.1	294.9		0.7	0.6	234.1
云 南	Yunnan	400.6	387.9	1.8	10.8	0.1	344.1
西南诸河区	**Southwest Rivers**	**1533.9**	**1278.7**	**45.4**	**65.5**	**144.3**	**1087.3**
云 南	Yunnan	1066.1	1014.2	10.1	40.6	1.1	837.4
西 藏	Tibet	467.8	264.5	35.2	24.9	143.2	250.0
青 海	Qinghai						
西北诸河区	**Northwest Rivers**	**7758.1**	**5886.9**	**967.5**	**466.2**	**437.5**	**5617.0**
内蒙古	Inner Mongolia	227.9	96.9	9.9	0.4	120.8	86.6
甘 肃	Gansu	987.0	846.7	116.0	14.2	10.1	758.1
青 海	Qinghai	100.2	59.9	11.1	0.9	28.4	57.2
新 疆	Xinjiang	6442.9	4883.5	830.5	450.7	278.3	4715.1

3-14 历年耕地灌溉面积减少原因

Reasons of Decrease of Irrigated Area by Year

单位：千公顷 unit: 10^3ha

年份 Year	耕地灌溉面积 Irrigated Area of Cultivated Land		耕地灌溉面积减少原因 Reasons of Decrease of Irrigated Area					
	新增 Newly-increased Area	减少 Reduced Area	工程老化、毁损 Aging and Damage of Structures	机井报废 Abortion of Wells	建设占地 Land Occupation by Construction	长期水源不足 Long-term Insufficiency of Water Sources	退耕 Converting Farmland to Other Usage	其他 Others
2002	1251.42	901.21	325.95	12.27	197.74		141.17	224.09
2003	1226.08	1183.39	404.32	19.96	216.77		228.24	314.09
2004	1159.95	808.45	281.74	14.98	206.02		100.59	205.13
2005	1012.35	697.34	237.31	14.91	199.94		68.43	176.76
2006	1343.11	796.86	183.12		123.67	100.06	39.69	350.32
2007	1344.05	608.63	192.26		125.89	54.62	51.93	183.93
2008	1318.27	648.41	239.55		97.04	96.52	22.95	192.35
2009	1533.1	742.85	245.13		126.19	79.36	25.62	266.55
2010	1721.64	659.17	250.41		91.06	87.38	47.55	182.78
2011	2129.97	803.32	294.03		104.05	88.81	19.16	297.28
2012	2151.38	743.78	335.11		107.92	78.55	17.48	204.72
2013	1552.29	473.27	85.99		87.22	73.24	59.54	167.28
2014	1647.77	685.62	73.86		99.69	151.85	40.77	319.45
2015	1797.66	463.94	56.63		67.47	95.64	25.07	219.15
2016	1561.43	465.70	96.49		79.48	42.61	68.68	178.44
2017	1070.34	486.47	106.03		77.48	30.09	121.03	151.85
2018	828.48	355.80	42.29		42.83	37.74	109.58	123.36

3-15　2018 年耕地灌溉面积减少原因（按地区分）

Reasons of Decrease of Irrigated Area in 2018 (by Region)

单位：千公顷　　　　unit: 10^3ha

地区	Region	耕地灌溉面积 Irrigated Area of Cultivated Land		耕地灌溉面积减少原因 Reasons of Decrease of Irrigated Area				
		新增 Newly-increased Area	减少 Reduced Area	工程老化、毁损 Aging and Damage of Structures	建设占地 Land Occupation by Construction	长期水源不足 Long-term Insufficiency of Water Sources	退耕 Converting Farmland to Other Usage	其他 Others
合　计	**Total**	**828.48**	**355.80**	**42.29**	**42.83**	**37.74**	**109.58**	**123.36**
北　京	Beijing	0.48	6.29				5.04	1.24
天　津	Tianjin		1.96				1.96	
河　北	Hebei	60.44	40.28	4.99	1.89	3.41	2.09	27.90
山　西	Shanxi	20.02	12.55	0.38	4.48	1.04		6.66
内蒙古	Inner Mongolia	25.02	3.33				3.33	
辽　宁	Liaoning	26.51	17.74	2.29	0.65	3.65	2.19	8.96
吉　林	Jilin							
黑龙江	Heilongjiang	115.90	27.30	4.38	5.61	2.49	3.60	11.22
上　海	Shanghai							
江　苏	Jiangsu	56.46	8.51	1.10	0.02		3.65	3.74
浙　江	Zhejiang	10.52	14.42	1.25	0.04	0.15	3.67	9.31
安　徽	Anhui	42.40	8.25	5.72	2.23		0.30	
福　建	Fujian	22.49	2.16	0.16		1.82	0.05	0.13
江　西	Jiangxi	14.17	7.47			0.34	0.50	6.63
山　东	Shandong	60.92	15.99	0.05	3.38	1.02	0.62	10.92
河　南	Henan	45.08	30.02	14.08	3.41	3.43	1.28	7.82
湖　北	Hubei	24.72	11.99		0.36	7.28	0.28	4.07
湖　南	Hunan	24.13	6.00	0.06			4.35	1.59
广　东	Guangdong	0.60						
广　西	Guangxi	47.56	10.55	0.16	3.42	6.08		0.89
海　南	Hainan	1.46	0.23				0.23	
重　庆	Chongqing	4.10	1.42	0.22	0.43			0.77
四　川	Sichuan	62.07	2.63	0.52	1.85	0.09	0.18	
贵　州	Guizhou	20.43	2.31		0.10		1.21	1.00
云　南	Yunnan	66.78	20.13	1.66	8.62	3.15	6.39	0.31
西　藏	Tibet	17.52	14.22		1.71			12.51
陕　西	Shaanxi	28.01	16.11	5.04	4.28	2.11	1.10	3.58
甘　肃	Gansu	10.85	4.74	0.24	0.37		0.43	3.70
青　海	Qinghai	7.83	0.40					0.40
宁　夏	Ningxia	12.00						
新　疆	Xinjiang		68.83			1.69	67.14	

3-16 2018 年耕地灌溉面积减少原因（按水资源分区分）

Reasons of Decrease of Irrigated Area in 2018 (by Water Resources Sub-region)

单位：千公顷 unit:10^3ha

水资源一级区	Grade-I Water Resources Sub-region	耕地灌溉面积 Irrigated Area of Cultivated Land		耕地灌溉面积减少原因 Reasons of Decrease of Irrigated Area				
		新增 Newly-increased Area	减少 Reduced Area	工程老化、毁损 Aging and Damage of Structures	建设占地 Land Occupation by Construction	长期水源不足 Long-term Insufficiency of Water Sources	退耕 Converting Farmland to Other Usage	其他 Others
合　计	**Total**	**828.48**	**355.80**	**42.29**	**42.83**	**37.74**	**109.58**	**123.36**
松花江区	Songhua River	140.92	27.30	4.38	5.61	2.49	3.60	11.22
辽河区	Liaohe River	26.15	17.74	2.29	0.65	3.65	2.19	8.96
海河区	Haihe River	101.10	60.22	5.85	4.76	4.05	9.54	36.02
黄河区	Yellow River	59.65	32.53	6.14	7.63	2.54	5.21	11.01
淮河区	Huaihe River	131.37	39.58	14.27	5.01	2.21	3.96	14.13
长江区	Yangtze River	218.74	61.95	7.00	6.97	10.02	12.35	25.61
东南诸河区	Southeast Rivers	29.47	3.89	1.40	0.01	1.96	0.20	0.32
珠江区	Pearl River	67.97	16.31	0.23	6.69	7.75	0.75	0.89
西南诸河区	Southwest Rivers	49.14	25.06	0.74	5.51	1.39	4.633	12.79
西北诸河区	Northwest Rivers	3.97	71.23			1.69	67.14	2.40

3-17 2018年耕地灌溉面积减少原因（按水资源分区和地区分）

Reasons of Decrease of Irrigated Area in 2018 (by Water Resources Sub-region and Region)

单位：千公顷 unit: 10^3ha

地区	Region	耕地灌溉面积 Irrigated Area of Cultivated Land		耕地灌溉面积减少原因 Reasons of Decrease of Irrigated Area				
		新增 Newly-increased Area	减少 Reduced Area	工程老化、毁损 Aging and Damage of Structures	建设占地 Land Occupation by Construction	长期水源不足 Long-term Insufficiency of Water Sources	退耕 Converting Farmland to Other Usage	其他 Others
松花江区	**Songhua River**	**140.92**	**27.30**	**4.38**	**5.61**	**2.49**	**3.60**	**11.22**
内蒙古	Inner Mongolia	25.02						
吉　林	Jilin							
黑龙江	Heilongjiang	115.90	27.30	4.38	5.61	2.49	3.60	11.22
辽河区	**Liaohe River**	**26.15**	**17.74**	**2.29**	**0.65**	**3.65**	**2.19**	**8.96**
内蒙古	Inner Mongolia							
辽　宁	Liaoning	26.15	17.74	2.29	0.65	3.65	2.19	8.96
吉　林	Jilin							
海河区	**Haihe River**	**101.10**	**60.22**	**5.85**	**4.76**	**4.05**	**9.54**	**36.02**
北　京	Beijing	0.48	6.29				5.04	1.24
天　津	Tianjin		1.96				1.96	
河　北	Hebei	60.44	40.28	4.99	1.89	3.41	2.09	27.90
山　西	Shanxi	14.09	0.54		0.54			
内蒙古	Inner Mongolia							
辽　宁	Liaoning	0.36						
山　东	Shandong	18.63	5.78		0.25		0.03	5.50
河　南	Henan	7.10	5.37	0.86	2.08	0.64	0.42	1.37
黄河区	**Yellow River**	**59.65**	**32.53**	**6.14**	**7.63**	**2.54**	**5.21**	**11.01**
山　西	Shanxi	5.93	12.01	0.38	3.94	1.035		6.66
内蒙古	Inner Mongolia		3.33				3.33	
山　东	Shandong	1.89						
河　南	Henan	6.81	2.47	0.92	0.72	0.13	0.59	0.11
四　川	Sichuan							
陕　西	Shaanxi	20.05	11.98	4.60	2.60	1.37	0.86	2.55
甘　肃	Gansu	6.06	2.74	0.24	0.37		0.43	1.70
青　海	Qinghai	6.91						
宁　夏	Ningxia	12.00						
淮河区	**Huaihe River**	**131.37**	**39.58**	**14.27**	**5.01**	**2.21**	**3.96**	**14.13**
江　苏	Jiangsu	35.47	6.70	1.10			3.23	2.37
安　徽	Anhui	32.14	7.22	5.72	1.50			
山　东	Shandong	40.40	10.21	0.05	3.13	1.02	0.59	5.42
河　南	Henan	23.36	15.45	7.40	0.38	1.19	0.14	6.34

3-17 续表 continued

地区	Region	耕地灌溉面积 Irrigated Area of Cultivated Land		耕地灌溉面积减少原因 Reasons of Decrease of Irrigated Area				
		新增 Newly-increased Area	减少 Reduced Area	工程老化、毁损 Aging and Damage of Structures	建设占地 Land Occupation by Construction	长期水源不足 Long-term Insufficiency of Water Sources	退耕 Converting Farmland to Other Usage	其他 Others
长江区	**Yangtze River**	**218.74**	**61.95**	**7.00**	**6.97**	**10.02**	**12.35**	**25.61**
上 海	Shanghai							
江 苏	Jiangsu	20.99	1.81		0.02		0.42	1.37
浙 江	Zhejiang	3.55	12.69	0.01	0.03	0.01	3.52	9.12
安 徽	Anhui	10.26	1.03		0.73		0.30	
江 西	Jiangxi	14.17	7.47			0.34	0.50	6.63
河 南	Henan	7.81	6.73	4.90	0.23	1.47	0.13	
湖 北	Hubei	24.72	11.99		0.36	7.28	0.28	4.07
湖 南	Hunan	24.01	6.00	0.06			4.35	1.59
广 西	Guangxi	0.43						
重 庆	Chongqing	4.10	1.42	0.22	0.43			0.77
四 川	Sichuan	62.07	2.63	0.52	1.85	0.09	0.18	
贵 州	Guizhou	14.25	2.31		0.10		1.21	1.00
云 南	Yunnan	22.68	3.75	0.85	1.55	0.09	1.23	0.03
陕 西	Shaanxi	7.95	4.12	0.44	1.67	0.74	0.24	1.03
甘 肃	Gansu	1.74						
青 海	Qinghai							
东南诸河区	**Rivers in Southeast**	**29.47**	**3.89**	**1.40**	**0.01**	**1.96**	**0.20**	**0.32**
浙 江	Zhejiang	6.97	1.73	1.24	0.01	0.14	0.15	0.19
安 徽	Anhui							
福 建	Fujian	22.49	2.16	0.16		1.82	0.05	0.13
珠江区	**Pearl River**	**67.97**	**16.31**	**0.23**	**6.69**	**7.75**	**0.75**	**0.89**
湖 南	Hunan	0.12						
广 东	Guangdong	0.60						
广 西	Guangxi	47.13	10.55	0.16	3.42	6.08		0.89
海 南	Hainan	1.46	0.23				0.23	
贵 州	Guizhou	6.18						
云 南	Yunnan	12.48	5.53	0.07	3.27	1.67	0.52	
西南诸河区	**Rivers in Southwest**	**49.14**	**25.06**	**0.74**	**5.51**	**1.39**	**4.63**	**12.79**
云 南	Yunnan	31.62	10.84	0.74	3.80	1.39	4.63	0.28
西 藏	Tibet	17.52	14.22		1.71			12.51
青 海	Qinghai							
西北诸河区	**Rivers in Northwest**	**3.97**	**71.23**			**1.69**	**67.14**	**2.40**
内蒙古	Inner Mongolia							
甘 肃	Gansu	3.05	2.00					2.00
青 海	Qinghai	0.92	0.40					0.40
新 疆	Xinjiang		68.83			1.69	67.14	

3-18 历年机电灌溉面积

Lifting Irrigated Area by Year

单位：千公顷 unit: 10^3ha

年份 Year	机电排灌面积 Irrigated and Drainage Area by Mechanical and Electrical Equipment	机电提灌面积合计 Total Irrigated Area by Lifting	#机电井 Mechanical and Electrical Well	固定站 Fixed Station	流动机 Mobile Equipment	纯排面积 Drainage Area Only
1951	285.33					
1952	317.33					
1953	349.33					
1954	396.00					
1955	529.33					
1956	786.00					
1957	1202.00					
1961	4932.67					
1962	6135.33					
1963	5474.00					
1964	6246.00					
1965	8093.33					
1970	14992.00					
1971	16063.33					
1972	19549.33					
1973	21976.00					
1974	24588.67					
1975		23908.00				
1976	28850.67					
1977	28778.67					
1978	30368.00	25335.33				
1979		26305.33				
1980		26440.00				
1982		26316.00				
1983		26302.67				
1984		26182.67				
1985		26298.00				
1986		26346.00				
1987	30763.33	26729.33	11087.33			
1988	30729.33	26728.67	11216.67			
1989	31032.00	27038.00	11435.33			
1990	31225.33	27235.33	11739.33			
1991	31489.33	27449.33	12111.33			
1992	32496.00	28379.33	12253.33			
1993	32596.00	28550.00	12487.33			
1994	32739.33	28642.00	12526.00			
1995	33274.00	29070.00	12789.33			
1996	34005.33	29751.33	13358.00			
1997	34915.33	30654.00	14131.33			
1998	35874.00	31570.00	14702.67			
1999	36554.00	32191.33	15000.67			
2000	36854.65	32617.80	15127.02	12203.14	3637.82	4236.85
2001	37107.41	33004.01	16309.19	12330.34	3630.53	4103.40
2002	37323.30	33209.58	16411.35	12312.55	3636.75	4113.73
2003	37354.03	33294.28	16512.60	12259.25	3596.13	4059.76
2004	36978.56	32873.33	16936.66	12205.17	3598.49	4105.13
2005	37867.51	33516.94	17046.12	12062.57	3515.88	4349.34
2006	37563.34	33091.40	16798.61	11350.62	2736.21	4471.94
2007	38715.60	34264.86	16893.65	11409.77	3131.62	4450.74
2008	39277.47	34659.23	17163.39	11152.60	3157.11	4618.25
2009	40016.33	35580.95	17480.25	11360.22	3199.92	4435.39
2010	40750.57	36400.59	17807.31	11414.81	3261.04	4349.98
2011	41464.71	37079.32	18249.96	11404.50	3322.12	4385.39
2012	42491.40	38151.53	18474.24	11637.42	3294.36	4340.71

3-19 历年节水灌溉面积
Water-saving Irrigated Area by Year

单位：千公顷 unit: 10^3ha

年份 Year	节水灌溉面积合计 Total Area of Water-saving Irrigation	喷灌 Sprinkler	微灌 Micro-irrigation	低压管灌 Low-pressure Pipe Irrigation	渠道防渗 Canal Lining	其他 Others
1998	15235.33					
1999	15051.06					
2000	16388.86	2131.40	152.58	3567.92	6361.33	4175.63
2001	17446.38	2364.21	215.39	3903.69	6925.30	4037.79
2002	18627.05	2473.21	278.76	4156.77	7570.88	4147.42
2003	19442.80	2633.67	371.10	4476.17	8071.47	3890.39
2004	20346.23	2674.83	479.64	4706.29	8561.95	3923.53
2005	21338.15	2746.28	621.76	4991.84	9133.16	3845.12
2006	22425.96	2823.84	754.89	5263.75	9593.65	3989.83
2007	23489.46	2876.47	976.98	5573.92	10058.12	4003.97
2008	24435.52	2821.18	1249.62	5873.00	10447.73	4044.00
2009	25755.11	2926.71	1669.27	6249.36	11166.07	3743.71
2010	27313.87	3025.44	2115.68	6680.04	11580.30	3912.41
2011	29179.47	3181.79	2613.94	7130.37	12175.04	4078.33
2012	31216.69	3373.48	3226.29	7526.03	12823.39	4264.34

年份 Year	节水灌溉面积合计 Total Area of Water-saving Irrigation	喷灌 Sprinkler	微灌 Micro-irrigation	低压管灌 Low-pressure Pipe Irrigation	其他 Others
2013	27108.62	2990.62	3856.54	7424.25	12837.21
2014	29018.76	3161.96	4681.50	8271.03	12904.26
2015	31060.44	3747.97	5263.60	8911.76	13137.11
2016	32846.99	4099.45	5854.58	9451.25	13441.71
2017	34318.97	4277.50	6283.47	9990.14	13767.86
2018	36134.72	4410.52	6927.02	10565.77	14231.42

3-20 2018 年节水灌溉面积（按地区分）

Water-saving Irrigated Area in 2018 (by Region)

单位：千公顷 unit: 10^3ha

地区	Region	节水灌溉面积合计 Total Area of Water-saving Irrigation	#喷灌 Sprinkler	微灌 Micro-irrigation	低压管灌 Low-pressure Pipe Irrigation
合 计	**Total**	**36134.72**	**4410.52**	**6927.02**	**10565.77**
北 京	Beijing	211.22	31.85	22.27	148.52
天 津	Tianjin	245.73	4.49	2.96	178.24
河 北	Hebei	3591.43	252.02	145.00	2775.15
山 西	Shanxi	985.18	78.36	53.34	599.40
内蒙古	Inner Mongolia	2925.95	637.58	1103.41	413.69
辽 宁	Liaoning	968.00	163.47	367.00	266.50
吉 林	Jilin	800.60	373.44	230.35	145.41
黑龙江	Heilongjiang	2150.97	1598.56	84.72	11.76
上 海	Shanghai	146.84	3.42	1.18	76.90
江 苏	Jiangsu	2767.23	48.92	50.75	185.31
浙 江	Zhejiang	1117.65	72.72	55.29	98.52
安 徽	Anhui	1025.27	138.61	23.47	84.62
福 建	Fujian	700.53	138.46	66.72	103.73
江 西	Jiangxi	595.61	28.20	42.49	56.06
山 东	Shandong	3372.32	145.80	121.28	2371.80
河 南	Henan	1997.86	179.89	43.58	1242.94
湖 北	Hubei	488.53	126.06	73.44	187.98
湖 南	Hunan	431.05	15.98	10.14	55.73
广 东	Guangdong	418.22	21.61	12.99	38.30
广 西	Guangxi	1137.73	42.85	81.83	171.06
海 南	Hainan	95.16	8.86	20.13	26.45
重 庆	Chongqing	249.20	12.90	4.16	69.76
四 川	Sichuan	1762.71	47.30	38.04	137.61
贵 州	Guizhou	341.01	31.72	23.72	89.38
云 南	Yunnan	941.18	49.04	142.31	202.71
西 藏	Tibet	31.93	2.20	0.76	17.87
陕 西	Shaanxi	965.52	35.67	67.21	364.09
甘 肃	Gansu	1066.21	38.51	257.56	231.39
青 海	Qinghai	129.38	2.40	11.38	48.68
宁 夏	Ningxia	385.69	41.65	151.38	43.47
新 疆	Xinjiang	4088.84	37.97	3618.17	122.75

3-21　2018 年节水灌溉面积（按水资源分区分）

Water-saving Irrigated Area in 2018 (by Water Resources Sub-region)

单位：千公顷　　unit: 10^3ha

水资源一级区	Grade-I Water Resources Sub-region	节水灌溉面积合计 Total Area of Water-saving Irrigation	#喷灌 Sprinkler	微灌 Micro-irrigation	低压管灌 Low-pressure Pipe Irrigation
合　计	**Total**	**36134.72**	**4410.52**	**6927.02**	**10565.77**
松花江区	Songhua River	3392.42	2273.20	359.37	228.28
辽河区	Liaohe River	1968.57	266.76	1049.10	445.82
海河区	Haihe River	5703.54	379.17	255.87	4119.85
黄河区	Yellow River	4344.92	317.35	586.98	1531.87
淮河区	Huaihe River	5858.63	411.68	128.27	2358.60
长江区	Yangtze River	6078.85	337.73	314.56	1007.80
东南诸河区	Southeast Rivers	1498.98	204.78	110.98	145.33
珠江区	Pearl River	1942.66	103.49	170.78	329.58
西南诸河区	Southwest Rivers	438.63	23.77	37.30	100.19
西北诸河区	Northwest Rivers	4907.52	92.60	3913.81	298.45

3-22　2018 年节水灌溉面积（按水资源分区和地区分）

Water-saving Irrigated Area in 2018 (by Water Resources Sub-region and Region)

单位：千公顷　　　　unit: 10^3ha

地区	Region	节水灌溉面积合计 Total Area of Water-saving Irrigation	#喷灌 Sprinkler	微灌 Micro-irrigation	低压管灌 Low-pressure Pipe Irrigation
松花江区	**Songhua River**	**3392.42**	**2273.20**	**359.37**	**228.28**
内蒙古	Inner Mongolia	562.83	338.49	82.78	117.31
吉　林	Jilin	678.63	336.15	191.87	99.21
黑龙江	Heilongjiang	2150.97	1598.56	84.72	11.76
辽河区	**Liaohe River**	**1968.57**	**266.76**	**1049.10**	**445.82**
内蒙古	Inner Mongolia	891.26	66.44	649.73	139.23
辽　宁	Liaoning	955.33	163.02	360.89	260.39
吉　林	Jilin	121.97	37.29	38.48	46.20
海河区	**Haihe River**	**5703.54**	**379.17**	**255.87**	**4119.85**
北　京	Beijing	211.22	31.85	22.27	148.52
天　津	Tianjin	245.73	4.49	2.96	178.24
河　北	Hebei	3591.43	252.02	145.00	2775.15
山　西	Shanxi	343.07	24.80	23.21	201.30
内蒙古	Inner Mongolia	74.25	45.04	22.16	5.93
辽　宁	Liaoning	12.67	0.45	6.11	6.11
山　东	Shandong	811.60	5.91	24.68	557.19
河　南	Henan	413.58	14.61	9.49	247.41
黄河区	**Yellow River**	**4344.92**	**317.35**	**586.98**	**1531.87**
山　西	Shanxi	642.11	53.56	30.13	398.10
内蒙古	Inner Mongolia	1241.98	139.33	261.38	133.34
山　东	Shandong	323.18	10.02	15.88	249.42
河　南	Henan	414.19	13.91	11.12	252.00
四　川	Sichuan	1.81	0.52		1.29
陕　西	Shaanxi	842.24	27.14	62.10	342.29
甘　肃	Gansu	398.67	29.60	53.62	78.16
青　海	Qinghai	95.05	1.61	1.36	33.80
宁　夏	Ningxia	385.69	41.65	151.38	43.47
淮河区	**Huaihe River**	**5858.63**	**411.68**	**128.27**	**2358.60**
江　苏	Jiangsu	1883.29	21.81	21.75	102.03
安　徽	Anhui	775.15	120.72	11.80	65.27
山　东	Shandong	2237.54	129.87	80.72	1565.19
河　南	Henan	962.66	139.29	14.00	626.12

3-22 续表 continued

地区	Region	节水灌溉面积合计 Total Area of Water-saving Irrigation	#喷灌 Sprinkler	微灌 Micro-irrigation	低压管灌 Low-pressure Pipe Irrigation
长江区	**Yangtze River**	**6078.85**	**337.73**	**314.56**	**1007.80**
上 海	Shanghai	146.84	3.42	1.18	76.90
江 苏	Jiangsu	883.94	27.11	29.00	83.28
浙 江	Zhejiang	319.78	6.97	11.03	56.92
安 徽	Anhui	249.55	17.32	11.67	19.35
江 西	Jiangxi	595.61	28.20	42.49	56.06
河 南	Henan	207.43	12.08	8.97	117.41
湖 北	Hubei	488.53	126.06	73.44	187.98
湖 南	Hunan	423.87	15.38	9.24	54.56
广 西	Guangxi	38.81	0.07	0.80	0.81
重 庆	Chongqing	249.20	12.90	4.16	69.76
四 川	Sichuan	1760.90	46.78	38.04	136.32
贵 州	Guizhou	257.11	17.55	14.63	56.45
云 南	Yunnan	295.20	12.01	59.13	59.92
陕 西	Shaanxi	123.28	8.53	5.11	21.80
甘 肃	Gansu	37.11	2.70	5.67	9.70
青 海	Qinghai	1.71	0.65		0.59
东南诸河区	**Rivers in Southeast**	**1498.98**	**204.78**	**110.98**	**145.33**
浙 江	Zhejiang	797.88	65.75	44.26	41.60
安 徽	Anhui	0.58	0.58		
福 建	Fujian	700.53	138.46	66.72	103.73
珠江区	**Pearl River**	**1942.66**	**103.49**	**170.78**	**329.58**
湖 南	Hunan	7.18	0.60	0.90	1.17
广 东	Guangdong	418.22	21.61	12.99	38.30
广 西	Guangxi	1098.92	42.78	81.02	170.25
海 南	Hainan	95.16	8.86	20.13	26.45
贵 州	Guizhou	83.90	14.17	9.09	32.93
云 南	Yunnan	239.28	15.46	46.65	60.47
西南诸河区	**Rivers in Southwest**	**438.63**	**23.77**	**37.30**	**100.19**
云 南	Yunnan	406.70	21.57	36.54	82.32
西 藏	Tibet	31.93	2.20	0.76	17.87
青 海	Qinghai				
西北诸河区	**Rivers in Northwest**	**4907.52**	**92.60**	**3913.81**	**298.45**
内蒙古	Inner Mongolia	155.63	48.28	87.36	17.88
甘 肃	Gansu	630.43	6.21	198.26	143.53
青 海	Qinghai	32.63	0.14	10.02	14.30
新 疆	Xinjiang	4088.84	37.97	3618.17	122.75

主要统计指标解释

万亩以上灌区处数 在蓄水、引水、提水等灌溉工程中，灌溉设备齐全、渠系配套完整，自成灌溉体系，有统一管理的灌溉区域的数量。

灌溉面积 一个地区当年农、林、牧等灌溉面积的总和。总灌溉面积=耕地灌溉面积+林地灌溉面积+果园灌溉面积+牧草灌溉面积+其他灌溉面积。

耕地灌溉面积 灌溉工程或设备已基本配套，有一定水源，土地比较平整，在一般年景可以进行正常灌溉的农田或耕地灌溉面积。

耕地实灌面积 利用灌溉工程和设施，在耕地灌溉面积中当年实际已进行正常（灌水一次以上）灌溉的耕地面积。在同一亩耕地上，报告期内无论灌水几次，都应按一亩计算，而不应按灌溉亩次计算。凡是肩挑、人抬、马拉抗旱点种的面积，一律不算实灌面积。耕地实灌面积不大于耕地灌溉面积。

机电排灌面积 由固定站、流动站、机电井、喷灌机械等所有机械、电动力设备进行排水、灌溉的耕地面积。其中，只要有固定的机械排灌的设施，能够进行正常排灌，不论当年是否进行排灌，都应统计为机电排灌面积（含灌排结合面积）。

旱涝保收面积 耕地灌溉面积中，遇旱能灌、遇涝能排的面积。灌溉设施的抗旱能力，按各地不同情况，应达到30～50天；适宜发展双季稻的地方，应达到50～70天。除涝达到5年一遇以上标准，防洪一般达到20年一遇标准的耕地灌溉面积。

农田排灌机械保有量 机、电动力抽水设备提水灌溉和排水统称排灌机械。排灌机械按使用动力分为电动与内燃机。按工程设施分为固定机电排灌站、流动机电排灌、喷滴灌机电排灌及机电井机电排灌4类。

固定机电排灌站处数 以江河、湖泊、水库、渠道等地面水为水源，在固定地点建设的以电动机、柴油机、汽油机等为动力带动水泵抽水灌溉、排水，并已发挥效益的灌溉站、排水站、排灌站的数量。

固定机电排灌站装机容量 等于电动机排灌站装机容量与内燃机排灌站装机容量之和。

机电井眼数 安装柴油机、汽油机、电动机或其他动力机械带动水泵抽取地下水灌溉耕地、牧草地，包括已装机配套的和待装机配套的水井眼数。

配套机电井眼数 已经安装机电提水设备（包括线路）可以进行正常灌溉的机电井眼数。在几眼井上使用一台设备，但能适时灌溉的和一机多用而主要用于机、电井的，均应视为“已配套机电井”，包括由于提水设备或机井本身损坏待修理，暂时不能使用的“已配套机电井”。

机电井装机容量 水利工程机组设备的容量，以机组铭牌的容量为准，包括停机检修和事故备用容量。

配套机电井装机容量 包括机配井装机容量与电配井装机容量之和。

流动机装机容量 等于电动机装机容量与内燃机装机容量之和。

喷滴灌装机容量 用于喷滴灌技术灌溉农用地的喷滴灌使用的机械动力数，只统计喷滴灌机的动力，不包括给喷滴灌机输入、送水源的动力。

Explanatory Notes of Main Statistical Indicators

Number of irrigation district with an area above 10,000 mu Total number of districts above 10,000 mu designed for irrigation purpose and having complete irrigation facilities and sub-canal systems, as self-established irrigation system under unified management, and located in the irrigation schemes for water storage, diversion or lifting.

Irrigated area The sum of irrigated areas for agriculture, forest, pasture and grassland in a particular region. The total irrigated area is equal to the sum of irrigated areas of cultivated land (arable land), forest, fruit garden or orchard, grassland and others. Irrigated areas in the current year mean the total irrigated areas at the end of the year.

Irrigated areas of cultivated land It refers to farmland or cultivated land installed with irrigation facilities and having water source and relatively leveled land, which is being irrigated in normal years.

Actual irrigated area It refers to the area being irrigated (once or more than once) in the statistical year, with irrigation system or facilities. No matter how many times of irrigation is made in the same area of land within report period, it is all counted as one mu. The areas irrigated by means of people or animal carrying water for drought-relief are not included. Actual irrigated area equals to or less than the irrigated area of cultivated land.

Irrigated and drainage areas with mechanical and electrical equipment The areas are drained or irrigated by electrical and mechanical facilities, including fixed or movable irrigation and drainage facilities, electromechanical wells and sprinklers. No matter farmland is irrigated in the statistical year or not, if fixed irrigation facilities are placed, the area should be included (including area for both irrigation and drainage).

Harveat-guaranteed area in case of flood and drought It refers to farmland that can be irrigated in drought season or drained in flood season. The irrigation facility should be able to release drought for 30-50 days based on local conditions in different regions; and release drought for 50-70 days in paddy fields suit for double cropping Waterlogging control in the irrigated areas should reach the standard of once in five years return period and flood control should reach the standard of once in twenty years return period.

Registered machinery and equipment for irrigation and drainage It refers to machinery and equipment driven by mechanical or electrical power for pumping or lifting. According to the source of power, they are divided into electrical power and internal combustion engine. It is also grouped into four types: fixed electric-mechanical irrigation and drainage station, mobile electric-mechanical irrigation and drainage facility, sprinkler and drip, and borehole and tube wells or electric-mechanical wells.

Number of fixed irrigation and drainage stations The total of irrigation and drainage stations that already generate benefits, use surface water such as river, lake, reservoir and canal as sources for pumping water, and are equipped with electric motor, diesel or gasoline engine in a fixed place for irrigation and drainage.

Installed capacity of fixed irrigation and drainage station Sum of installed capacity of fixed electric-mechanical irrigation and drainage station and fixed irrigation and drainage facilities empowered by diesel engine.

Number of mechanical and electrical wells The total number of boreholes and tube wells with installed counterpart facilities or shall be installed according to the plan, which use diesel or gasoline engine, electric motor or other power machines to pump or lift water for irrigation of farmlands and pasture lands.

Number of counterpart mechanical and electric wells Boreholes and tube wells, installed with pumping facilities (including lines), can be used for irrigation; It also includes wells that share one pump but can ensure timely irrigation and temporarily unused wells because of damage and waiting for repair.

Installed capacity of mechanical and electric wells Installed capacity of electric-mechanical equipment based on brand instruction, including repair or overhaul and accident spare capacity.

Installed capacity of counterpart mechanical and electric wells Total of installed capacity of wells equipped with mechanical equipment and installed capacity of wells equipped by electrical equipment.

Installed capacity of mobile equipment Total of installed capacity of electrical motors and installed capacity of internal combustion engines.

Installed capacity of sprinkler and drip It refers to the installed capacity of sprinklers and drips, but excludes the power for conveying water to sprinkler and drip systems.

4 供用水

Water Supply and Utilization

简 要 说 明

供用水统计资料主要包括水利工程设施供水及农村饮水安全等。

供用水量及饮水安全情况按水资源一级分区和地区分组。

1. 供水按受水区分地表水源、地下水源和其他水源统计。

2. 蓄水工程、引水工程、机电井工程与泵站工程供水量统计范围为水利系统管理的工程。

3. 农村饮水安全人口统计范围只限于农村，2004 年及以前年份统计“解决饮水困难人口”指标，2005 年后统计“饮水安全人口”指标。

4. 供水量历史资料汇总 1997 年至今的历史数据；饮水安全情况汇总 1975 年至今的数据。

Brief Introduction

Statistical data of water supply and utilization mainly covers comsumption and water supply utilities as well as status of drinking water safety in rural areas.

Quantity of water supply and safety condition of drinking water is classified in accordance with Grade-I water resources region and region.

1. Water supply is grouped based on sources of water-receiving areas, like surface water, groundwater or others.

2. Statistical data of water supply only includes storage works, water diversion canals, electro-mechanical wells and pumping stations operated by the organs under the Ministry of Water Resources.

3. Statistical data of population access to safe drinking water is only limited to rural areas. Index of “population with drinking water” is used in 2004 and before; the index of “population with safe drinking water” is used in 2005 and after.

4. Historical data of volume of water supply is collected from 1997 until present, data of safe drinking water is collected from 1975 until present.

4-1 历年供用水量

Water Supply and Utilization by Year

单位：亿立方米 unit: 10^8m^3

年份 Year	供水量 合计 Total Water Supply	地表水 Surface Water	地下水 Ground-water	其他 Others	用水量 合计 Total Water Utilization	农业 Agricultural	工业 Industrial	生活 Domestic	人工生态环境补水 Eco-environmental
2000	5530.7	4440.4	1069.2	21.1	5497.6	3783.5	1139.1	574.9	
2001	5567.4	4450.7	1094.9	21.9	5567.4	3825.7	1141.8	599.9	
2002	5497.3	4404.4	1072.4	20.5	5497.3	3736.2	1142.4	618.7	
2003	5320.4	4286.0	1018.1	16.3	5320.4	3432.8	1177.2	630.9	79.5
2004	5547.8	4504.2	1026.4	17.2	5547.8	3585.7	1228.9	651.2	82.0
2005	5633.0	4572.2	1038.8	22.0	5633.0	3580.0	1285.2	675.1	92.7
2006	5795.0	4706.8	1065.5	22.7	5795.0	3664.4	1343.8	693.8	93.0
2007	5818.7	4723.5	1069.5	25.7	5818.7	3598.5	1404.1	710.4	105.7
2008	5909.9	4796.4	1084.8	28.7	5909.9	3663.4	1397.1	729.2	120.2
2009	5965.2	4839.5	1094.5	31.2	5965.2	3723.1	1390.9	748.2	103.0
2010	6022.0	4881.6	1107.3	33.1	6022.0	3689.1	1447.3	765.8	119.8
2011	6107.2	4953.3	1109.1	44.8	6107.2	3743.6	1461.8	789.9	111.9
2012	6131.2	4952.8	1133.8	44.6	6131.2	3902.5	1380.7	739.7	108.3
2013	6183.4	5007.3	1126.2	49.9	6183.4	3921.5	1406.4	750.1	105.4
2014	6094.9	4920.5	1116.9	57.5	6094.9	3869.0	1356.1	766.6	103.2
2015	6103.2	4969.5	1069.2	64.5	6103.2	3852.2	1334.8	793.5	122.7
2016	6040.2	4912.4	1057.0	70.8	6040.2	3768.0	1308.0	821.6	142.6
2017	6043.4	4945.5	1016.7	81.2	6043.4	3766.4	1277.0	838.1	161.9
2018	6015.5	4952.7	976.4	86.4	6015.5	3693.1	1261.6	859.9	200.9

4-2 2018年供用水量（按地区分）
Water Supply and Utilization in 2018 (by Region)

单位：亿立方米 unit: 10^8m^3

地区	Region	供水量 合计 Total Water Supply	地表水 Surface Water	地下水 Ground-water	其他 Others	用水量 合计 Total Water Utilization	农业 Agricultural	工业 Industrial	生活 Domestic	人工生态环境补水 Eco-environ-mental
合　计	**Total**	**6015.5**	**4952.7**	**976.4**	**86.4**	**6015.5**	**3693.1**	**1261.6**	**859.9**	**200.9**
北　京	Beijing	39.3	12.3	16.3	10.8	39.3	4.2	3.3	18.4	13.4
天　津	Tianjin	28.4	19.5	4.4	4.6	28.4	10.0	5.4	7.4	5.6
河　北	Hebei	182.4	70.4	106.1	5.8	182.4	121.1	19.1	27.8	14.5
山　西	Shanxi	74.3	39.8	30.0	4.5	74.3	43.3	14.0	13.4	3.5
内蒙古	Inner Mongolia	192.1	99.5	88.7	3.9	192.1	140.3	15.9	11.2	24.6
辽　宁	Liaoning	130.3	72.5	53.3	4.4	130.3	80.5	18.7	25.5	5.7
吉　林	Jilin	119.5	76.6	42.5	0.4	119.5	84.4	16.7	14.1	4.4
黑龙江	Heilongjiang	343.9	190.3	152.8	0.9	343.9	304.8	19.8	15.7	3.6
上　海	Shanghai	103.4	103.4			103.4	16.5	61.6	24.5	0.8
江　苏	Jiangsu	592.0	575.5	7.9	8.7	592.0	273.3	255.2	61.0	2.5
浙　江	Zhejiang	173.8	170.4	0.8	2.6	173.8	77.1	44.0	47.2	5.5
安　徽	Anhui	285.8	251.5	29.8	4.5	285.8	154.0	91.0	34.1	6.7
福　建	Fujian	186.9	181.2	4.4	1.2	186.9	87.5	62.1	33.6	3.7
江　西	Jiangxi	250.8	240.6	8.0	2.2	250.8	160.7	58.8	29.0	2.4
山　东	Shandong	212.7	125.7	78.3	8.7	212.7	133.5	32.5	36.0	10.6
河　南	Henan	234.6	112.4	116.0	6.2	234.6	119.9	50.4	40.7	23.6
湖　北	Hubei	296.9	289.0	7.8		296.9	153.8	87.4	54.4	1.3
湖　南	Hunan	337.0	322.6	14.3	0.1	337.0	194.5	93.2	45.7	3.6
广　东	Guangdong	420.9	406.1	12.6	2.2	420.9	214.2	99.4	102.1	5.3
广　西	Guangxi	287.8	276.1	10.0	1.8	287.8	196.4	47.6	40.8	3.0
海　南	Hainan	45.1	41.7	3.0	0.3	45.1	32.6	2.9	8.6	0.9
重　庆	Chongqing	77.2	75.9	1.1	0.2	77.2	25.4	29.1	21.5	1.2
四　川	Sichuan	259.1	248.1	10.3	0.7	259.1	156.6	42.5	54.4	5.6
贵　州	Guizhou	106.8	104.3	1.8	0.6	106.8	61.2	25.2	19.5	0.9
云　南	Yunnan	155.7	150.0	3.4	2.3	155.7	107.2	21.0	23.6	3.9
西　藏	Tibet	31.7	27.9	3.7		31.7	27.0	1.5	2.9	0.3
陕　西	Shaanxi	93.7	59.4	31.7	2.6	93.7	57.1	14.5	17.4	4.8
甘　肃	Gansu	112.3	83.6	24.8	3.9	112.3	89.2	9.2	9.2	4.7
青　海	Qinghai	26.1	20.9	5.0	0.2	26.1	19.3	2.5	3.0	1.3
宁　夏	Ningxia	66.2	59.8	6.1	0.3	66.2	56.7	4.3	2.6	2.6
新　疆	Xinjiang	548.8	445.8	101.3	1.7	548.8	490.9	12.6	14.8	30.5

4-3　2018年供用水量（按水资源分区分）

Water Supply and Utilization in 2018 (by Water Resources Sub-region)

单位：亿立方米　　unit: 10^8m^3

水资源一级区	Grade- I Water Resources Sub-region	供水量 合计 Total Water Supply	地表水 Surface Water	地下水 Ground-water	其他 Others	用水量 合计 Total Water Utilization	农业 Agricultural	工业 Industrial	生活 Domestic	人工生态环境补水 Eco-environmental
合　计	**Total**	**6015.5**	**4952.7**	**976.4**	**86.4**	**6015.5**	**3693.1**	**1261.6**	**859.9**	**200.9**
松花江区	Songhua River	479.2	279.1	198.4	1.7	479.2	399.0	36.2	29.0	15.1
辽河区	Liaohe River	193.7	86.8	102.0	4.9	193.7	130.5	24.6	31.4	7.2
海河区	Haihe River	371.3	171.9	175.3	24.1	371.3	217.0	46.4	68.0	39.8
黄河区	Yellow River	391.7	260.5	117.2	14.0	391.7	264.4	56.3	49.6	21.4
淮河区	Huaihe River	615.7	451.2	150.1	14.4	615.7	406.9	90.5	92.7	25.6
长江区	Yangtze River	2071.6	1994.9	62.0	14.8	2071.6	995.1	722.0	328.3	26.3
其中：太湖流域	Among Which: Taihu Lake	343.0	335.9	0.2	6.9	343.0	71.5	212.6	56.6	2.2
东南诸河区	Southeast Rivers	304.6	297.2	4.9	2.6	304.6	136.2	93.0	67.3	8.1
珠江区	Pearl River	826.3	792.9	28.1	5.3	826.3	487.0	166.0	163.0	10.4
西南诸河区	Southwest Rivers	106.5	101.3	4.1	1.0	106.5	84.9	8.4	11.8	1.4
西北诸河区	Northwest Rivers	654.9	516.9	134.3	3.6	654.9	572.1	18.2	18.9	45.6

4-4 历年解决农村人口和牲畜饮水情况

Drinking Water for Rural Population and Livestock by Year

年份 Year	累计解决的数量 Accumulated Number of People			饮水安全总人口 /万人 Total Population with Safe Drinking Water /10⁴persons		新增饮水安全达标人口 /万人 Newly-increased Population with Safe Drinking Water /10⁴persons
	人数 /万人 Population /10⁴persons	#新解决 Population with Safe Drinking Water	牲畜 /万头 Livestock /10⁴head		#只达到基本安全人口 Population with Fairly Safe Drinking Water	
1977	3431		1701			
1978	3796		1995			
1979	4005		2096			
1980	5294		3092			
1981	5792		3390			
1982	6382		3597			
1983	6660		3991			
1984	7673		4319			
1985	8467		4609			
1986	9390		5576			
1987	10571		6213			
1988	11487		6756			
1989	12314		7303			
1990	13278		7906			
1991	14024		8355			
1992	15148		8917			
1993	15907		9377			
1994	16499		9793			
1995	17353		10360			
1996	18353		10654			
1997	19611		12220			
1998	20886		13357			
1999	21674		14557			
2000	22520		14698			
2001	23813		15509			
2002	26373		17131			
2003	28189		18214			
2004	29662	1473	19094			
2005	30355	701		61836		1104
2006				55939		2945
2007				58339	27659	4468
2008				62329	28287	5378
2009				62721	25149	7295
2010				67070	26082	6717
2011				70305	25563	6397
2012				74942	24715	7294
2013				80650		5696
2014				86230		5581
2015				92939		6709

主要统计指标解释

供水量 各种水源为用水户提供的包括输水损失在内的毛水量。

用水量 各类用水户取用的包括输水损失在内的毛水量，又称取水量。

累计解决农村饮水困难人口（或牲畜） 截至报告期，通过修建水利设施，解决了水源、改良了水质，而改善、解决饮水困难的农村人口（或牲畜）的数量。

农村饮水安全标准 农村饮水安全评价分安全和基本安全 2 个档次，由水质、水量、用水方便程度和供水保证率 4 项指标组成，4 项指标全部达标才能评价为安全；4 项指标中全部基本达标或基本达标以上才能评价为基本安全，只要有一项未达标或未基本达标，就不能评价为安全或基本安全。水量：对于年均降水量不低于 800mm 且年人均水资源量不低于 1000m^3 的地区，水量不低于 60L/（人·天）为达标，水量不低于 35L/（人·天）为基本达标；其他地区水量不低于 40L/（人·天）为达标，水量不低于 20L/（人·天）为基本达标。水质：千吨万人供水工程的用水户，水质符合《生活饮用水卫生标准》（GB 5749—2006）的规定；千吨万人以下集中供水工程及分散供水工程的用水户，水质符合标准中宽限规定为达标。对于当地人群肠道传染病发病趋势保持平稳、没有突发的地区，在不评价菌落总数和消毒剂指标的情况下，千吨万人供水工程的用水户，水质符合标准规定；千吨万人以下集中供水工程的用水户，水质符合标准中农村供水水质宽限规定；分散供水工程的用水户，饮用水中无肉眼可见杂质、无异色异味、用水户长期饮用无不良反应为基本达标。用水方便程度：供水入户（含小区或院子）或具备入户条件；人力取水往返时间不超过 10min，或取水水平距离不超过 400m、垂直距离不超过 40m 为达标。人力取水往返时间不超过 20min，或取水水平距离不超过 800m、垂直距离不超过 80m 为基本达标。牧区，可用简易交通工具取水往返时间进行评价。供水保证率：不低于 95%为达标，不低于 90%为基本达标。

农村饮水安全总人口 满足农村饮水基本安全或以上的县（市、区）（不含县城城区）的乡镇、村庄、学校等居民及分散住户总人口。

农业灌溉供水量 水利工程为农田、林地、果园、牧草灌溉实际毛供水量的总和。

工业生产供水量 水利工程为工业生产的供水量。1991 年以前乡镇工业供水统计在农业供水中，从 1992 年开始统计在工业供水中。乡镇企业供水指水利工程为乡镇工业及农副产品加工实际毛供水量。

城镇生活供水量 水利工程对城镇居民生活供水量，还包括用于餐饮、服务以及市政环卫等公共服务方面的供水。生活供水主要统计各类水利工程向自来水厂或城镇居民供应的原水量，即未经任何处理的水量。

乡村生活供水量 水利工程为乡村居民生活的供水量，除乡村居民生活用水外，还包括牲畜用水。

生态环境供水量 主要指通过水利工程设施向城镇、乡村生态脆弱地区或恶化地区以及其他地区补水，以维持、控制、恢复、改善原有的生态环境状态，如为了避免湿地萎缩、维持地下水位、防止海水入侵、维持河川基流、恢复原有湖泊、保护植被等目的，以及为了维持人类居住地的生态环境需要所进行的补水。

Explanatory Notes of Main Statistical Indicators

Water supply Gross amount of water provided by all kinds of water sources, including loss during transportation.

Water use Gross amount of water used by all kinds of users, including loss during transportation.

Accumulated rural population (or livestock) with drinking water Population or number of livestock that are able to access drinking water by means of construction of water facilities, finding of water sources and improvement of water quality until the statistical date of this report.

Standard on safe drinking water in rural areas The index system for evaluating safety of drinking water in rural areas uses two criteria of safe and fairly safe, and is formed by four indicators of water quantity, water quality, convenience to access water and guarantee rate. If one of the four indicators fails to meet these requirements, it cannot be deemed as safe or fairly safe. In terms of water quantity, safe means one person can have no less than 60 L of water per day in the region with average precipitation above 800 mm and water resource per capita higher than 1,000 m^3. Fairly safe means one person can have no less than 35 L water per day. For other areas, safe means one person can have no less than 40 L of water per day, while fairly safe means one person can have no less than 20 L water per day. In terms of water quality, safe means water quality can meet the *National Sanitary Standards for Drinking Water* (GB 5749-2006) if water is provided by water utilities with a capacity of above 1,000 ton or 10,000 users; or water quality complies with the standard grace provisions stipulated in the standards, if water is provided by water utilities with a capacity of below 1,000 ton or 10,000 users or decentralized water supply utilities. Fairly safe means water complies with the standards of low incidence of intestinal infectious diseases or no disease outbreak, if it is provided by water utilities with a capacity of above 1,000 ton or 10,000 users, without evaluating the total number of colonies and disinfectant indicator; or water complies with the grace provisions stipulated in the standards, if it is provided by water utilities with a capacity of below 1,000 ton or 10,000 users; or water has no visible impurities and odor without causing adverse reaction if it is provided by decentralized water supply utilities. In terms of convenience to access water, safe means tap water is provided to households (including residential areas or courtyards) or can be connected to household; people can get water within 10 minutes or water can be taken within 400 m horizontally and 40 m vertically. Fairly safe means people can get water within 20 minutes, or water can be taken within 800 m horizontally and 80 m vertically. In terms of guarantee rate, safe means the guarantee rate of water supply should be higher than 95%. Fairly safe means the guarantee of water supply should be higher than 90%.

Total population in rural areas with safe drinking water Total population of townships, villages and schools or scattered households in counties (city and districts) where drinking water quality can meet safe or fairly safe standards.

Water supply for agricultural irrigation Total water provided by waterworks for irrigation of farmland, forest, orchard and grassland.

Water supply for industrial use Water provided by waterworks for industries in urban and rural areas. Before 1991, the quantity of water supply for township industries is included in agricultural water supply, but from 1992 it is regarded as industrial water supply. Water supply for township

enterprise means actual gross amount of water supply provided by waterworks for industries and processing of agricultural products and by-products in towns.

Water supply for urban domestic use It refers to water supplied to urban residents, as well as restaurants, service industry, environmental use, sanitation and other public facilities of the city. Water supply for urban domestic use equals to source water provided by all kinds of waterworks to water treatment plants or urban residents, i.e., the amount of water without any treatment.

Water supply for rural domestic use Amount of water supply for utilization of rural residents and livestock.

Water supply for eco-environment Water supply is made by engineering structures or utilities, in order to recharge the areas suffering from ecological fragile or deterioration, and sustain, control, restore and improve ecosystem and environment, such as prevention of wetlands shrinking, drop of groundwater level, seawater intrusion, sustaining of base flow of rivers, restoration of lake and vegetation, and satisfying the needs of eco-environment in the living areas of human being.

5 水土保持

Soil and Water Conservation

简 要 说 明

水土保持统计资料主要包括水土流失治理面积及其分类治理面积等。按年度、水资源一级区和地区进行分组。

1. 小流域治理统计范围是指列入县级以上（含县级）治理规划，并进行重点治理的流域面积在 5 平方千米以上的小流域。

2. 水土流失治理面积历史资料汇总 1973 年至今的数据；新增水土流失治理面积历史资料汇总 1989 年至今的数据。

3. 水土流失治理面积已与2011年水利普查数据进行了衔接。

Brief Introduction

Statistical data of soil and water conservation mainly includes recovered area from erosion and types of measures for erosion control. The data is grouped in accordance with year, Grade-Ⅰ water resources region and region.

1. The scope of statistics for small watershed under control covers those listed in the plan at and above the county level, and drainage area of small watershed that has an area of more than 5 km^2.

2. Historical data of recovered area is collected from 1973 until present, and historical data of newly-increased recovered area is from 1989 until present.

3. The data of recovered area from erosion is integrated with the First National Census for Water of 2011.

5-1 水土流失面积

Soil Erosion Area

单位：平方公里 unit: km^2

地区	Region	水力侵蚀面积 Water Erosion Area	风力侵蚀面积 Wind Erosion Area
合计	**Total**	**1150881**	**1585992**
北京	Beijing	2313	
天津	Tianjin	204	
河北	Hebei	37618	4556
山西	Shanxi	60566	30
内蒙古	Inner Mongolia	84433	508269
辽宁	Liaoning	35936	929
吉林	Jilin	30445	12183
黑龙江	Heilongjiang	67153	8396
上海	Shanghai	3	
江苏	Jiangsu	2287	3
浙江	Zhejiang	8316	
安徽	Anhui	12303	10
福建	Fujian	9787	
江西	Jiangxi	24464	
山东	Shandong	23643	767
河南	Henan	20281	1348
湖北	Hubei	32520	
湖南	Hunan	30661	
广东	Guangdong	18276	
广西	Guangxi	39306	
海南	Hainan	1918	
重庆	Chongqing	25801	
四川	Sichuan	109271	3675
贵州	Guizhou	48268	
云南	Yunnan	103390	
西藏	Tibet	58761	35616
陕西	Shaanxi	63590	1981
甘肃	Gansu	66722	119421
青海	Qinghai	37973	125724
宁夏	Ningxia	10986	5144
新疆	Xinjiang	83686	757940

注　本数据来源于2018年度全国水土流失动态监测成果。

Note　The data is sourced from national database of dynamic monitoring of soil erosion in 2018.

5-2 历年水土流失治理面积
Recovered Area from Soil Erosion by Year

单位：千公顷 unit: 10^3ha

年份 Year	水土流失治理面积 Recovered Area	#水平梯田 Leveled Terraced Field	坝地 Gully Dammed Field	水保林 Water Conservation Forest
1974	38423	6209	855	17796
1975	40757	7011	847	
1976	42007	7383	942	
1977	42441	7161	929	20924
1978	40435	7239	891	
1979	40606	6461	931	21273
1980	41152	6539	895	21679
1981	41647	6427	878	21647
1982	41412	6367	924	22367
1983	42405	6457	922	22829
1984	44623	7062	1050	24570
1985	46393	6982	1275	25648
1986	47909	7436	1269	26923
1987	49528	7755	1579	27889
1988	51349	7952	1438	29461
1989	52154	8209	1495	30490
1990	52971	7623	1563	31660
1991	55838	8072	1893	33381
1992	58635			

年份 Year	水土流失治理面积 Recovered Area	#小流域治理面积 Recovered Area of Small Watershed	水土流失治理面积新增合计 Total Newly-increased Recovered Area	水平梯田 Leveled Terraced Field	坝地 Gully Dammed Field	水保林 Water Conservation Forest	种草 Planted Grassland	其他 Others	水土流失治理面积减少 Reduction of Recovered Area
1993	61253								
1994	64080								
1995	66855								
1996	69321								
1997	72242								
1998	75022								
1999	77828								

5-2 续表 continued

年份 Year	水土流失治理面积 Recoverd Area	#小流域治理面积 Recoverd Area of Small Watershed	水土流失治理面积新增合计 Total Newly-increased Recovered Area	水平梯田 Leveled Terraced Field	坝地 Gully Dammed Field	水保林 Water Conservation Forest	种草 Planted Grassland	其他 Others	水土流失治理面积减少 Reduction of Recovered Area
2000	80961	28473	4728						1595
2001	81539	30385	4888						4309
2002	85410	34255	5056						1186
2003	89714	35628	5538						1234
2004	92004	36040	4445						2156
2005	94654	37059	4198						1102
2006	97491	37915	3969						1543
2007	99871	38731	3916	311	58	1497	537	1513	1471
2008	101587	39189	3867	275	41	1474	492	1584	2666
2009	104545	41139	4318	412	38	1647	470	1751	1373
2010	106800	41602	4015	401	42	1500	409	1663	1737
2011	109664	41425	4008	437	46	1565	388	1572	1306
2012	102953	41131	4372	524	27	1564	406	1851	1452

年份 Year	水土流失治理面积 Recovered Area	#小流域治理面积 Recovered Area of Small Watershed	水土流失治理面积新增合计 Total Newly-increased Recovered Area	基本农田 Prime Farmland			水保林 Water Conservation Forest	经济林 Economic Forest	种草 Planted Grassland	封禁治理 Blockading Administration	其他 Others
				水平梯田 Leveled Terraced Field	坝地 Gully Dammed Field	其他 Others					
2013	106892	34248	5271	553	16	157	1411	568	340	1681	544
2014	111609	35813	5497	473	30	126	1507	567	361	1898	532
2015	115578	37883	5385	483	13	93	1408	556	323	1855	652
2016	120412	39738	5620	456	16	103	1690	643	423	1559	731
2017	125839	40847	5899	418	8		1521	628	426	1922	975
2018	131532	42204	6436	365	8		1627	718	421	2116	1182

5-3 2018年水土流失治理面积（按地区分）

Recovered Area from Soil Erosion in 2018 (by Region)

单位：千公顷 unit: 10^3ha

地区	Region	水土流失治理面积 Recovered Area	#小流域治理面积 Recovered Area of Small Watershed	水土流失治理面积新增合计 Total Newly-increased Recovered Area	基本农田 Prime Farmland		水保林 Water Conservation Forest	经济林 Economic Forest	种草 Planted Grassland	封禁治理 Blockading Administration	其他 Others
					水平梯田 Leveled Terraced Field	坝地 Gully Dammed Field					
合　计	**Total**	**131531.6**	**42204.3**	**6436.1**	**365.0**	**8.3**	**1627.2**	**717.6**	**420.6**	**2115.9**	**1181.5**
北　京	Beijing	813.7	813.7	36.1	0.4			0.2		35.3	0.2
天　津	Tianjin	100.0	50.4	0.8						0.4	0.4
河　北	Hebei	5532.5	2964.3	223.5	9.2		85.4	27.5	0.3	79.8	21.3
山　西	Shanxi	6798.5	681.0	356.3	23.3	1.0	167.5	36.4	7.6	84.5	36.0
内蒙古	Inner Mongolia	14088.6	3270.4	633.9	17.9		225.0	23.4	77.3	256.1	34.2
辽　宁	Liaoning	5394.5	2528.2	176.7	4.8		73.5	17.1	0.5	53.0	27.8
吉　林	Jilin	2385.8	196.7	208.4	3.9		51.8	8.2	9.1	15.8	119.8
黑龙江	Heilongjiang	4895.4	1154.9	424.5	1.4		37.2	1.0	8.4	72.5	304.0
上　海	Shanghai										
江　苏	Jiangsu	930.2	333.0	11.4	1.5		2.5	1.1	0.5		5.8
浙　江	Zhejiang	3692.5	673.3	45.5	2.9		6.1	3.5	2.2	21.2	9.6
安　徽	Anhui	1989.2	810.7	49.1	1.6	0.1	7.0	2.4	0.6	29.4	8.1
福　建	Fujian	3778.4	851.3	129.3	2.3	0.7	11.5	2.0	4.1	74.7	34.1
江　西	Jiangxi	5917.9	1380.2	130.6	1.8		26.7	19.2	3.3	64.8	14.8
山　东	Shandong	4143.0	1657.6	138.9	33.4	0.2	31.7	19.3	2.3	28.6	23.4
河　南	Henan	3778.3	2197.6	113.6	8.5	0.6	29.8	19.7	0.8	41.1	13.2
湖　北	Hubei	6134.7	1962.8	171.7	10.1	0.6	33.6	17.4	3.1	82.1	24.8
湖　南	Hunan	3745.5	1017.3	153.4	10.4		30.5	20.9	3.2	62.8	25.5
广　东	Guangdong	1757.9	187.1	119.2	3.1		26.4	0.9	6.3	39.8	42.7
广　西	Guangxi	2647.7	592.4	187.3	4.0		21.7	59.2	0.7	94.6	7.1
海　南	Hainan	116.7	105.1	8.3	0.1			0.3	0.1	2.0	5.8
重　庆	Chongqing	3580.1	1676.4	186.7	7.7		27.1	69.3	0.3	37.3	44.9
四　川	Sichuan	9961.8	4759.7	504.9	50.2	2.3	58.9	90.9	52.3	127.4	122.9
贵　州	Guizhou	7053.0	3139.2	262.4	6.3		31.3	60.8	9.3	117.3	37.4
云　南	Yunnan	9517.7	2103.7	523.6	35.0	0.2	100.5	104.9	29.4	169.1	84.5
西　藏	Tibet	528.5	119.6	109.4	0.02		22.6	0.1	34.0	51.9	0.9
陕　西	Shaanxi	7918.0	3047.3	287.1	30.5	1.1	106.9	44.1	2.2	101.1	1.2
甘　肃	Gansu	9090.7	2518.1	720.9	63.2		218.9	41.9	128.7	177.1	91.1
青　海	Qinghai	1251.7	452.9	137.9	13.2		58.4	0.2	3.4	50.3	12.4
宁　夏	Ningxia	2301.1	708.9	91.2	18.2	1.5	34.5	6.7	4.8	25.4	0.2
新　疆	Xinjiang	1688.1	250.8	293.8			100.4	19.1	26.1	120.8	27.4

5-4　2018 年水土流失治理面积（按水资源分区分）

Recovered Area from Soil Erosion in 2018 (by Water Resources Sub-region)

单位：千公顷　　　　unit: 10^3ha

水资源一级区	Grade-I Water Resources Sub-region	水土流失治理面积 Recovered Area	#小流域治理面积 Recovered Area of Small Watershed	水土流失治理面积新增合计 Total Newly-increased Recovered Area	基本农田 Prime Farmland 水平梯田 Leveled Terraced Field	基本农田 Prime Farmland 坝地 Gully Dammed Field	水保林 Water Conservation Forest	经济林 Economic Forest	种草 Planted Grassland	封禁治理 Blockading Administration	其他 Others
合　计	**Total**	**131531.6**	**42204.3**	**6436.1**	**365.0**	**8.3**	**1627.2**	**717.6**	**420.6**	**2115.9**	**1181.5**
松花江区	Songhua River	9564.8	1720.6	739.1	9.7		116.5	14.4	40.8	119.6	438.0
辽河区	Liaohe River	9236.1	3499.9	342.3	17.4		123.3	30.0	29.1	94.8	47.8
海河区	Haihe River	10522.0	4786.0	443.2	16.0	0.4	159.1	38.6	8.4	172.6	48.2
黄河区	Yellow River	25795.2	7485.1	1292.0	131.8	3.9	539.3	100.2	106.8	345.1	64.9
淮河区	Huaihe River	6037.9	2668.1	171.2	35.3	0.1	39.9	19.7	2.9	47.1	26.3
长江区	Yangtze River	44269.7	16956.4	1761.7	114.6	3.0	316.9	327.9	84.8	603.0	311.5
东南诸河区	Southeast Rivers	7238.0	1434.9	171.9	5.3	0.7	16.5	5.2	6.3	95.1	42.9
珠江区	Pearl River	8363.4	1887.4	469.3	16.6		76.0	86.7	12.4	206.8	70.7
西南诸河区	Southwest Rivers	4827.7	897.8	366.7	15.8	0.2	61.9	59.4	47.0	132.5	50.0
西北诸河区	Northwest Rivers	5677.0	868.2	678.8	2.7		178.0	35.5	82.0	299.5	81.2

5-5　2018 年水土流失治理面积（按水资源分区和地区分）

Recovered Area from Soil Erosion in 2018 (by Water Resources Sub-region and Region)

单位：千公顷　　unit: 10^3ha

地区	Region	水土流失治理面积 Recovered Area	#小流域治理面积 Recovered Area of Small Watershed	水土流失治理面积新增合计 Total Newly-increased Recovered Area	基本农田 Prime Farmland		水保林 Water Conservation Forest	经济林 Economic Forest	种草 Planted Grassland	封禁治理 Blockading Administration	其他 Others
					水平梯田 Leveled Terraced Field	坝地 Gully Dammed Field					
松花江区	**Songhua River**	**9564.8**	**1720.6**	**739.1**	**9.7**		**116.5**	**14.4**	**40.8**	**119.6**	**438.0**
内蒙古	Inner Mongolia	2525.2	370.8	130.6	4.5		29.7	6.0	24.4	32.6	33.5
吉　林	Jilin	2144.1	194.9	184.1	3.9		49.6	7.5	8.0	14.6	100.5
黑龙江	Heilongjiang	4895.4	1154.9	424.5	1.4		37.2	1.0	8.4	72.5	304.0
辽河区	**Liaohe River**	**9236.1**	**3499.9**	**342.3**	**17.4**		**123.3**	**30.0**	**29.1**	**94.8**	**47.8**
内蒙古	Inner Mongolia	3737.2	996.6	145.8	12.6		48.3	13.8	27.6	42.8	0.7
辽　宁	Liaoning	5257.2	2501.6	172.1	4.8		72.8	15.5	0.5	50.7	27.8
吉　林	Jilin	241.7	1.8	24.4			2.1	0.7	1.0	1.2	19.2
海河区	**Haihe River**	**10522.0**	**4786.0**	**443.2**	**16.0**	**0.4**	**159.1**	**38.6**	**8.4**	**172.6**	**48.2**
北　京	Beijing	813.7	813.7	36.1	0.4			0.2		35.3	0.2
天　津	Tianjin	100.0	50.4	0.8						0.4	0.4
河　北	Hebei	5532.5	2964.3	223.5	9.2		85.4	27.5	0.3	79.8	21.3
山　西	Shanxi	2497.1	305.7	123.8	6.3	0.3	57.7	7.0	4.8	30.2	17.4
内蒙古	Inner Mongolia	708.0	356.9	31.7			7.8	0.2	3.3	20.5	
辽　宁	Liaoning	137.4	26.7	4.6			0.7	1.6		2.3	
山　东	Shandong	361.8	61.8	14.4		0.1	4.4	1.6	0.02	0.02	8.2
河　南	Henan	371.5	206.6	8.3	0.1		3.0	0.4		4.0	0.8
黄河区	**Yellow River**	**25795.2**	**7485.1**	**1292.0**	**131.8**	**3.9**	**539.3**	**100.2**	**106.8**	**345.1**	**64.9**
山　西	Shanxi	4301.4	375.2	232.4	17.1	0.7	109.8	29.4	2.8	54.3	18.5
内蒙古	Inner Mongolia	5047.9	1098.1	207.8	0.9		110.2	3.5	12.0	81.3	
山　东	Shandong	418.3	235.9	13.7	2.4		2.7	2.8		4.1	1.7
河　南	Henan	1041.0	539.1	37.2	3.7	0.6	8.2	10.4	0.6	12.7	1.0
四　川	Sichuan	94.6	20.2	9.5			0.2		7.2	2.2	
陕　西	Shaanxi	5439.9	1948.1	194.8	22.2	1.1	79.4	28.2	2.2	60.5	1.2
甘　肃	Gansu	6212.5	2127.9	379.2	54.0		143.8	19.1	75.6	56.8	29.8
青　海	Qinghai	938.6	431.6	126.1	13.2		50.7	0.2	1.7	48.0	12.4
宁　夏	Ningxia	2301.1	708.9	91.2	18.2	1.5	34.5	6.7	4.8	25.4	0.2
淮河区	**Huaihe River**	**6037.9**	**2668.1**	**171.2**	**35.3**	**0.1**	**39.9**	**19.7**	**2.9**	**47.1**	**26.3**
江　苏	Jiangsu	489.2	150.6	5.7	0.8		0.5	0.5	0.4		3.5
安　徽	Anhui	526.5	203.1	9.1	0.4		0.5	0.5	0.04	4.8	2.8
山　东	Shandong	3362.9	1359.9	110.8	31.0	0.1	24.6	14.9	2.3	24.5	13.6
河　南	Henan	1659.4	954.6	45.6	3.1		14.3	3.8	0.2	17.8	6.5

5-5 续表 continued

地区	Region	水土流失治理面积 Recovered Area	#小流域治理面积 Recovered Area of Small Watershed	水土流失治理面积新增合计 Total Newly-increased Recovered Area	基本农田 Prime Farmland: 水平梯田 Leveled Terraced Field	基本农田 Prime Farmland: 坝地 Gully Dammed Field	水保林 Water Conservation Forest	经济林 Economic Forest	种草 Planted Grassland	封禁治理 Blockading Administration	其他 Others
长江区	**Yangtze River**	**44269.7**	**16956.4**	**1761.7**	**114.6**	**3.0**	**316.9**	**327.9**	**84.8**	**603.0**	**311.5**
上　海	Shanghai										
江　苏	Jiangsu	441.1	182.5	5.7	0.7		2.0	0.6	0.1		2.3
浙　江	Zhejiang	269.9	92.1	3.1			1.2	0.2		0.8	0.9
安　徽	Anhui	1425.9	605.1	39.8	1.2	0.1	6.4	1.9	0.5	24.5	5.3
江　西	Jiangxi	5917.9	1380.2	130.6	1.8		26.7	19.2	3.3	64.8	14.8
河　南	Henan	706.5	497.4	22.5	1.6		4.3	5.1	0.01	6.5	5.0
湖　北	Hubei	6134.7	1962.8	171.7	10.1	0.6	33.6	17.4	3.1	82.1	24.8
湖　南	Hunan	3700.8	1013.2	142.4	9.9		30.2	20.6	3.2	53.0	25.5
广　西	Guangxi	103.6	57.4	8.0			0.04	0.6		7.3	
重　庆	Chongqing	3580.1	1676.4	186.7	7.7		27.1	69.3	0.3	37.3	44.9
四　川	Sichuan	9867.2	4739.5	495.3	50.2	2.3	58.7	90.9	45.1	125.2	122.9
贵　州	Guizhou	4786.3	2323.1	191.2	5.5		24.1	46.2	6.6	74.9	33.9
云　南	Yunnan	3585.2	1085.5	185.9	11.2		40.8	33.5	13.8	63.0	23.7
陕　西	Shaanxi	2478.1	1099.3	92.3	8.3		27.5	16.0		40.6	
甘　肃	Gansu	1184.4	235.4	83.5	6.5		31.9	6.3	8.5	22.9	7.5
青　海	Qinghai	88.2	6.6	3.0			2.5		0.4		
东南诸河区	**Rivers in Southeast**	**7238.0**	**1434.9**	**171.9**	**5.3**	**0.7**	**16.5**	**5.2**	**6.3**	**95.1**	**42.9**
浙　江	Zhejiang	3422.7	581.2	42.4	2.9		4.9	3.2	2.2	20.4	8.7
安　徽	Anhui	36.9	2.4	0.2			0.1			0.01	0.1
福　建	Fujian	3778.4	851.3	129.3	2.3	0.7	11.5	2.0	4.1	74.7	34.1
珠江区	**Pearl River**	**8363.4**	**1887.4**	**469.3**	**16.6**		**76.0**	**86.7**	**12.4**	**206.8**	**70.7**
湖　南	Hunan	44.7	4.1	10.9	0.5		0.3	0.3		9.9	
广　东	Guangdong	1757.9	187.1	119.2	3.1		26.4	0.9	6.3	39.8	42.7
广　西	Guangxi	2544.1	535.0	179.3	4.0		21.7	58.6	0.7	87.3	7.1
海　南	Hainan	116.7	105.1	8.3	0.1			0.3	0.1	2.0	5.8
贵　州	Guizhou	2266.7	816.1	71.2	0.8		7.3	14.6	2.7	42.4	3.4
云　南	Yunnan	1633.3	240.0	80.3	8.1		20.4	12.1	2.6	25.5	11.7
西南诸河区	**Rivers in Southwest**	**4827.7**	**897.8**	**366.7**	**15.8**	**0.2**	**61.9**	**59.4**	**47.0**	**132.5**	**50.0**
云　南	Yunnan	4299.2	778.2	257.4	15.7	0.2	39.3	59.3	13.0	80.6	49.1
西　藏	Tibet	528.5	119.6	109.4			22.6	0.1	34.0	51.9	0.9
青　海	Qinghai										
西北诸河区	**Rivers in Northwest**	**5677.0**	**868.2**	**678.8**	**2.7**		**178.0**	**35.5**	**82.0**	**299.5**	**81.2**
内蒙古	Inner Mongolia	2070.3	448.0	118.1			29.2		10.0	78.9	
甘　肃	Gansu	1693.7	154.8	258.1	2.7		43.2	16.4	44.6	97.4	53.8
青　海	Qinghai	224.9	14.6	8.8			5.2		1.3	2.3	
新　疆	Xinjiang	1688.1	250.8	293.8			100.4	19.1	26.1	120.8	27.4

5-6 历年开发建设项目水土保持方案

Number of Soil and Water Conservation Plan in Development and Construction Project by Year

年份 Year	水土保持方案审批数量 /项 Approved Soil and Water Conservation Plan /unit	水土保持方案总投资 /万元 Total Investment of Soil and Water Conservation Plan $/10^4$ yuan	减少新增人为水土流失面积 /千公顷 Reduction of Newly-increased Human-induced Eroded Area $/10^3$ ha	减少土壤流失量 /万吨 Reduction of Soil Loss $/10^4$ t	水土保持设施验收数量 /个 Accepted Soil Conservation Facilities /unit
2005	22517	2076362	901	151076	6259
2006	26783	2882328	784	192992	5023
2007	21720	3518973	899	121317	4332
2008①	27389	3505679	789	117368	5648
2009①	22194	5645749	1609		
2010	24832	10102652	1304	113742	5205
2011	26296	14948872	1103		4842
2012	27858	14290605	1409	16438	5568
2013	30506	16280210	1250		6432
2014	30319		928		5646
2015	28809	14900062	3455	1816583	5739
2016	29157		1159		6744
2017	32257		1099		7632
2018	37866		1059		8995

① 2008 年 2009 年数据未统计上海地区。
① The data of Shanghai is not included in 2008 and 2009.

5-7 2018 年全国生产建设项目水土保持方案（按地区分）

Number of Soil and Water Conservation Plan in Development and Construction Project in 2018 (by Region)

地区	Region	生产建设项目水土保持方案审批数量/个 Approved Soil and Water Conservation Plan /unit	减少新增人为水土流失面积/公顷 Reduction of Newly- increased Human- induced Eroded Area /ha	水土保持设施验收报备数量/个 Accepted Soil Conservation Facilities /unit
合 计	**Total**	**37866**	**1058632.97**	**8995**
北 京	Beijing	919	24223.32	402
天 津	Tianjin	388	7834.63	46
河 北	Hebei	670	32201.58	212
山 西	Shanxi	400	28034.49	148
内蒙古	Inner Mongolia	685	47409.24	193
辽 宁	Liaoning	356	7667.07	79
吉 林	Jilin	788	9399.03	56
黑龙江	Heilongjiang	136	4180.92	99
上 海	Shanghai	3	34.36	1
江 苏	Jiangsu	713	7800.00	49
浙 江	Zhejiang	1825	50650.76	921
安 徽	Anhui	458	16839.00	147
福 建	Fujian	1327	20908.97	458
江 西	Jiangxi	1732	43492.04	407
山 东	Shandong	2392	53345.00	216
河 南	Henan	712	29558.00	78
湖 北	Hubei	1420	34574.32	165
湖 南	Hunan	2205	27040.90	187
广 东	Guangdong	2395	37645.07	852
广 西	Guangxi	2104	39624.88	215
海 南	Hainan	520	7097.05	145
重 庆	Chongqing	1106	20905.00	261
四 川	Sichuan	4817	55468.60	784
贵 州	Guizhou	2786	59535.00	346
云 南	Yunnan	2447	51808.80	2010
西 藏	Tibet	1248	49391.18	45
陕 西	Shaanxi	788	43189.63	114
甘 肃	Gansu	1268	31821.10	142
青 海	Qinghai	341	20032.63	39
宁 夏	Ningxia	216	12072.00	67
新 疆	Xinjiang	701	184848.40	111

主要统计指标解释

水土流失 是在水力、风力、重力及冻融等自然营力和人类活动作用下，水土资源和土地生产力的破坏和损失。土壤侵蚀强度为轻度和轻度以上的土地面积称水土流失面积。

水土流失治理面积（又称水土保持面积） 指在山丘地区水土流失面积上，按照综合治理的原则，采取各种治理措施，如：水平梯土（田）、淤地坝、谷坊、造林种草、封山育林育草等治理的水土流失面积总和。

水平梯田 指在坡地上沿等高线修建的、断面呈阶梯状的田块。（注：在我国南方，旱作梯田称梯地或梯土，种植水稻的称梯田。）

坝地 在沟道拦蓄工程上游因泥沙淤积形成的地面较平整的可耕作土地。

水保林 以防治水土流失为主要功能的人工林和天然林。根据其功能的不同，可分为坡面防护林、沟头防护林、沟底防护林、塬边防护林、护岸林、水库防护林、防风固沙林、海岸防护林等。

种草 在水土流失地区，为蓄水保土，改良土壤，发展畜牧，美化环境，促进畜牧业发展而进行的草本植物培育活动。

小流域治理面积 是以小流域为单元，根据流域内的自然条件，按照土壤侵蚀的类型特点和农业区划方向，在全面规划的基础上，合理安排农、林、牧、副各业用地，布置水土保持农业技术措施，林草措施与工程措施，相互协调、相互促进形成综合的水土流失防治体系。凡列入县级以上治理规划，并进行重点治理的，流域面积大于5平方千米小于50平方千米的小流域治理面积均进行统计。

Explanatory Notes of Main Statistical Indicators

Soil erosion Damage or losses to water and land resources and its productivity under the action of natural force and human activities, such as hydraulic, wind, gravity and freeze thawing factors. The area of soil erosion refers to the land suffers from slight soil erosion intensity or above.

Recovered area from soil erosion (also named soil and water conservation area) Total area recovered from erosion in mountainous or hilly areas, with comprehensive control measures, including terraced fields, silt retention dam, check dam, reforestation, grass plantation, ban of wood cutting and grazing, under the principle of integrated management.

Leveled Terraced field Cultivated land with a cascade section built along the contour lines on slope land. (Note: In southern part of China, dry terraces are called land terraces or earth terraces, and paddy terraces are called terraced fields.)

Gully dammed field Relatively leveled cultivated land created by upstream silt arrested by silt retention dam in the gully.

Water conservation forest It refers to artificial and nature forests mainly for control of soil and water loss. According to its functions, it is grouped into protection forests for slope, gully head, gully bottom, plateau edge, bank, reservoir, wind and sand and sea coast.

Planted grassland Activities of planting and cultivating grass in eroded area, for the purposes of conserving soil and water, soil improvement, pasture development, environment beatification and conservation in animal husbandry.

Improved area of small watershed It refers to the area covered by a comprehensive erosion control system that integrates agricultural technology, forest-grass and structural measures, and makes an appropriate arrangement of land use for agricultural, forestry, husbandry and agricultural by-product production, by taking small watershed as an unit and based on natural condition, type and feature of soil erosion, agricultural zoning, under the guidance of overall planning. If a watershed is in the list of management plan at and above the county level as major project, all of the area larger than 5 km^2 and smaller than 50 km^2 should be included in the statistics.

6 水利建设投资

Investments in Water Project Construction

简 要 说 明

水利建设投资统计资料主要包括水利固定资产投资、项目、完成、工程量情况以及工程能力和效益等。

本部分资料主要按地区分组。历史资料汇总 1949 年至今的数据。

由于水利建设投资统计报表制度调整，2016 年地方政府分来源统计数据有变化。

Brief Introduction

Statistical data of investments in water project construction mainly includes investment of fixed assets, number of projects, completion of investment, completed civil works, capacity and benefits of projects etc.

The data is divided into groups based on river basin and region. Historical data is collected from 1949 until present.

Due to adjustment of statistical system for investment in water project construction, the sources of data of local government funding for water project construction of 2016 were also adjusted accordingly.

6-1 主 要 指 标

Key Indicators

单位：亿元　　　　unit: 10^8 yuan

指标名称	Item	2004	2005	2006	2007	2008
中央水利建设计划投资	Investment Plan of Central Government in Water Projects	278.8	271.6	298.7	308.8	625.4
水利建设投资完成额	Completed Investment for Water Project Construction	783.5	746.8	793.8	944.9	1088.2
按投资来源分：	Divided by Sources:					
（1）国家预算内拨款	National Budget Allocation	125.9	133.1	193.2	270.0	390.4
（2）国家预算内专项	Special Funds from National Budget	192.2	179.4	184.7	195.7	160.5
（3）国内贷款	Domestic Loan	102.6	94.2	80.7	83.4	96.9
（4）利用外资	Foreign Investment	12.2	19.3	14.3	9.5	10.5
（5）自筹资金	Self-Raising Funds	296.3	242.2	212.3	219.9	235.4
（6）水利建设基金	Water Project Construction Funds	28.8	30.3	36.1	67.8	60.5
（7）其他投资	Other Investment	25.5	48.5	72.5	98.6	134.1
按投资用途分：	Based on Investment Purposes:					
（1）防洪工程	Flood Control Projects	366.9	292.8	288.1	318.5	370.0
（2）水资源工程	Water Resources Projects	218.3	223.1	317.7	405.1	467.8
（3）水土保持及生态建设	Soil and Water Conservation and Ecological Restoration Projects	58.7	39.2	42.2	60.3	76.9
（4）水电工程	Hydropower Development	71.5	65.5	57.3	66.5	77.4
（5）行业能力建设	Capacity Building	17.5	32.7	20.2	8.9	10.6
（6）其他	Others	50.5	93.6	68.3	85.6	85.5

注 1. 从2003年开始，中央水利建设计划投资包括南水北调当年投资。
2. 2007年中央水利建设计划投资不包括当年中央财政转移支付地方水利专项资金32亿元和小型农田水利建设中央财政专项补助资金10亿元。
3. 2008年中央水利建设计划投资不包括当年小型农田水利建设中央财政专项补助资金30亿元。

Note 1. Investment plans of central government for water project construction since 2003 include those for South-North Water Diversion Project.
2. In 2007, investment plans of central government for water project construction exclude 3.2 billion yuan of Central Government funds transferred to special funds of local governments and 1 billion yuan of special funds to small on-farm irrigation and drainage works from the Central Government Finance.
3. In 2008, investment plans of central government for water project construction exclude 3 billion yuan of special funds to small on-farm irrigation and drainage works from the Central Government Finance.

6-1 续表 continued

指标名称	Item	2009	2010	2011	2012	2013	2014	2015	2016	2017	2018
中央水利建设计划投资	Investment Plan of Central Government for Water Projects	637.0	984.1	1140.7	1623.0	1408.3	1627.1	1685.2	1415.9	1558.6	1554.6
水利建设投资完成额	Completed Investment for Water Project Construction	1894.0	2319.9	3086.0	3964.2	3757.6	4083.1	5452.2	6099.6	7132.4	6602.6
按投资来源分：	Divided by Sources:										
（1）中央政府投资	Central Government		960.5	1435.4	2033.2	1729.8	1648.5	2231.2	1679.2	1757.1	1752.7
（2）地方政府投资	Local Government		918.8	1223.7	1464.5	1542.0	1862.5	2554.6	2898.2	3578.2	3259.4
（3）国内贷款	Domestic Loan		337.4	270.3	265.6	172.7	299.6	338.6	879.6	925.8	735.9
（4）利用外资	Foreign Investment		1.3	4.4	4.1	8.6	4.3	7.6	7.0	8.0	4.9
（5）企业和私人投资	Company and Private Investment		48.0	74.9	113.4	160.7	89.9	187.9	424.7	600.8	565.1
（6）债券	Bonds		2.5	3.9	5.2	1.7	1.7	0.4	3.8	26.5	41.6
（7）其他投资	Others		51.4	73.4	78.3	142.1	176.5	131.7	207.1	235.9	242.9
按投资用途分：	Divided by Investment Purposes:										
（1）防洪工程	Flood Control	674.8	684.6	1018.3	1426.0	1335.8	1522.6	1930.3	2077.0	2438.9	2175.4
（2）水资源工程	Water Resources	866.0	1070.5	1284.1	1911.6	1733.1	1852.2	2708.3	2585.2	2704.9	2550.0
（3）水土保持及生态建设	Soil and Water Conservation and Ecological Restoration	86.7	85.9	95.4	118.1	102.9	141.3	192.9	403.7	682.6	741.5
（4）水电工程	Hydropower Development	72.0	105.4	109.0	117.2	164.4	216.9	152.1	166.6	145.8	121.0
（5）行业能力建设	Capacity Building		19.6	40.2	59.6	52.5	40.9	29.2	56.9	31.5	47.0
（6）前期工作	Early-stage Work		24.9	42.0	40.7	40.7	65.1	101.9	174.0	181.2	132.0
（7）其他	Others		329.0	496.9	291.1	328.2	244.2	337.5	636.2	947.5	835.7

6-2 历年水利建设施工和投产项目个数

Number of Water Projects Under-construction and Put-into-operation by Year

单位：个　　unit: unit

年份 Year	施工项目 Under-construction	#新开工项目 Newly-started Project	部分投产项目 Partially Put-into-operation	全部投产项目 Fully Put-into-operation
1990	1987	799		652
1991	2001	804		585
1992	2253	978		684
1993	2268	963		694
1994	2300	931		678
1995	2286	931		571
1996	2146	920		635
1997	2320	1091		753
1998	2932	1699		696
1999	2632	1033		722
2000	3456	1901		1106
2001	3344	1792	397	825
2002	4203	2171	827	1103
2003	5196	2834	1305	1376
2004	4307	1816	1313	1249
2005	4855	2095	1709	1407
2006	4614	2158	1596	1422
2007	4852	2203	1428	1584
2008	7529	4418	1380	2683
2009	10715	5992	1025	5499
2010	10704	5811	979	6346
2011	14623	10281	715	7968
2012	20501	13364	708	10282
2013	20266	12199		9016
2014	21630	13518		9612
2015	25184	16702		13816
2016	26331	18410		14781
2017	26698	19724		14615
2018	27930	19786		15713

注　1. 1990—2000 年以及 2014—2015 年未细分当年部分投产与全部投产，均为“全部投产项目”。
　　2. 本表只包括当年正式施工的水利工程设施项目和机构能力建设项目，不包括建设投资计划安排的水利前期、规划及专题研究等项目。

Note　1. The number of projects putting into operation is used for the data of 1989-2000 and 2014-2015, which is not separated into groups of partially-operated and fully-operated.
　　2. This table only includes water project under construction and capacity building, excluding projects conducted in the early stage such as feasibility studies, planning and special-subject studies.

6-3　2018年水利建设施工和投产项目个数（按地区分）

Number of Water Projects Under-construction and Put-into-operation in 2018 (by Region)

单位：个　　　　unit: unit

地区	Region	施工项目 Under-construction	#新开工项目 Newly-started Project	全部投产项目 Fully Put-into-operation
合　计	**Total**	**27930**	**19786**	**15713**
北　京	Beijing	168	31	2
天　津	Tianjin	128	81	81
河　北	Hebei	916	652	606
山　西	Shanxi	671	512	427
内蒙古	Inner Mongolia	580	389	323
辽　宁	Liaoning	599	474	462
吉　林	Jilin	500	371	297
黑龙江	Heilongjiang	281	256	181
上　海	Shanghai	416	159	172
江　苏	Jiangsu	1192	818	724
浙　江	Zhejiang	1365	786	486
安　徽	Anhui	1070	723	529
福　建	Fujian	1454	1092	595
江　西	Jiangxi	1630	1482	1303
山　东	Shandong	575	438	450
河　南	Henan	624	462	373
湖　北	Hubei	954	854	662
湖　南	Hunan	1482	1379	910
广　东	Guangdong	1724	659	418
广　西	Guangxi	1057	726	528
海　南	Hainan	242	167	158
重　庆	Chongqing	736	469	442
四　川	Sichuan	1882	1225	989
贵　州	Guizhou	947	702	594
云　南	Yunnan	2017	1370	950
西　藏	Tibet	404	280	245
陕　西	Shaanxi	1344	978	848
甘　肃	Gansu	1067	762	812
青　海	Qinghai	660	513	377
宁　夏	Ningxia	312	294	75
新　疆	Xinjiang	933	682	694

注　本表只包括当年正式施工的水利工程设施项目和机构能力建设项目，不包括建设投资计划安排的水利前期、规划及专题研究等项目。

Note　This table only includes water projects under construction and capacity building, excluding work conducted in the early stage of the project such as feasibility studies, planning and special-subject studies.

6-4 历年水利建设投资规模和进展

Investment and Progress of Water Project Construction by Year

单位：万元　　　　unit: 10^4 yuan

年份 Year	在建项目实际需要总投资 Total Needed Investment of Projects Under-construction	累计完成投资 Accumulation of Completed Investment	累计新增固定资产 Accumulation of Newly-increased Fixed Assets	#当年新增 Newly-increased of the Present Year	未完工程累计完成投资 Completed Investment of Uncompleted Project
2005	59195516	31451336	20427098	5741035	11016751
2006	61205439	32795254	22999308	5414850	9794480
2007	57498856	33186759	22947692	7255913	10236968
2008	66787193	38436646	25225183	8451275	13211463
2009	78208336	46208244	31295254	15546720	14912990
2010	99662055	56693583	38715221	18497877	17978362
2011	117692905	68877470	42433768	19512353	
2012	137031324	89059580	57753110	27566037	
2013	153460025	101423176	55770917	27804200	
2014	199517592	119504637	70210221	33433685	
2015	225806790	145906522	89799183	43734768	
2016	235892045	141743152	91157375	40466678	
2017	280672156	160775624	89253271	41874677	
2018	265638808	167458755	94591932	36108059	

注　本表只包括当年正式施工的水利工程设施项目和机构能力项目。

Note　The data only includes projects of water infrastructures and capacity building formally initiated in the present year.

6-5 2018年水利建设投资规模和进展（按地区分）

Investment and Progress of Water Project Construction in 2018 (by Region)

单位：万元 unit: 10^4 yuan

地区	Region	在建项目实际需要总投资 Total Needed Investment of Project under Construction	累计完成投资 Accumulation of Completed Investment	累计新增固定资产 Accumulation of Newly-increased Fixed Assets	#当年新增 Newly-increased of the Present Year
合 计	**Total**	**265638808**	**167458755**	**94591932**	**36108059**
北 京	Beijing	8936765	6179003	1120057	42680
天 津	Tianjin	932688	767985	301703	297167
河 北	Hebei	5051111	3867455	2477442	778568
山 西	Shanxi	6841093	4378781	2425871	548369
内蒙古	Inner Mongolia	8522655	4729565	1783629	1295183
辽 宁	Liaoning	5611822	4459775	3790090	469785
吉 林	Jilin	2967681	2206379	447104	247512
黑龙江	Heilongjiang	2290279	1675225	245839	136467
上 海	Shanghai	6109991	3775248	2044985	990563
江 苏	Jiangsu	13754168	8851502	7174269	3173017
浙 江	Zhejiang	28728625	16642013	7540752	2350915
安 徽	Anhui	15593338	7539653	4194206	2219617
福 建	Fujian	20298280	6788048	3932482	1691457
江 西	Jiangxi	3453509	2983860	1368560	906993
山 东	Shandong	6082166	5436893	1339490	725623
河 南	Henan	9826329	14361826	12673377	2384216
湖 北	Hubei	6607555	4790501	1513833	1262045
湖 南	Hunan	3256803	2950699	2280396	1733144
广 东	Guangdong	13952161	9355570	3843962	738276
广 西	Guangxi	5556902	3717119	2949927	1118000
海 南	Hainan	1751135	1224542	139089	89685
重 庆	Chongqing	8012165	4555109	2091331	922630
四 川	Sichuan	8241756	5772068	3737374	1334940
贵 州	Guizhou	10119463	5922555	3283402	1571311
云 南	Yunnan	23723251	10446625	5937900	2453033
西 藏	Tibet	1785605	1192531	784836	274010
陕 西	Shaanxi	11704945	6939260	4570202	1900561
甘 肃	Gansu	6027529	4535596	3040208	1148957
青 海	Qinghai	3334477	1977139	944586	432492
宁 夏	Ningxia	982023	969621	623039	330091
新 疆	Xinjiang	15582539	8466611	5991995	2540750

注 本表只包括当年正式施工的水利工程设施项目和机构能力项目。

Note The data only includes projects of water infrastructures and capacity building formally initiated in the present year.

6-6 历年水利建设投资完成额
Completed Investment for Water Project Construction by Year

单位：万元 unit: 10^4 yuan

年份 Year	完成投资合计 Total Completed Investment	中央投资 Central Government Investment	其他投资 Others
1955	35800		
1956	74200		
1957	75900		
1958	213266		
1959	245190		
1960	333941		
1961	96041		
1962	77990		
1963	86760		
1964	100800		
1965	101600		
1966	161400		
1967	145800		
1968	88100		
1969	135700		
1970	170400		
1971	210000		
1972	227900		
1973	240900		
1974	236700		
1975	260600		
1976	291400		
1977	286600		
1978	353300		
1979	370400		
1980	270700		
1981	135700		
1982	174737		
1983	211296		
1984	206828		
1985	201580		
1986	228702		
1987	271012		
1988	306454		
1989	355508		
1990	487203		
1991	648677		
1992	971670		
1993	1249260		
1994	1687353		
1995	2063156		
1996	2385240		
1997	3154061		
1998	4676865		
1999	4991476		
2000	6129331	2954199	3175132
2001	5607065	2757822	2849243
2002	8192153	4149894	4042259
2003	7434176	3124746	4309430
2004	7835450	2925784	4909666
2005	7468483	2547065	4921418
2006	7938444	2987571	4950873
2007	9448538	3550444	5898094
2008	10882012	4169558	6712455
2009	18940321	8453697	10486624
2010	23199265	9604835	13594430
2011	30860284	14353990	16506294
2012	39642358	20332106	19310252
2013	37576331	17298370	20277960
2014	40831354	16485110	24346244
2015	54522165	22312410	32209755
2016	60995861	16790762	44205099
2017	71323681	17571183	53752498
2018	66025726	17527348	48498378

6-7 历年水利建设到位投资

Allocated Investment for Water Project Construction by Year

单位：万元 unit: 10^4 yuan

年份 Year	计划投资 Planned Investment	到位投资 合计 Total Allocated Investment	中央投资 Central Government Investment	其他投资 Others
2001	8158739	5820373	3063614	2756759
2002	7873236	6985271	3552762	3432509
2003	8137149	6794217	2926763	3867454
2004	7902719	6393526	2315087	4078439
2005	8273650	7122425	2439757	4682668
2006	9327119	8404460	3428579	4975881
2007	10264653	9208767	3403233	5805533
2008	16040746	14184747	6497568	7687178
2009	17026927	17243218	6560403	10682815
2010	27075729	25800210	13639088	12161123
2011	33481528	32243193	15535845	16707349
2012	40876505	39956593	21100811	18855782
2013	39539765	38210322	17658910	20551412
2014	43450623	43114345	18049685	25064660
2015	48263718	47401460	18632804	28768656
2016	62214867	60576270	16777604	43798666
2017	71882059	70151774	17794492	52357282
2018	65980210	63938343	17529155	46409188

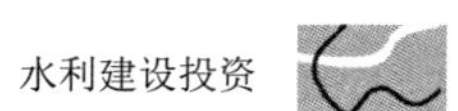

6-8 2018年水利建设到位投资和投资完成额（按地区分）

Allocated and Completed Investment of Water Project Construction in 2018 (by Region)

单位：万元　　unit: 10^4 yuan

地区	Region	计划投资 Planned Investment	到位投资 合计 Total Allocated Investment	#中央投资 Central Government Investment	地方投资 Local Government Investment	完成投资 合计 Total Completed Investment	#中央投资 Central Government Investment	地方投资 Local Government Investment
合　计	**Total**	**65980210**	**63938343**	**17529155**	**31739304**	**66025726**	**17527348**	**32595632**
北　京	Beijing	648093	597954	40267	516496	747772	56983	560867
天　津	Tianjin	240934	241225	55481	165832	339324	68553	181716
河　北	Hebei	1387637	1392021	508619	347955	1487571	648046	370049
山　西	Shanxi	955214	919763	328972	501487	1095093	332691	581517
内蒙古	Inner Mongolia	1968206	1725297	962937	561325	2004161	992008	720139
辽　宁	Liaoning	517486	529218	255180	203945	604226	263074	235614
吉　林	Jilin	754841	722397	357510	214531	853543	368067	226339
黑龙江	Heilongjiang	679374	645479	336476	270706	650377	336754	280082
上　海	Shanghai	1525167	1389236	19532	1369570	1650727	15791	1634936
江　苏	Jiangsu	4614952	4562287	466279	3384554	4544634	491049	3386977
浙　江	Zhejiang	5210464	5454197	147711	2993834	5638867	141573	3148931
安　徽	Anhui	4068443	4095880	1028898	2206092	4013896	1027869	2016376
福　建	Fujian	4001370	3987904	404944	2370733	3982968	403195	2370926
江　西	Jiangxi	2244034	2210108	608870	1015905	2166384	608320	971005
山　东	Shandong	1085147	1208937	729524	396316	1396546	740756	519205
河　南	Henan	3554631	3279165	899940	1441083	3544804	926339	1481279
湖　北	Hubei	3798814	3351412	969747	1591595	3151470	948464	1637081
湖　南	Hunan	2643726	2521548	657584	1293693	2416730	638109	1232095
广　东	Guangdong	3543830	3502014	385879	2788244	3210864	355411	2484766
广　西	Guangxi	1611846	1643620	795348	465750	1648547	822248	508566
海　南	Hainan	317795	286830	112649	136181	353336	120119	178659
重　庆	Chongqing	1592678	1570470	508484	518290	1606962	511305	541580
四　川	Sichuan	2120379	2107326	977812	861570	2181214	978276	849386
贵　州	Guizhou	3077993	2986947	611067	1892722	2991874	591930	1874314
云　南	Yunnan	4594867	4331612	1147190	1495498	4817677	1093176	1715153
西　藏	Tibet	610362	637182	541067	95812	569471	486836	82331
陕　西	Shaanxi	2528021	2530081	554488	995671	2479095	525740	945004
甘　肃	Gansu	1529554	1413441	573678	535542	1536690	580728	611576
青　海	Qinghai	682842	699562	384401	272428	764247	397848	304630
宁　夏	Ningxia	654886	587231	239067	234023	570896	218031	248671
新　疆	Xinjiang	3216626	2807999	1919553	601920	3005762	1838061	695864

注　本年投资来源中只单列中央和地方政府投资，利用外资、企业和私人投资以及贷款等投资包含在合计项目中。

Note　Only central and local government investment are listed separately in the sources of the investment in the present year and the investments of foreign capital, enterprises, private sector and bank loans are included in the total.

6-9 历年中央水利建设计划投资
Investment Plan of Central Government for Water Projects by Year

单位：万元 unit: 10^4 yuan

年份 Year	合计 Total	中央计划投资 合计 Total Investment of Central Government	国家预算内拨款 National Budget Allocation	国家预算内专项资金 Special Funds from National Budget	银行贷款 Bank Loan	水利建设基金 Water Project Construction Funds	利用外资 Foreign Investment	自筹资金 Self-raising Funds	财政专项 Special Funds	地方配套 Local Counterpart Funds
1990	538198									
1991	655166									
1992	1028934									
1993	1376411									
1994	1886707									
1995	2231891									
1996	2688028	1055600	439600		335000		185000	500	95500	1632428
1997	3384137	1368861	627800		345775	219590	166000	9696		2015276
1998	7101177	3623900	802700	2177900	326900	140000	156400	20000		3477277
1999	7035634	3376228	593800	2334410	105658	180000	149000	13360		3659406
2000	6109753	2641132	573750	1776382	15000	180000	66000	30000		3468621
2001	5731680	3799585	542912	2991024		180000	85649			1932095
2002	5731139	3210070	723500	2235070		140000	111500			2521069
2003	6562394	3272983	802500	2311472		110000	49011			3289411
2004	5239960	2788097	687420	1982876		110000	7801			2451863
2005	4955283	2715788	721895	1883644		110000	249			2239495
2006	6254734	2987103	1587945	1294158		105000				3267631
2007	6326569	3088220	1386312	1578908		120000	3000			3238349
2008	11772273	6254207	5494207			120000			640000	5518066
2009	10674744	6370307	4800307			120000			1450000	4304437
2010	18868884	9840567	7010567			150000			2680000	9028317
2011	20518583	11407487	6540567			280000			4586920	9111096
2012	24693914	16229994	8910567			275000			7044427	8463920
2013	20872164	14083113	7170764			222700			6689649	6789051
2014	24262307	16271456	7671817			61950			8385689	7990851
2015	23814269	16852176	8171117			220000			8461059	6962093
2016	20025747	14158877	8159138						5999739	5866870
2017	23603959	15585510	8935510						6650000	8018449
2018	23360456	15545932	8795932						6750000	7814524

注 1. 从2003年开始，中央水利建设计划投资包括南水北调当年投资。
2. 2007年中央水利建设计划投资不包括当年中央财政转移支付地方水利专项资金32亿元。
3. 2008年中央水利建设计划投资不包括当年小型农田水利建设中央财政专项补助资金30亿元。

Note 1. Investment plans of central government for water project construction since 2003 include those for South-North Water Diversion Project.
2. In 2007, investment plans of central government for water project construction exclude 3.2 billion yuan of Central Government funds transferred to special funds of local governments.
3. In 2008, investment plans of central government for water project construction exclude 3 billion yuan of special funds to small on-farm irrigation and drainage works from the Central Government Finance.

6-10 2018年中央水利建设计划投资（按地区分）

Investment Plan of Central Government for Water Projects in 2018 (by Region)

单位：万元 unit: 10^4 yuan

地区	Region	合计 Total	中央计划投资			地方配套			
			合计 Total Investment Plan of Central Government	国家预算内拨款 National Budget Allocation	财政专项 Financial Special Funds	Local Counterpart Funds	地方自筹 Self-raised Funds by Local Government	地方贷款 Local Loan	其他 Others
合　计	Total	23360456	15545932	8795932	6750000	7814524	6427924	1307352	79248
北　京	Beijing	23471	23471		23471				
天　津	Tianjin	35736	27736	4000	23736	8000	8000		
河　北	Hebei	482201	467588	54286	413302	14613	14613		
山　西	Shanxi	294570	275817	60714	215103	18753	18753		
内蒙古	Inner Mongolia	1281200	820475	523383	297092	460725	460725		
辽　宁	Liaoning	301417	232268	106009	126259	69149	69149		
吉　林	Jilin	447774	366176	144564	221612	81598	78409	3189	
黑龙江	Heilongjiang	12762	12762		12762				
上　海	Shanghai	517174	353460	190744	162716	163714	163714		
江　苏	Jiangsu	820778	350673	179201	171472	470105	470105		
浙　江	Zhejiang	179295	140295	11900	128395	39000	39000		
安　徽	Anhui	1948413	1021329	765196	256133	927084	897972	29112	
福　建	Fujian	679667	372940	184821	188119	306727	230479	47000	29248
江　西	Jiangxi	668997	470657	182229	288428	198340	177340	21000	
山　东	Shandong	694175	571681	271129	300552	122494	122494		
河　南	Henan	762111	616206	305874	310332	145905	145905		
湖　北	Hubei	1655735	925807	632005	293802	729928	609928	120000	
湖　南	Hunan	868212	631446	330543	300903	236766	236766		
广　东	Guangdong	275134	187702	72824	114878	87432	57432	30000	
广　西	Guangxi	830482	612631	300983	311648	217851	197412	20439	
海　南	Hainan	218731	113662	47171	66491	105069	35999	69070	
重　庆	Chongqing	631703	416359	213982	202377	215344	185344	30000	
四　川	Sichuan	1453446	875567	515543	360024	577879	429157	148722	
贵　州	Guizhou	1099902	561779	362531	199248	538123	378123	160000	
云　南	Yunnan	1584988	1116380	739604	376776	468608	458608	10000	
西　藏	Tibet	313182	313182	174424	138758				
陕　西	Shaanxi	691468	498991	244289	254702	192477	112477	80000	
甘　肃	Gansu	581557	448981	198842	250139	132576	102576	30000	
青　海	Qinghai	374162	277462	149668	127794	96700	96700		
宁　夏	Ningxia	290377	210582	90897	119685	79795	79795		
新　疆	Xinjiang	2541116	1682599	1215253	467346	858517	499697	358820	
中央直属	Organizations Directly under the Central	800520	549268	523323	25945	251252	51252	150000	50000

6-11　2018 年中央水利建设计划投资（按项目类型分）

Investment Plan of Central Government for Water Projects in 2018 (by Type)

单位：万元　　　　unit: 10^4 yuan

工 程 类 别	Type of Project	合计 Total	中央投资 Total Investment Plan of Central Government	国家预算内拨款 National Budget Allocation	财政专项 Financial Special Funds	地方配套 Local Counterpart Funds	地方自筹 Self-raised Funds by Local Government	地方贷款 Local Loan	地方其他 Others
合　计	**Total**	**23360456**	**15545932**	**8795932**	**6750000**	**7814524**	**6427924**	**1307352**	**79248**
一、中央预算内投资	**National Budget Allocation**	**16610456**	**8795932**	**8795932**		**7814524**	**6427924**	**1307352**	**79248**
（一）重大水利工程	**Major water projects**	**11260961**	**5600000**	**5600000**		**5660961**	**4303609**	**1307352**	**50000**
1. 大中型灌区续建配套	Large & Medium irrigation districts for water saving purpose	1060075	800000	800000		260075	260075		
2. 重大引调水	Major water diversion project	3494980	1477980	1477980		2017000	1618000	399000	
3. 重点水源	Main water source	1185972	557140	557140		628832	440531	188301	
4. 江河湖泊治理骨干工程	Harness of large rivers and lakes	3061320	1499991	1499991		1561329	1180890	330439	50000
5. 新建灌区	Newly-constructed irrigation districts	1163090	505550	505550		657540	506748	150792	
6. 其他	Others	1295524	759339	759339		536185	297365	238820	
（二）其他江河治理及枢纽水源	**Others water sources from restored rivers and reservoirs**	**4973441**	**2902670**	**2902670**		**2070771**	**2041523**		**29248**
1. 农村饮水安全工程	Rural safe drinking water	762670	762670	762670					
2. 主要支流	Main tributary control	1903125	1030000	1030000		873125	873125		
3. 枢纽水源		219195	146700	146700		72495	72495		
4. 中型水库	Medium-sized reservoirs	1220139	483300	483300		736839	707591		29248
5. 病险水库除险加固	Risky reservoir reinforcement	121957	80000	80000		41957	41957		
6. 病险水闸除险加固	Risky water gates reinforcement	267695	180000	180000		87695	87695		
7. 泵站更新改造	Rehabilitation of pumping station	88660	70000	70000		18660	18660		
8. 重点区域排涝能力建设	Reinforcement of drainage system capability in major areas	390000	150000	150000		240000	240000		
（三）水土保持及生态	**Soil and water conservation and ecological projects**	**242256**	**177300**	**177300**		**64956**	**64956**		
1. 水土保持（预算内）	Soil and water conservation	207851	160000	160000		47851	47851		
2. 敦煌水资源保护	Water resources conservarion of Dunhuang	34405	17300	17300		17105	17105		
（四）专项工程	**Special Projects**	**133798**	**115962**	**115962**		**17836**	**17836**		
1. 水文水资源工程	Hydrology and water resources projects	42334	25000	25000		17334	17334		
2. 部直属单位基础设施建设	Basic infrastructures	51464	50962	50962		502	502		
3. 前期工作	Early-stage work	40000	40000	40000					
二、中央财政专项资金	**Financial Special Funds**	**6750000**	**6750000**		**6750000**				

6-12 历年分资金来源中央政府水利建设投资完成额
Completed Investment of Central Government for Basic Water Project Construction by Financial Resources and Year

单位：万元　　　　unit: 10^4 yuan

年份 Year	投资完成 合计 Total Completed Investment	国家预算内拨款 National Budget Allocation	国家预算内专项资金 Special Funds from National Budget	国内贷款 Domestic Loan	债券 Bonds	水利建设基金 Water Project Construction Funds	利用外资 Foreign Investment	自筹资金 Self-raising Funds	其他 Others
2001	2757822	562460	1933136	15028		91391	131171	17807	6829
2002	4149894	656938	3191917	49200	6690	112367	114273	8692	9817
2003	3124746	537661	2319549	75825	2080	116441	24625	6890	41674
2004	2925784	845984	1891397	46866		75751	38935	8831	18020
2005	2547065	659224	1769155			90406		3499	24782
2006	2987571	1160369	1728516			70474		3389	24824
2007	3550444	1694283	1737805			83395		16833	18128
2008	4169558	2499243	1326835			215404		2660	125415
2009	8453697	6651275	694317			528613		4111	575381
2010	9604835	6077624	162274			1679759		2338	1682839
2011	14353990	5865385	18996	3459382	4219353	294695		7217	488962

年份 Year	投资完成 合计 Total Completed Investment	国家预算内拨款 National Budget Allocation	国家预算内专项资金 Special Funds from National Budget	财政专项资金 Financial Special Funds	重大水利工程建设基金 Major Water Project Construction Funds	水利建设基金 Water Project Construction Funds	自筹资金 Self-raising Funds	其他 Others
2012	20332106	9423985	49308	6263232	3961091	377388	1349	255754
2013	17298370	7739486	18037	5043911	3992849	181873	3863	318352
2014	16485110	8120690	15802	6350347	1070910	142712		784648
2015	22312410	10547144	3698	10675623	475248	66673		544023
2016	16792314	9303026		7247845	10202	9687	7728	213827
2017	17571183	10023960		7209334	65043	3790		269055
2018	17527348	9579176		7556774	205730	5870	3552	176245

注　2014 年开始，中央水利建设计划投资其他项中包括土地出让收益。

Note　The other items under the Central Government investment plan for water project construction include land sale revenues since 2014.

5-13 2018 年分资金来源中央政府水利建设投资完成额（按地区分）

Completed Investment of Central Government for Basic Water Project Construction by Financial Resources in 2018 (by Region)

单位：万元 unit: 10^4yuan

地区	Region	完成投资 合计 Total Completed Investment	国家预算内拨款 National Budget Allocation	财政专项资金 Financial Special Funds	水利建设基金 Water Project Construction Funds	重大水利工程建设基金 Major Water Project Construction Funds	自筹资金 Self-raising Funds	其他 Others
合 计	**Total**	**17527348**	**9579176**	**7556774**	**5870**	**205730**	**3552**	**176245**
北 京	Beijing	56983	29762	22220		5000		
天 津	Tianjin	68553	9358	59195				
河 北	Hebei	648046	87213	560833				
山 西	Shanxi	332691	98328	234363				
内蒙古	Inner Mongolia	992008	652917	336822				2269
辽 宁	Liaoning	263074	112177	150897				
吉 林	Jilin	368067	197858	170209				
黑龙江	Heilongjiang	336754	147520	184786	4442		6	
上 海	Shanghai	15791	6770	9021				
江 苏	Jiangsu	491049	254303	234808		1938		
浙 江	Zhejiang	141573	10104	124919				6550
安 徽	Anhui	1027869	767159	260710				
福 建	Fujian	403195	184794	213401				5000
江 西	Jiangxi	608320	241927	366393				
山 东	Shandong	740756	420471	314038		6247		
河 南	Henan	926339	428658	305136		192545		
湖 北	Hubei	948464	635053	313411				
湖 南	Hunan	638109	322655	315455				
广 东	Guangdong	355411	82414	268635				4362
广 西	Guangxi	822248	472118	350130				
海 南	Hainan	120119	45868	74216				35
重 庆	Chongqing	511305	207714	303591				
四 川	Sichuan	978276	583839	383055				11382
贵 州	Guizhou	591930	390030	199943				1957
云 南	Yunnan	1093176	724307	368869				
西 藏	Tibet	486836	303583	172735			3546	6973
陕 西	Shaanxi	525740	235307	267044				23389
甘 肃	Gansu	580728	205868	299652				75207
青 海	Qinghai	397848	253064	143354				1430
宁 夏	Ningxia	218031	91285	123725				3020
新 疆	Xinjiang	1838061	1376754	425208	1428			34671

6-14 历年分资金来源地方政府水利建设投资完成额

Completed Investment of Local Government Funding for Water Project Construction by Financial Resources and Year

单位：万元 unit: 10^4 yuan

年份 Year	完成投资 合计 Total Completed Investment	国家预算内拨款 National Budget Allocation	国家预算内专项资金 Special Funds from National Budget	国内贷款 Domestic Loan	债券 Bonds	水利建设基金 Water Project Construction Funds	利用外资 Foreign Investment	自筹资金 Self-raising Funds	其他 Others
2000	3175132	228710	40862	437885	20233	188800	96164	1885598	276880
2001	2849243	328967		310452	12744	118488	144344	1724053	210195
2002	4042259	472630		502878	5045	163528	88225	2478586	331367
2003	4309430	520660	26544	838338		178465	78795	2464967	201661
2004	4909666	412915	31012	979490		212152	83381	2954103	236614
2005	3153043	671408	24481			212292		1911277	333585
2006	3328865	771171	118653			290750		1781509	366782
2007	4323681	1005975	219184			594419		2182566	321537
2008	4988317	1404392	277876			389544		2350969	565535
2009	8088050	2648216	593286			526050		3334543	985954
2010	9188067	3102910	785587			472065		3159588	1667918

年份 Year	完成投资 合计 Total Completed Investment	国家预算内拨款 National Budget Allocation	国家预算内专项资金 Special Funds from National Budget	财政专项资金 Financial Special Funds	重大水利工程建设基金 Major Water Project Construction Funds	水利建设基金 Water Project Construction Funds	土地出让收益 Land Revenue	自筹资金 Self-raising Funds	其他 Others
2011	12236742	3122803	272666	2188692	158941	501415	121455	4061132	1809637
2012	14644959	3490796	204461	3778785	387799	823099	256976	3502871	2200172
2013	15420031	3628048	109293	4330599	256673	898681	207592	3602855	2386289
2014	18624883	4699739	8147	5242028	296632	1181742	294426	3398976	3503193
2015	25546426	4949487	138296	8245790	328895	1354664	448265	5731487	4349541

年份 Year	完成投资 合计 Total Completed Investment	省级 Provincial Level	地市级 Prefecture/City Level	县级 County Level
2016	28982085	11841645	6464749	10675691
2017	35781893	13777335	7760770	14243788
2018	32595632	12260908	6841351	13493373

注 本表的国家预算内专项资金是通过其他渠道下达的中央转贷地方国债资金。2011 年、2012 年、2013 年、2014 年、2015 年“其他”中含水资源费完成投资。

Note The special funds from national budget in this table are sourced from national bonds transferred from the Central Government to local government. The “Others” of 2011, 2012, 2013, 2014 and 2015 in the table include completed investment sourced from water resources fee.

6-15　2018 年分资金来源地方政府水利建设投资完成额（按地区分）

Completed Investment of Local Government Funding for Water Project Construction by Financial Resources in 2018 (by Region)

单位：万元　　unit: 10^4 yuan

地区	Region	完成投资 合计 Total Completed Investment	省级 Provincial Level	地市级 Prefecture/City Level	县级 County Level
合　计	**Total**	**32595632**	**12260908**	**6841351**	**13493373**
北　京	Beijing	560867	313403	247464	
天　津	Tianjin	181716	136301	44292	1123
河　北	Hebei	370049	97080	94498	178470
山　西	Shanxi	581517	373870	95492	112156
内蒙古	Inner Mongolia	720139	515163	80161	124815
辽　宁	Liaoning	235614	223578	3893	8142
吉　林	Jilin	226339	179178	16161	31000
黑龙江	Heilongjiang	280082	173114	16090	90878
上　海	Shanghai	1634936	1215981	358190	60765
江　苏	Jiangsu	3386977	737220	703477	1946279
浙　江	Zhejiang	3148931	635561	534833	1978538
安　徽	Anhui	2016376	894812	460225	661339
福　建	Fujian	2370926	288894	700742	1381290
江　西	Jiangxi	971005	358529	78032	534444
山　东	Shandong	519205	262546	101184	155475
河　南	Henan	1481279	372444	884839	223995
湖　北	Hubei	1637081	568157	707465	361460
湖　南	Hunan	1232095	409584	135518	686993
广　东	Guangdong	2484766	470473	443384	1570909
广　西	Guangxi	508566	311796	100033	96737
海　南	Hainan	178659	126468	3460	48732
重　庆	Chongqing	541580	244971	3400	293210
四　川	Sichuan	849386	405577	154191	289617
贵　州	Guizhou	1874314	753792	149711	970811
云　南	Yunnan	1715153	562401	271928	880824
西　藏	Tibet	82331	65947	6755	9628
陕　西	Shaanxi	945004	507786	195004	242214
甘　肃	Gansu	611576	204018	142200	265358
青　海	Qinghai	304630	251578	6552	46500
宁　夏	Ningxia	248671	145917	20409	82345
新　疆	Xinjiang	695864	454771	81768	159325

6-16 历年分中央和地方项目水利建设投资完成额

Completed Investment for Water Project Construction Divided by Central and Local Governments and Year

单位：万元　　　　unit: 10^4 yuan

年份 Year	完成投资合计 Total Completed Investment	中央项目完成投资 Completed Investment of Central Government Projects	#国家预算内投资 Investment from National Budget	地方项目完成投资 Completed Investment of Local Government Projects	#国家预算内投资 Investment from National Budget
2001	5607065				
2002	8192153	1250858	893363	6941295	3427941
2003	7434176	964952	643859	6469224	2760555
2004	7835450	1429738	566833	6405712	692066
2005	7468483	1227628	988583	6240855	2438382
2006	7938444	1610784	650071	6327660	510299
2007	9448538	1544575	1380809	7903963	3954252
2008	10882012	1092053	845889	9789959	5267405
2009	18940321	2068697	1458349	16871624	10183409
2010	23199265	4427984	2619536	18771281	9054547
2011	30860284	5974864	4732388	24885419	15369941
2012	39642358	6654250	5474212	32988108	23285733
2013	37576331	4304507	4221775	33271824	21078994
2014	40831354	1436675	1368284	39394679	33741709
2015	54522165	1090890	855888	53431275	20912499
2016	60995861	887197	592292	60108665	
2017	71323681	1126919	896667	70196761	
2018	66025726	1165868	754726	64859858	

注　国家预算内投资包括预算内拨款（指财政预算内经营性或非经营性资金支出）、预算内专项资金和水利建设基金。

Note　Investment from national budget includes allocation from budget (here refers to business and non-business expenditure from national budget), special funds from budget and water project construction funds.

6-17 2018年分中央和地方项目水利建设投资完成额（按地区分）
Completed Investment for Water Project Construction Divided by Central and Local Governments in 2018 (by Region)

单位：万元 unit: 10^4 yuan

地区	Region	完成投资合计 Total Completed Investment	中央项目完成投资 Completed Investment of Central Government Projects	#国家预算内投资 Investment from National Budget	#国家预算内拨款 Allocation from National Budget	地方项目完成投资 Completed Investment of Local Government Projects	中央投资 Central Government Investment	地方投资 Local Government Investment
合　计	**Total**	**66025726**	**1165868**	**754726**	**548996**	**64859858**	**16772622**	**32495445**
北　京	Beijing	747772	42070	32191	27191	705702	24791	558705
天　津	Tianjin	339324	4758	4758	4758	334566	63795	181716
河　北	Hebei	1487571	8995	995	995	1478576	647051	366049
山　西	Shanxi	1095093	280	280	280	1094813	332411	581517
内蒙古	Inner Mongolia	2004161	4656	3906	3906	1999505	988102	719579
辽　宁	Liaoning	604226				604226	263074	235614
吉　林	Jilin	853543	2294	2294	2294	851249	365773	226339
黑龙江	Heilongjiang	650377	1014	1014	1014	649363	335740	280082
上　海	Shanghai	1650727	6770	6770	6770	1643957	9021	1634936
江　苏	Jiangsu	4544634	8930	8930	6992	4535705	482120	3385593
浙　江	Zhejiang	5638867	4	4	4	5638863	141569	3148931
安　徽	Anhui	4013896	4284	4284	4284	4009612	1023585	2016376
福　建	Fujian	3982968				3982968	403195	2370926
江　西	Jiangxi	2166384				2166384	608320	971005
山　东	Shandong	1396546	156035	150761	144514	1240511	589995	519205
河　南	Henan	3544804	448330	311735	119190	3096475	614604	1424697
湖　北	Hubei	3151470	12597	11553	11553	3138873	936911	1637081
湖　南	Hunan	2416730				2416730	638109	1232095
广　东	Guangdong	3210864	7344	7344	7344	3203519	348066	2484766
广　西	Guangxi	1648547	410051	160451	160451	1238496	661797	473066
海　南	Hainan	353336				353336	120119	178659
重　庆	Chongqing	1606962				1606962	511305	541580
四　川	Sichuan	2181214	829	829	829	2180385	977447	849386
贵　州	Guizhou	2991874	397	397	397	2991477	591532	1874314
云　南	Yunnan	4817677	359	359	359	4817318	1092817	1715153
西　藏	Tibet	569471				569471	486836	82331
陕　西	Shaanxi	2479095	1222	1222	1222	2477873	524518	945004
甘　肃	Gansu	1536690				1536690	580728	611576
青　海	Qinghai	764247	44650	44650	44650	719597	353198	304630
宁　夏	Ningxia	570896				570896	218031	248671
新　疆	Xinjiang	3005762				3005762	1838061	695864

注　国家预算内投资包括预算内拨款（指财政预算内经营性或非经营性资金支出）、预算内专项资金和水利建设基金。

Note　Investments from national budget include allocation from budget (here refers to business and non-business expenditure from national budget), and special funds from budget and water project construction funds.

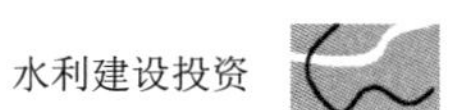

6-18 历年分资金来源水利建设投资完成额（一）
Completed Investment for Water Project Construction by Financial Sources and Year（1）

单位：万元 unit: 10^4 yuan

年份 Year	完成投资合计 Total Completed Investment	国家投资 National Investment	国内贷款 Domestic Loan	债券 Bonds	水利建设基金 Water Project Investment Funds	企业和私人投资 Company and Private Investment	利用外资 Foreign Investment	自筹投资 Self-raising Funds	以工代赈 Labor for Subsidy	其他 Others
1989	355508	227082	14537				11131	86035		16723
1990	487203	278314	20532				22100	135075		31182
1991	648677	339331	48209				59562	172800		28775
1992	1092231	365583	90528				54233	302079	120561	159247
1993	1352846	388237	234441				60343	376303	112057	181465
1994	1687140	421409	389491				148003	500900		227337
1995	2062088	529962	476092				247177	564120		244737
1996	2432539	668533	527637	595			246354	728528	47301	213591
1997	3154061	860940	456094	5040	199311		330697	1010467		291512

年份 Year	完成投资合计 Total Completed Investment	国家预算内拨款 National Budget Allocation	国家预算内专项资金 Special Funds from National Budget	财政专项资金 Financial Special Funds	国内贷款 Domestic Loan	债券 Bonds	水利建设基金 Water Project Investment Funds	企业和私人投资 Company and Private Investment	利用外资 Foreign Investment	自筹投资 Self-raising Funds	其他 Others
1998	4676865	995338	1107358		562135		180526		209127	1302536	319845
1999	4991476	857574	1398239		369829	219563	236018		203968	1409224	297061
2000	6129331	722894	2152266		478405	30355	322969		232487	1900309	289646
2001	5607065	891427	1933136		325480	12744	209879		275515	1741860	217024
2002	8192153	1129568	3191917		552078	11735	275895		202498	2487278	341184
2003	7434176	1058321	2346093		914163	2080	294907		103420	2471857	243335
2004	7835450	1258899	1922409		1026356		287902		122315	2962934	254634
2005	7468483	1330632	1793636		941809		302698	507175	192643	1914776	485114
2006	7938444	1931541	1847169		806606		361223	338470	143434	1784897	725104
2007	9448538	2700258	1956989		833576	400	677814	383498	94756	2199398	601848
2008	10882012	3903636	1604711		969469		604949	358735	105085	2353630	981800
2009	18940321	9299491	1287604		1528610		1054664	414027	75675	3338654	1941596
2010	23199265	9180534	947861		3374355	25299	2151824	480135	13058	3161926	3864273
2011	30860284	8988189	291662	5648074	2703080	38614	796110	749193	44176	4068349	7532837
2012	39642358	12914781	253770	10042017	2655028	51882	1200487	1133757	41295	3504219	7845122
2013	37576331	11367534	127330	9374510	1726871	17221	1080554	1607082	85724	3606718	8582786
2014	40831354	12820428	23949	11592375	2996401		2691996	899416	43286	3398976	6364525
2015	54522165	15496631	141994	18921413	3386394	4461	1421337	1879054	75704	5731487	7463690
2016	60995861	14904073		16735628	8460963	38335	1925075	3031110	69814	6493719	9337144

注 2011年、2012年、2013年、2014年和2015年"其他"投资中含重大水利工程建设基金，分别为437.8亿元、434.9亿元、412.6亿元、136.8亿元和80.4亿元。

Note "Others" of 2011, 2012, 2013, 2014 and 2015 in the table, including the Major Water Project Construction Funds, are 43.78 billion yuan, 43.49 billion yuan, 41.26 billion yuan, 13.68 billion yuan and 8.04 billion yuan respectively.

6-19 历年分资金来源水利建设投资完成额（二）

Completed Investment for Water Project Construction by Financial Sources and Year（2）

年份 Year	完成投资合计 Total Completed Investment	政府投资[①] Government Investment	中央 Central	地方 Local	利用外资 Foreign Investment	企业和私人投资 Company and Private Investment	国内贷款 Domestic Loan	债券 Bonds	其他 Others
2005	7468483	5700108	2547065	3153043	192643	507175	941809		126747
2006	7938444	6316436	2987571	3328865	143434	338470	806606	333498	
2007	9448538	7874125	3550444	4323681	94756	383498	833576	400	262183
2008	10882012	9157875	4169558	4988317	105085	358735	969469		290849
2009	18940321	16541747	8453697	8088050	75675	414027	1528610	63912	316349
2010	23199265	18792902	9604835	9188067	13058	480135	3374355	25299	513516
2011	30860284	26590732	14353990	12236742	44176	749193	2703080	38614	734489
2012	39642358	34977066	20332106	14644959	41295	1133757	2655028	51882	783330
2013	37576331	32718401	17298370	15420031	85724	1607082	1726871	17221	1421031
2014	40831354	35109993	16485110	18624883	43286	899416	2996401	17200	1765057
2015	54522165	47858836	22312410	25546426	75704	1879054	3386394	4461	1316967
2016	60995861	45774399	16792314	28982085	69814	4247073	8795486	38335	2070754
2017	71323681	53353077	17571183	35781893	80395	6007904	9257656	265419	2359231
2018	66025726	50122981	17527348	32595632	48936	5650623	7524538	415948	2262701

① 政府投资指中央及地方各级政府完成的水利建设的各项财政资金（包括预算内非经营性基金、国债专项资金和水利建设基金等）和政府部门自筹投资等。

① Government investment refers to all sorts of financial funds from Central Government and local governments at all levels (including non-business funds from budget, special funds and bonds and water project construction funds) and self-raising funds of governmental departments.

6-20 2018年分资金来源水利建设投资完成额（按地区分）

Completed Investment for Water Project Construction by Financial Sources in 2018 (by Region)

单位：万元 unit: 10^4 yuan

地区	Region	完成投资合计 Total Completed Investment	政府投资[①] Government Investment	中央 Central	地方 Local	利用外资 Foreign Investment	企业和私人投资 Company and Private Investment	国内贷款 Domestic Loan	债券 Bonds	其他 Others
合 计	**Total**	**66025726**	**50122981**	**17527348**	**32595632**	**48936**	**5650623**	**7524538**	**415948**	**2262701**
北 京	Beijing	747772	617849	56983	560867		121324	8095		504
天 津	Tianjin	339324	250270	68553	181716		64567			24487
河 北	Hebei	1487571	1018095	648046	370049		152963	305050		11464
山 西	Shanxi	1095093	914208	332691	581517		20769	128108		32008
内蒙古	Inner Mongolia	2004161	1712147	992008	720139		214116	18552		59346
辽 宁	Liaoning	604226	498687	263074	235614		15779	89760		
吉 林	Jilin	853543	594406	368067	226339		18494	221106	6599	12938
黑龙江	Heilongjiang	650377	616836	336754	280082		8600	8147	6259	10535
上 海	Shanghai	1650727	1650727	15791	1634936					
江 苏	Jiangsu	4544634	3878026	491049	3386977		439487	217480	9641	
浙 江	Zhejiang	5638867	3290504	141573	3148931	3619	396027	1105308		843408
安 徽	Anhui	4013896	3044245	1027869	2016376		5696	943060		20895
福 建	Fujian	3982968	2774121	403195	2370926		558398	235233	21069	394148
江 西	Jiangxi	2166384	1579325	608320	971005	14460	384086	121307		67206
山 东	Shandong	1396546	1259961	740756	519205		2892	130579		3115
河 南	Henan	3544804	2407617	926339	1481279		628214	482366	1070	25537
湖 北	Hubei	3151470	2585546	948464	1637081		29744	190995	229137	116049
湖 南	Hunan	2416730	1870204	638109	1232095		215573	310786		20166
广 东	Guangdong	3210864	2840177	355411	2484766		107603	157165	17880	88040
广 西	Guangxi	1648547	1330814	822248	508566		53253	252439	9613	2428
海 南	Hainan	353336	298779	120119	178659		44557		10000	
重 庆	Chongqing	1606962	1052885	511305	541580	17356	328686	190084	17703	248
四 川	Sichuan	2181214	1827662	978276	849386		89529	226448		37575
贵 州	Guizhou	2991874	2466243	591930	1874314		88350	422421		14861
云 南	Yunnan	4817677	2808329	1093176	1715153	555	1151176	652365	19718	185534
西 藏	Tibet	569471	569168	486836	82331					303
陕 西	Shaanxi	2479095	1470744	525740	945004		290823	698914	14020	4594
甘 肃	Gansu	1536690	1192303	580728	611576	244	19413	201690	53130	69910
青 海	Qinghai	764247	702478	397848	304630	7170		43230	110	11259
宁 夏	Ningxia	570896	466701	218031	248671		104195			
新 疆	Xinjiang	3005762	2533925	1838061	695864	5532	96310	163851		206144

① 政府投资指中央及地方各级政府完成的水利建设的各项财政资金（包括预算内非经营性基金、国债专项资金和水利建设基金等）和政府部门自筹投资等。

① Government investment refers to all sorts of financial funds from Central Government and local governments at all levels (including non-business funds from budget, special funds and bonds and water project construction funds) and self-raising funds of governmental departments.

6-21 历年分用途水利建设投资完成额
Completed Investment for Water Project Construction by Function and Year

单位：万元 unit: 10^4 yuan

年份 Year	完成投资 合计 Total Completed Investment	水库 Reservoir	防洪 Flood Control	灌溉 Irrigation	除涝 Drainage	供水 Water Supply	水电 Hydropower	水保及生态 Soil Conservation and Ecological Restoration	机构能力建设 Capacity Building	前期工作 Early-stage Work	其他 Others
1960	333941	171127	10196	117441	7804						27373
1961	96041	60217	2629	16339	3161						13696
1962	77990	40899	2966	9586	5773						18766
1963	86760	43349	9735	10915	15006						7755
1979	370400	99352	36856	96545	44911						92736
1980	270700	91673	29628	61211	27240						60948
1981	135700	52191	20783	23579	7469						31678
1982	174737	51607	8641	28606	8323						77560
1983	211296	56110	20271	36301	10250						88364
1984	206828	56174	23682	42147	13752						71073
1985	201580	53477	32567	43146	14887						57503
1986	228702	53937	43456	46689	12542	12272					59806
1987	271012	75211	58208	51691	17169	5222					63511
1988	306454	82400	71690	59632	17501	2533					72698
1989	355508	105133	72675	73017	20855	3674					80154
1990	487203	135140	102015	105913	21430	35619					87086
1991	648677	139023	138463	123888	28583	55188	98356				65176
1992	971670	198994	221794	161717	50616	95338	154145				89066
1993	1249260	308558	236551	176821	39098	119747	243324				125161
1994	1687353	436379	242735	162911	57023	237327	393176				157802
1995	2063156	589771	318514	182524	68919	139079	581660				182689
1996	2385240	919545	362152	231447	73659	143625	486151				168661
1997	3154061	1001367	510191	307183	65073	284668	791548				194031
1998	4676865	1131204	1570617	591833	91479	277736	704240				309756
1999	4991576	1122989	2266682	280571	109693	287314	473833	120034			330460
2000	6129331	960273	3049937	537250	110118	410900	563284	182927			314642
2001	5607065		3083006	703721	112183	806205	301137	176624	192108	88888	143538
2002	8192153		4407481	1000174	103544	1515592	466745	319977	169155	68250	141236
2003	7434176		3350814	1045892	88164	1206149	622774	519068	161628	93008	346678
2004	7835450		3579295	875545	90180	1307918	715307	587101	71699	103206	505200
2005	7468483		2781555	1065966	146744	1165206	654724	391856	224008	102562	935862
2006	7938444		2787116	1094704	94098	2082293	573234	422184	65560	136359	682897
2007	9448538		2985677	1039159	199132	3011747	664919	603164	88527	116046	740166
2008	10882012		3465187	1165918	235203	3512571	773709	768749	106007	160441	694229
2009	18940321		6287388	2482320	460735	6178105	720419	867355	106040	158802	1679157
2010	23199265		6635903	3342666	210569	7362713	1053896	858998	195615	248711	3290195
2011	30860284		9962265	4691165	220764	8150170	1090134	953860	402459	420380	4969087
2012	39642358		13942837	6344734	316750	12770928	1171955	1181181	595519	407417	2911038
2013	37576331		13044565	6717187	313072	10614102	1644196	1028920	525410	407346	3281531
2014	40831354		14674482	8230453	551045	10291072	2169022	1412978	409444	650643	2442215
2015	54522165		18791182	13917741	511348	13165716	1520851	1929413	292403	1019151	3374362
2016	60995861		19425029	13599045	1345090	12252598	1666460	4037228	569347	1740192	6360871
2017	71323681		22375176	13706228	2012660	13342899	1458477	6826407	314856	1812265	9474713
2018	66025726		20037244	11724463	1716342	13775575	1209965	7414886	469956	1320205	8357090

注 1998年前未细分出水保及生态，均放于“其他”中；2001年以后，水库投资已按用途分摊到有关工程类型中。

Note Soil and water conservation and ecological restoration projects are grouped into “other projects” before the year of 1998. After the year of 2001, the investment of reservoir has been grouped into other projects in accordance with its function.

6-22 2018 年分用途水利建设投资完成额（按地区分）
Completed Investment for Water Project Construction by Function in 2018 (by Region)

单位：万元 unit: 10^4 yuan

地区	Region	完成投资 合计 Total Completed Investment	防洪 Flood Control	灌溉 Irrigation	除涝 Drainage	供水 Water Supply	水电 Hydropower	水保及生态 Soil Conservation and Ecological Restoration	机构能力建设 Capacity Building	前期工作 Early-stage Work	其他 Others
合 计	**Total**	**66025726**	**20037244**	**11724463**	**1716342**	**13775575**	**1209965**	**7414886**	**469956**	**1320205**	**8357090**
北 京	Beijing	747772	201431	17069		169322		319935	5613	13267	21135
天 津	Tianjin	339324	43611	21103	11764	129329		85777	6940	10313	30487
河 北	Hebei	1487571	466328	322338	8499	168520	1561	255951	4810	22989	236575
山 西	Shanxi	1095093	221738	152751	4562	325596	16431	136247	9250	60380	168138
内蒙古	Inner Mongolia	2004161	311753	552635		194780	89665	134095	10189	9293	701751
辽 宁	Liaoning	604226	121532	81178	4567	348062	345	33607	9499	3010	2427
吉 林	Jilin	853543	249232	170075	655	272129	2410	112505	5469	1956	39112
黑龙江	Heilongjiang	650377	164823	164225	568	211339	3021	19636	17608	6969	62187
上 海	Shanghai	1650727	800993	108668	43599			381487	18162	50285	247534
江 苏	Jiangsu	4544634	1735596	542599	258001	855888	929	777356	21481	113775	239009
浙 江	Zhejiang	5638867	2288708	240383	342483	936468	34683	385567	9430	301911	1099234
安 徽	Anhui	4013896	1583131	603211	98779	262254	6962	413358	11601	7233	1027367
福 建	Fujian	3982968	1494776	222971	164466	375191	46216	649226	16823	126366	886931
江 西	Jiangxi	2166384	658832	337233	53403	435924	84555	228881	46828	10404	310323
山 东	Shandong	1396546	535096	404623	85148	187710		24452	7690	2287	149540
河 南	Henan	3544804	674094	358336	39602	911287	5182	917561	10376	83820	544547
湖 北	Hubei	3151470	1224952	277262	271902	234064	89881	278697	31351	80234	663126
湖 南	Hunan	2416730	1039995	527227	54657	402593	50632	207909	70130	26682	36906
广 东	Guangdong	3210864	1864137	139858	165282	524724	33568	116705	23897	25025	317668
广 西	Guangxi	1648547	486128	469025	14724	180997	262840	42923	8712	14969	168230
海 南	Hainan	353336	61280	188877	8874	81349		4654	1643	6437	223
重 庆	Chongqing	1606962	418216	293391	7687	533756	90023	87667	34760	44998	96464
四 川	Sichuan	2181214	494424	935049	22335	302366	5323	88438	11342	73028	248909
贵 州	Guizhou	2991874	496778	642692	13201	1312058	163437	240683	6619	44658	71747
云 南	Yunnan	4817677	827606	1695877	14425	1526469	38974	374121	13013	32242	294950
西 藏	Tibet	569471	110767	179098	756	155903	20645	22966	6195	2543	70597
陕 西	Shaanxi	2479095	442037	254311	22181	809466	96056	505261	21757	76642	251384
甘 肃	Gansu	1536690	267007	298904	415	657888	1704	151452	4798	7816	146708
青 海	Qinghai	764247	118429	325761	135	111360	32790	85913	4659	20507	64692
宁 夏	Ningxia	570896	103118	235982	2270	87503		128138	25	1371	12489
新 疆	Xinjiang	3005762	530696	961749	1400	1071281	32130	203717	19288	38797	146703

6-23 历年各水资源分区水利建设投资完成额

Completed Investment for Water Project Construction by Water Resources Sub-region and Year

单位：亿元　　unit: 10^8 yuan

年份 Year	完成投资合计 Total Completed Investment	松花江区 Songhua River	辽河区 Liaohe River	海河区 Haihe River	黄河区 Yellow River	淮河区 Huaihe River	长江区 Yangtze River	珠江区 Pearl River	东南诸河区 Rivers in Southeast	西南诸河区 Rivers in Southwest	西北诸河区 Rivers in Northwest
1980	27.07	1.15	0.53	2.73	4.47	2.79	7.12	1.41			
1985	20.16	0.73	0.41	2.55	4.20	1.81	5.25	1.52			
1990	48.72	2.25	3.01	4.06	8.86	3.92	14.75	4.66			
1991	64.87	2.39	3.00	3.88	11.08	5.99	18.84	9.51			
1992	97.17	4.71	3.62	6.40	16.35	9.37	32.11	12.26			
1993	124.93	3.77	6.20	11.62	24.26	7.74	39.27	13.49			
1994	168.74	6.13	5.21	12.38	33.36	12.08	51.47	21.04			
1995	206.32	5.38	6.96	14.00	52.51	16.15	59.88	17.38			
1996	238.52	4.08	3.63	20.34	68.03	17.17	58.17	21.95			
1997	315.41	5.01	2.81	20.91	92.58	18.25	72.32	38.39			
1998	467.56	13.47	3.54	31.28	116.17	29.78	125.73	50.36			
1999	499.16	6.29	26.4	21.44	104.67	33.85	157.97	43.47			
2000	612.93	9.42	24.23	47.21	95.84	38.25	218.37	62.45			
2001	560.71	16.49	7.47	33.54	100.03	32.83	186.58	50.86			
2002	819.22	38.95	12.43	62.20	108.50	46.20	283.38	77.17			
2003	743.42	41.54	10.19	61.83	86.86	51.32	210.65	66.39			
2004	783.55	32.63	11.54	55.43	108.92	84.52	207.31	69.22			
2005	746.85	30.89	21.77	51.60	95.04	80.70	210.76	81.38	91.17	16.83	66.69
2006	793.84	31.44	23.88	112.82	78.46	87.15	219.32	76.83	73.69	16.48	73.80
2007	944.85	33.13	28.55	101.84	111.53	130.89	290.87	75.21	75.59	21.85	75.40
2008	1088.20	38.20	40.88	81.91	123.09	118.48	375.07	100.30	88.54	25.79	95.95
2009	1894.03	73.67	81.11	160.97	281.24	206.18	614.21	195.60	117.72	38.41	124.91
2010	2319.93	74.47	53.95	247.07	341.84	171.35	808.78	262.40	169.50	64.49	126.09
2011	3086.03	124.36	75.43	220.53	528.32	225.73	1230.97	285.94	194.66	68.42	131.67
2012	3964.24	198.92	111.42	274.40	709.14	288.06	1487.49	294.51	293.46	118.04	188.79
2013	3757.63	106.49	125.95	330.83	386.57	366.86	1713.12	256.09	64.95	157.19	249.57
2014	4083.14	235.93	152.26	362.67	354.91	375.22	1712.14	312.55	239.56	163.86	174.04
2015	5452.22	428.96	178.11	533.72	512.35	506.46	1697.25	568.15	458.18	264.21	304.84
2016	6099.59	387.14		552.87	605.33	594.23	1954.70	667.17	765.04	255.44	317.65
2017	7132.37	269.98	83.18	491.54	720.64	568.36	2590.92	747.39	904.66	247.88	507.82
2018	6602.57	290.39	62.39	342.00	667.42	592.37	2441.24	712.79	880.15	245.54	368.29

注 2005年以前，本表按照流域统计当年投资完成额，其中东南诸河区、西南诸河区、西北诸河区未作细分。2016年松花江区含辽河区数据。

Note Before the year of 2005, the completed investment of the year in this table is calculated based on river basins, and the data of rivers in southeast, rivers in southwest, rivers in northwest, are not given. The data of Liaohe River is included in the Songhua River in 2016.

6-24 2018年各水资源分区水利建设投资完成额（按地区分）

Completed Investment for Water Project Construction by Water Resources Sub-region in 2018 (by Region)

单位：万元　　　　unit: 10^4 yuan

地区	Region	完成投资 合计 Total Completed Investment	松花江区 Songhua River	辽河区 Liaohe River	海河区 Haihe River	黄河区 Yellow River	淮河区 Huaihe River	长江区 Yangtze River	珠江区 Pearl River	东南诸河区 Rivers in Southeast	西南诸河区 Rivers in Southwest	西北诸河区 Rivers in Northwest
合　计	**Total**	**66025726**	**2903871**	**623851**	**3420019**	**6674153**	**5923716**	**24412428**	**7127862**	**8801531**	**2455393**	**3682901**
北　京	Beijing	747772			747772							
天　津	Tianjin	339324			339324							
河　北	Hebei	1487571			1487571							
山　西	Shanxi	1095093			401130	693963						
内蒙古	Inner Mongolia	2004161	1419731		13008	488501						82921
辽　宁	Liaoning	604226	2729	601343	155							
吉　林	Jilin	853543	831034	22508								
黑龙江	Heilongjiang	650377	650377									
上　海	Shanghai	1650727						1650727				
江　苏	Jiangsu	4544634					1939571	2605063				
浙　江	Zhejiang	5638867						820303		4818564		
安　徽	Anhui	4013896					987253	3026643				
福　建	Fujian	3982968								3982968		
江　西	Jiangxi	2166384						2166384				
山　东	Shandong	1396546			190124	318937	887486					
河　南	Henan	3544804			240935	1118098	2109406	76366				
湖　北	Hubei	3151470						3151470				
湖　南	Hunan	2416730						2372607	44122			
广　东	Guangdong	3210864							3210864			
广　西	Guangxi	1648547						34322	1614225			
海　南	Hainan	353336							353336			
重　庆	Chongqing	1606962						1606962				
四　川	Sichuan	2181214				9543		2171671				
贵　州	Guizhou	2991874						1957081	1034793			
云　南	Yunnan	4817677						2061462	870522		1885693	
西　藏	Tibet	569471									569471	
陕　西	Shaanxi	2479095				1918635		560460				
甘　肃	Gansu	1536690				1037690		129304				369696
青　海	Qinghai	764247				517891		21603			230	224522
宁　夏	Ningxia	570896				570896						
新　疆	Xinjiang	3005762										3005762

6-25 历年分隶属关系水利建设投资完成额

Completed Investment for Water Project Construction by Ownership and Year

单位：万元 unit: 10^4 yuan

年份 Year	完成投资合计 Total Completed Investment	中央属 Central Government	省属 Provincial Governments	地市属 Prefectures and Cities	县属 Counties	其他 Others
2000	6129331	1385363	2465371	1187976	974035	116586
2001	5607065	1219487	2237784	1070939	976605	102250
2002	8192153	1250858	3454247	1818716	1668332	
2003	7434176	964952	3239531	1458719	1699661	71313
2004	7835450	1429738	2900010	1642748	1518628	343126
2005	7468483	1227628	2548527	1882009	1579786	230533
2006	7938444	1610784	2260775	2010232	1825458	231196
2007	9448538	1544575	2891368	2389052	2266202	357341
2008	10882012	1092053	3193009	2675569	3667281	254100
2009	18940321	2068697	4693782	4906296	7119662	151884
2010	23199265	4427984	5147607	4886393	8160858	576423
2011	30860284	5974864	5766091	5401723	13539071	178534
2012	39642358	6654250	7100709	6133605	19751460	2333
2013	37576331	4304507	7201760	5405134	20578714	86216
2014	40831354	1436675	8882262	5732513	24660484	119421
2015	54522165	1090890	12009713	8324721	32395780	701061
2016	60995861	887197	12969444	12188351	34425189	525681
2017	71323681	1126919	13904614	13437179	42827706	27262
2018	66025726	1165868	11024225	11898439	41856591	80602

6-26　2018年分隶属关系水利建设投资完成额（按地区分）

Completed Investment for Water Project Construction by Ownership in 2018 (by Region)

单位：万元　　　　unit: 10^4 yuan

地区	Region	完成投资 合计 Total Completed Investment	中央属 Central Government	省属 Provincial Governments	地市属 Prefectures and Cities	县属 Counties	其他 Others
合　计	**Total**	**66025726**	**1165868**	**11024225**	**11898439**	**41856591**	**80602**
北　京	Beijing	747772	42070	180696	525006		
天　津	Tianjin	339324	4758	226477	108089		
河　北	Hebei	1487571	8995	31178	506714	940685	
山　西	Shanxi	1095093	280	393569	210179	491065	
内蒙古	Inner Mongolia	2004161	4656	790399	258574	940637	9895
辽　宁	Liaoning	604226		318666	37630	247930	
吉　林	Jilin	853543	2294	294913	135847	420488	
黑龙江	Heilongjiang	650377	1014	10112	48490	590761	
上　海	Shanghai	1650727	6770	1606908	19921	17129	
江　苏	Jiangsu	4544634	8930	246032	1056078	3229928	3666
浙　江	Zhejiang	5638867	4	178565	1336957	4083382	39958
安　徽	Anhui	4013896	4284	1204347	1144896	1648939	11430
福　建	Fujian	3982968		55397	927335	3000236	
江　西	Jiangxi	2166384		545644	194695	1425206	839
山　东	Shandong	1396546	156035	205459	245617	789436	
河　南	Henan	3544804	448330	165799	728928	2201748	
湖　北	Hubei	3151470	12597	643462	506821	1982385	6205
湖　南	Hunan	2416730		65120	313813	2037797	
广　东	Guangdong	3210864	7344	22212	623815	2557493	
广　西	Guangxi	1648547	410051	8463	489054	740979	
海　南	Hainan	353336		222384	27078	103874	
重　庆	Chongqing	1606962		13129		1593834	
四　川	Sichuan	2181214	829	65350	546497	1568538	
贵　州	Guizhou	2991874	397	508706	54362	2428409	
云　南	Yunnan	4817677	359	580503	387348	3849468	
西　藏	Tibet	569471		138468	127562	301542	1898
陕　西	Shaanxi	2479095	1222	487225	504311	1486338	
甘　肃	Gansu	1536690		200681	225897	1110112	
青　海	Qinghai	764247	44650	166114	105846	447207	430
宁　夏	Ningxia	570896		160608	36484	373804	
新　疆	Xinjiang	3005762		1287641	464597	1247245	6280

6-27 历年分建设性质水利建设投资完成额

Completed Investment of Water Projects by Construction Type and Year

单位：万元 unit: 10^4 yuan

年份 Year	完成投资 合计 Total Completed Investment	新建 Newly-constructed	扩建 Expansion	改建 Rehabilitation	建造生活设施 Domestic Facilities	迁建 Relocation Construction	恢复 Restoration	单纯购置 Procurement Only	前期工作 Early-stage Work
2001	5607065	3142493	799554	1555439	1419	3808	98859	5453	
2002	8192153	4370052	985730	2583175	4554	16425	225996	6221	
2003	7434176	4612389	748559	1922749	855	16889	125502	7234	
2004	7835450	5232176	787089	1648118	1697	552	160443	5376	
2005	7468483	5169892	913465	1254193	5989	435	116656	7852	
2006	7938444	5836456	679318	1243188		13730	58633	5082	102036
2007	9448538	6622152	809702	1855168		1888	78782	10328	70518
2008	10882012	6937057	809372	2881669	12990	14725	148107	8967	69126
2009	18940321	11696786	1340990	5704611	1291	10202	54847	6191	125403
2010	23199265	16492525	1262254	5091019		12872	228757	15949	95888
2011	30860284	21901730	1789445	6385538	6766	26135	278805	63158	408708
2012	39642358	25536930	1299875	12321437		48364	241298	33045	161409
2013	37576331	25553378	1477689	9611358		15728	300676	94565	522008
2014	40831354	28633614	2327562	8894558		8277	371433	66884	529025
2015	54522165	40077117	2920473	10667646		14165	328103	144340	370321
2016	60995861	47757408	3841636	8432564	32325	48579	546026	101612	235712
2017	71323681	55075463	3898865	11097559	13128	31111	646282	235608	325666
2018	66025726	51495714	2639430	10389443	310	32796	352788	276927	838319

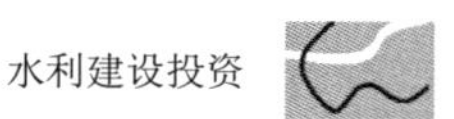

6-28 2018 年分建设性质水利建设投资完成额（按地区分）

Completed Investment of Water Projects by Construction Type in 2018 (by Region)

单位：万元 unit: 10^4 yuan

地区	Region	完成投资 合计 Total Completed Investment	新建 Newly-constructed	扩建 Expansion	改建 Rehabilitation	建造生活设施 Domestic Facilities	迁建 Relocation Construction	恢复 Restoration	单纯购置 Procurement Only	前期工作 Early-stage Work
合　计	**Total**	**66025726**	**51495714**	**2639430**	**10389443**	**310**	**32796**	**352788**	**276927**	**838319**
北　京	Beijing	747772	380580		352034			1531		13627
天　津	Tianjin	339324	217996	19155	97710					4463
河　北	Hebei	1487571	1334190	9416	140649			2644	145	527
山　西	Shanxi	1095093	971508	18765	98213	187		4682	609	1130
内蒙古	Inner Mongolia	2004161	1312857	189170	492378				9376	380
辽　宁	Liaoning	604226	585605		11285			3329	3062	946
吉　林	Jilin	853543	845173	290	590			3553	1621	2315
黑龙江	Heilongjiang	650377	548339	49464	52338			235		
上　海	Shanghai	1650727	1648290		2387					50
江　苏	Jiangsu	4544634	3535157	181649	742013		2570	41083	6413	35748
浙　江	Zhejiang	5638867	4528856	138324	940417		2153	28724	389	4
安　徽	Anhui	4013896	3673965	77850	236010		865	18742	832	5632
福　建	Fujian	3982968	3600075	148038	174071			16809	1095	42879
江　西	Jiangxi	2166384	1397652	117043	619954		2336	9065	4965	15369
山　东	Shandong	1396546	940717	78117	368325		3908	3801	60	1618
河　南	Henan	3544804	2374867	120906	1028523			5201		15307
湖　北	Hubei	3151470	1261022	404192	831648			42842	86583	525183
湖　南	Hunan	2416730	1406857	321773	504850		6200	72609	41046	63394
广　东	Guangdong	3210864	2246079	310949	576730		2022	23751	41253	10079
广　西	Guangxi	1648547	1518133	41186	65940			7372	5410	10505
海　南	Hainan	353336	311765		35092					6478
重　庆	Chongqing	1606962	1354203	95314	118688		12742		21176	4839
四　川	Sichuan	2181214	1909216	116441	105799	123		40560	7697	1378
贵　州	Guizhou	2991874	2936592	33105	220				1855	20103
云　南	Yunnan	4817677	4371546	49456	371654				23631	1391
西　藏	Tibet	569471	538486	4646	23739			2599		
陕　西	Shaanxi	2479095	880953	74922	1447698			7178	15090	53253
甘　肃	Gansu	1536690	1361276	22286	145337			5476	2315	
青　海	Qinghai	764247	706323	2090	55612				102	120
宁　夏	Ningxia	570896	483931	1710	85205			35	15	
新　疆	Xinjiang	3005762	2313505	13172	664333			10964	2187	1600

6-29 历年分建设阶段水利建设投资完成额

Completed Investment of Water Projects by Construction Stage and Year

单位：万元 unit: 10^4 yuan

年份 Year	完成投资 合计 Total Completed Investment	筹建 Preparation	当年正式施工 Start Construction at the Present Year	当年收尾 Completed at the Present Year	全部停缓建 Suspended or Cancelled	单纯购置 Procurement Only	前期工作 Early-stage Work
2000	6129331	3460	6066009	49828	303	9731	
2001	5607065	116523	5272460	208304	650	6080	
2002	8192153	164376	7780740	240816		6221	
2003	7434176	45986	7206884	170562	3510	7234	
2004	7835450	141607	7406704	273994	7763	5384	
2005	7468483		7394937	56826	8867	7852	
2006	7938444	40716	7651806	132829	14226	5082	93784
2007	9448538	61830	9017110	259879	11690	8836	89193
2008	10882012	82697	10607800	80926	11540	8967	90082
2009	18940321	352473	18322138	112391	23122	6191	124006
2010	23199265	211602	22783218	25864	8067	15949	154565
2011	30860284	556487	29784426	45422	2083	63158	408708
2012	39642358	687320	38714955	40132	5498	33045	161409
2013	37576331	696244	36176897	12888	8999	94565	584680
2014	40831354	1397937	38766904	22227	17572	66884	559830
2015	54522165	665889	53323533	8625	9457	144340	370321
2016	60995861	816181	59691186	57777	77366	117639	235712
2017	71323681	902775	69379202	476874	3517	235608	325706
2018	66025726	730752	63746368	429387	3918	276977	838324

6-30　2018 年分建设阶段水利建设投资完成额（按地区分）

Completed Investment of Water Projects by Construction Stage in 2018 (by Region)

单位：万元　　　　unit: 10^4 yuan

地区	Region	完成投资 合计 Total Completed Investment	筹建 Preparation	当年正式施工 Start Construction at the Present Year	当年收尾 Completed at the Present Year	全部停缓建 Suspended or Cancelled	单纯购置 Procurement Only	前期工作 Early-stage Work
合　计	**Total**	**66025726**	**730752**	**63746368**	**429387**	**3918**	**276977**	**838324**
北　京	Beijing	747772		723761	10385			13627
天　津	Tianjin	339324		334861				4463
河　北	Hebei	1487571	762	1486137			145	527
山　西	Shanxi	1095093	23428	1068114	1197	616	609	1130
内蒙古	Inner Mongolia	2004161		1994405			9376	380
辽　宁	Liaoning	604226	1412	598152	655		3062	946
吉　林	Jilin	853543		849606			1621	2315
黑龙江	Heilongjiang	650377		650377				
上　海	Shanghai	1650727	2148	1647847	682			50
江　苏	Jiangsu	4544634	17405	4475819	9249		6413	35748
浙　江	Zhejiang	5638867	194716	5432382	11176	200	389	4
安　徽	Anhui	4013896	15	3944241	63177		832	5632
福　建	Fujian	3982968	210290	3728703			1095	42879
江　西	Jiangxi	2166384		2145527	522		4965	15369
山　东	Shandong	1396546	1200	1393278	390		60	1618
河　南	Henan	3544804		3527882	1615			15307
湖　北	Hubei	3151470	81408	2458296			86583	525183
湖　南	Hunan	2416730	14118	2290368	7773		41076	63394
广　东	Guangdong	3210864	87272	3072239			41273	10079
广　西	Guangxi	1648547		1632632			5410	10505
海　南	Hainan	353336	12	346846				6478
重　庆	Chongqing	1606962	22800	1558147			21176	4839
四　川	Sichuan	2181214	43458	1869777	258899		7697	1383
贵　州	Guizhou	2991874		2969916			1855	20103
云　南	Yunnan	4817677	16880	4775775			23631	1391
西　藏	Tibet	569471	7458	517914	42339	1760		
陕　西	Shaanxi	2479095	3270	2398834	8647		15090	53253
甘　肃	Gansu	1536690	50	1524668	9658		2315	
青　海	Qinghai	764247	2475	758542	3008		102	120
宁　夏	Ningxia	570896		570881			15	
新　疆	Xinjiang	3005762	177	3000440	16	1342	2187	1600

6-31 历年分规模水利建设投资完成额

Completed Investment of Water Projects by Size of Water Project and Year

单位：万元　　unit: 10^4 yuan

年份 Year	完成投资 合计 Total Completed Investment	大中型 Large and Medium	小型 Small	其他 Others
2001	5607065	3384402	2207202	15461
2002	8192153	3035528	5088159	68465
2003	7434176	2343713	4815522	274940
2004	7835450	2259955	5365376	210120
2005	7468483	3263029	3766332	439121
2006	7938444	2961707	4451579	525158
2007	9448538	3183673	5485744	779121
2008	10882012	2539432	8179610	162970
2009	18940321	4502610	14205434	232277
2010	23199265	6878706	16093909	226650
2011	30860284	9452390	20863449	544445
2012	39642358	11694575	27575237	372546
2013	37576331	9059372	27632787	884172
2014	40831354	7085221	33088136	657997
2015	54522165	8599941	45402114	520110
2016	60995861	10800283	49719523	476055
2017	71323681	14304835	56350991	667854
2018	66025726	11835058	51689130	2501539

6-32　2018年分规模水利建设投资完成额（按地区分）

Completed Investment of Water Projects by Size of Project in 2018 (by Region)

单位：万元　　unit: 10^4 yuan

地区	Region	完成投资 合计 Total Completed Investment	大中型 Large and Medium	小型 Small	其他 Others
合　计	**Total**	**66025726**	**11835058**	**51689130**	**2501539**
北　京	Beijing	747772	115530	613617	18625
天　津	Tianjin	339324		323681	15643
河　北	Hebei	1487571	38068	1230905	218598
山　西	Shanxi	1095093	175592	919221	280
内蒙古	Inner Mongolia	2004161	850419	1146309	7433
辽　宁	Liaoning	604226	329362	270539	4325
吉　林	Jilin	853543	397434	442184	13925
黑龙江	Heilongjiang	650377	104671	538890	6816
上　海	Shanghai	1650727	37684	1612493	550
江　苏	Jiangsu	4544634	103078	3807136	634420
浙　江	Zhejiang	5638867	475552	5129214	34101
安　徽	Anhui	4013896	1457940	2492153	63803
福　建	Fujian	3982968	471894	3511073	
江　西	Jiangxi	2166384	125810	2034105	6469
山　东	Shandong	1396546	429149	848492	118905
河　南	Henan	3544804	543467	2737226	264111
湖　北	Hubei	3151470	513871	2514312	123287
湖　南	Hunan	2416730	241557	2045345	129828
广　东	Guangdong	3210864	98882	3062058	49924
广　西	Guangxi	1648547	704376	934659	9512
海　南	Hainan	353336	162537	184314	6485
重　庆	Chongqing	1606962	101446	1435265	70252
四　川	Sichuan	2181214	603840	1517015	60358
贵　州	Guizhou	2991874	472929	2502710	16236
云　南	Yunnan	4817677	890698	3672946	254033
西　藏	Tibet	569471	36835	455230	77405
陕　西	Shaanxi	2479095	425240	1971208	82647
甘　肃	Gansu	1536690	171443	1321753	43494
青　海	Qinghai	764247	284740	479507	
宁　夏	Ningxia	570896	94591	400592	75713
新　疆	Xinjiang	3005762	1376424	1534976	94363

6-33 历年分构成水利建设投资完成额

Completed Investment of Water Projects by Construction Type and Year

单位：万元 unit: 10^4 yuan

年份 Year	完成投资 合计 Total Completed Investment	建筑工程 Construction Project	安装工程 Installation	设备工器具购置 Procurement of Machinery and Equipment	其他 Others
2001	5607065	4052065	197296	227128	1130576
2002	8192153	6064058	274537	416958	1436599
2003	7434176	5670323	289401	352728	1121724
2004	7835450	5526833	276530	436531	1595556
2005	7468483	5306556	269855	398472	1493600
2006	7938444	5837364	318550	384313	1398217
2007	9448538	6725242	465282	568467	1689547
2008	10882012	7815009	674188	599969	1792847
2009	18940321	12972462	1133765	1250000	3584094
2010	23199265	15248673	1096243	1245116	5609232
2011	30860284	21032078	1216941	1152076	7459189
2012	39642358	27364953	2377877	1781362	8118166
2013	37576331	27828417	1735750	1610647	6401516
2014	40831354	30863756	1850155	2061439	6056004
2015	54522165	41508222	2287941	1987101	8738901
2016	60995861	44220022	2544739	1728498	12502603
2017	71323681	50696887	2658070	2117097	15851627
2018	66025726	48772479	2808603	2143718	12300927

6-34　2018 年分构成水利建设投资完成额（按地区分）

Completed Investment of Water Projects by Construction Type in 2018 (by Region)

单位：万元　　unit: 10^4 yuan

地区	Region	完成投资 合计 Total Completed Investment	建筑工程 Construction Project	安装工程 Installation	设备工器具购置 Procurement of Machinery and Equipment	其他 Others
合　计	**Total**	**66025726**	**48772479**	**2808603**	**2143718**	**12300927**
北　京	Beijing	747772	486228	1915	3089	256540
天　津	Tianjin	339324	185115	17748	18725	117736
河　北	Hebei	1487571	944280	131940	86010	325341
山　西	Shanxi	1095093	724236	42490	61243	267124
内蒙古	Inner Mongolia	2004161	910755	153957	196668	742781
辽　宁	Liaoning	604226	542840	11656	19702	30028
吉　林	Jilin	853543	709789	21953	37222	84579
黑龙江	Heilongjiang	650377	415744	61910	55102	117620
上　海	Shanghai	1650727	1252138	9145	7125	382318
江　苏	Jiangsu	4544634	3796810	170068	123045	454711
浙　江	Zhejiang	5638867	3833037	102659	54074	1649097
安　徽	Anhui	4013896	2721012	49180	67365	1176340
福　建	Fujian	3982968	2895424	111495	38933	937116
江　西	Jiangxi	2166384	1625177	61994	58477	420735
山　东	Shandong	1396546	968949	68060	61618	297919
河　南	Henan	3544804	2543159	191374	47560	762710
湖　北	Hubei	3151470	2580335	162398	84473	324264
湖　南	Hunan	2416730	1942383	156162	106170	212015
广　东	Guangdong	3210864	2699345	132545	59070	319903
广　西	Guangxi	1648547	1179387	35629	71371	362160
海　南	Hainan	353336	301060	5433	4872	41971
重　庆	Chongqing	1606962	1075662	102053	83288	345961
四　川	Sichuan	2181214	1536397	101021	80282	463513
贵　州	Guizhou	2991874	2144479	260141	150475	436779
云　南	Yunnan	4817677	3927057	255788	63656	571175
西　藏	Tibet	569471	434428	47138	10325	77580
陕　西	Shaanxi	2479095	2021022	63908	50309	343856
甘　肃	Gansu	1536690	1162826	121203	105155	147506
青　海	Qinghai	764247	650779	10859	9944	92665
宁　夏	Ningxia	570896	453094	40065	44184	33554
新　疆	Xinjiang	3005762	2109530	106716	284185	505331

6-35 历年水利建设当年完成工程量

Completed Working Load by Year

单位：万立方米 unit: 10^4m^3

年份 Year	土方 Earth	石方 Rock	混凝土 Concrete
1957	59618	1084	125
1960	177946	15165	475
1961	19735	1809	116
1962	25287	1711	77
1963	27438	1679	104
1964	37869	2270	145
1965	64193	2881	186
1971	51085	1478	143
1972	125853	11652	370
1973	111397	13464	469
1974	115695	10671	417
1975	125712	13821	502
1976	163160	26423	712
1977	139104	15147	638
1978	139800	19600	808
1979	206100	16300	746
1980	55000	5400	506
1981	20800	2500	231
1982	19500	2100	245
1983	24300	2000	283
1984	26500	2300	268
1985	25200	2000	244
1986	24100	2000	225
1987	31000	2600	276
1988	29300	2300	298
1989	31650	2886	328
1990	33209	2712	437
1991	40143	3124	512
1992	54862	5054	583
1993	46099	5710	630
1994	41177	5127	707
1995	34955	6126	824
1996	34883	7865	807
1997	42755	5630	988
1998	101393	15023	1322
1999	104684	14022	1613
2000	129432	14456	2084
2001	92777	14716	1855
2002	139036	18178	2581
2003	94079	14677	2710
2004	132007	24057	2514
2005	138665	20718	2168
2006	201603	39847	1971
2007	140567	25099	2050
2008	170705	26686	2651
2009	198846	25333	4641
2010	226128	30505	4660
2011	282247	26001	6228
2012	343715	47404	7447
2013	359956	53854	7030
2014	308992	59370	6932
2015	376411	59603	8181
2016	398386	70072	8671
2017	351660	55394	9454
2018	343669	44508	9340

6-36 2018年水利建设当年完成工程量（按地区分）

Completed Working Load in 2018 (by Region)

单位：万立方米 unit: $10^4 m^3$

地区	Region	当年计划 Planned of the Present Year			当年完成 Completed of the Present Year		
		土方 Earth	石方 Rock	混凝土 Concrete	土方 Earth	石方 Rock	混凝土 Concrete
合　计	**Total**	**338401**	**45177**	**9870**	**343669**	**44508**	**9340**
北　京	Beijing	517	119	14	652	132	20
天　津	Tianjin	632	29	29	672	31	38
河　北	Hebei	13168	846	102	12504	823	90
山　西	Shanxi	7526	2385	219	7438	2557	205
内蒙古	Inner Mongolia	23839	1951	104	23656	1953	103
辽　宁	Liaoning	6173	600	136	6111	596	99
吉　林	Jilin	5694	550	68	5793	598	70
黑龙江	Heilongjiang	4347	271	58	4287	169	37
上　海	Shanghai	3671	189	150	3466	186	118
江　苏	Jiangsu	39012	1359	562	38524	1362	563
浙　江	Zhejiang	6400	2254	868	7163	2034	678
安　徽	Anhui	24543	2108	412	27259	2165	460
福　建	Fujian	15962	2085	472	25733	1883	480
江　西	Jiangxi	10256	1260	445	10232	1064	409
山　东	Shandong	21395	452	247	20422	455	261
河　南	Henan	21315	2213	325	18183	2176	301
湖　北	Hubei	13449	1330	431	13324	1215	302
湖　南	Hunan	8112	1251	426	7835	1212	380
广　东	Guangdong	4042	601	225	4052	582	207
广　西	Guangxi	4425	1111	615	4162	1072	643
海　南	Hainan	1717	81	102	1524	65	91
重　庆	Chongqing	2409	1447	453	2309	1372	442
四　川	Sichuan	6501	3854	620	6388	3745	606
贵　州	Guizhou	2928	2787	665	3066	2937	665
云　南	Yunnan	10648	3760	660	11533	3805	659
西　藏	Tibet	6918	447	107	7406	416	107
陕　西	Shaanxi	17604	2972	236	16812	2964	227
甘　肃	Gansu	18972	2736	398	18219	2658	367
青　海	Qinghai	6323	1241	141	5991	1460	151
宁　夏	Ningxia	8986	273	59	8774	300	56
新　疆	Xinjiang	20917	2615	523	20178	2519	505

6-37 历年水利建设累计完成工程量
Accumulated Completed Working Load of Water Projects by Year

单位：万立方米 unit: 10^4m^3

年份 Year	全部计划 Total Planned			累计完成 Total Completed		
	土方 Earth	石方 Rock	混凝土 Concrete	土方 Earth	石方 Rock	混凝土 Concrete
2001	711388	119858	13089	427458	61541	6685
2002	651588	86461	12960	485593	57858	7886
2003	664041	87724	12965	462941	59674	8617
2004	6422138	1320016	108489	3837466	603405	68102
2005	3211069	660008	54245	1918733	301703	34051
2006	1077148	198978	17349	672085	110836	11386
2007	1083946	222242	17523	601617	91505	10944
2008	1049975	238789	19372	645032	99363	11721
2009	1060725	117890	21656	633610	77809	13828
2010	1188888	118309	24666	647565	80824	14956
2011	980995	120239	27143	690220	77171	16845
2012	1066149	164057	29103	766303	94707	19097
2013	1018601	191797	27116	724815	108723	18140
2014	942890	159184	25891	681691	115661	16265
2015	1088102	195655	30249	847858	153399	18791
2016	955464	157574	33579	802483	144606	20314
2017	1132587	167244	33685	766988	107786	20101
2018	885034	152753	34506	692064	103404	21885

6-38 2018 年水利建设累计完成工程量（按地区分）

Accumulated Completed Working Load of Water Projects in 2018 (by Region)

单位：万立方米 unit: 10^4m^3

地区	Region	全部计划 Total Planned			累计完成 Total Completed		
		土方 Earth	石方 Rock	混凝土 Concrete	土方 Earth	石方 Rock	混凝土 Concrete
合 计	**Total**	**885034**	**152753**	**34506**	**692064**	**103404**	**21885**
北 京	Beijing	10716	1149	195	8150	1007	147
天 津	Tianjin	3215	87	75	2596	46	56
河 北	Hebei	33235	1990	443	23178	1743	356
山 西	Shanxi	22622	5364	1119	17540	4926	752
内蒙古	Inner Mongolia	52883	6436	743	45273	4358	603
辽 宁	Liaoning	23129	4542	1058	21654	4307	717
吉 林	Jilin	15282	1368	166	14521	1271	184
黑龙江	Heilongjiang	17257	656	169	11287	321	121
上 海	Shanghai	7511	1094	310	5890	1079	264
江 苏	Jiangsu	66850	7428	1169	51368	2578	843
浙 江	Zhejiang	26457	7447	2181	17751	5107	1421
安 徽	Anhui	86601	7249	1745	43872	2995	717
福 建	Fujian	31979	3612	1079	26932	2282	659
江 西	Jiangxi	13285	2176	689	11887	1602	543
山 东	Shandong	64708	2091	1045	56583	2126	1029
河 南	Henan	100048	12132	2521	96548	10969	2352
湖 北	Hubei	27261	2747	1207	21609	2159	682
湖 南	Hunan	11011	1493	543	9836	1334	449
广 东	Guangdong	27719	4706	1703	19429	2720	1019
广 西	Guangxi	10620	2924	1779	7367	1812	1168
海 南	Hainan	8763	422	269	3439	192	190
重 庆	Chongqing	9316	5277	1313	7382	4070	932
四 川	Sichuan	11601	10492	1465	8845	7365	999
贵 州	Guizhou	8233	8350	1966	5820	6221	1156
云 南	Yunnan	34141	18691	3335	23041	9443	1293
西 藏	Tibet	10064	1135	240	9168	767	195
陕 西	Shaanxi	27779	5772	1210	23500	4084	602
甘 肃	Gansu	32450	5149	985	26458	4156	667
青 海	Qinghai	11935	4496	590	8642	2851	305
宁 夏	Ningxia	12352	1171	91	11791	1094	84
新 疆	Xinjiang	66010	15105	3104	50709	8421	1381

6-39 历年水利

Completed Works of

年份 Year	水库总库容 /亿立方米 Total Storage Capacity of Reservoirs /10^8m^3	耕地灌溉面积 /千公顷 Irrigated Area of Cultivated Land /10^3ha	除涝面积 /千公顷 Drained Area /10^3ha	发电装机容量 /千千瓦 Installed Capacity for Power Generation /10^3kW	排灌装机容量 /千千瓦 Installed Capacity of Irrigation and Drainage Works /10^3kW	供水能力 /万吨每日 Capacity of Water Supply /(10^4t/d)
1990	129.09	1109.13	862.62	1170.40	329.30	
1991	125.04	1041.40	645.19	1922.60	244.90	
1992	120.41	1215.23	836.43	2443.30	200.90	
1993	152.69	1105.52	772.57	3038.20	151.20	
1994	312.91	1171.57	963.29	5294.70	231.60	
1995	342.12	1334.10	853.54	6661.80	286.00	
1996	321.66	1182.93	805.55	6523.40	250.00	860.36
1997	348.99	1056.73	1066.81	7117.20	235.30	1811.81
1998	348.65	1364.77	1095.81	5200.60	471.10	2283.35
1999	310.27	1014.89	133.59	4620.50	215.10	965.60
2000	359.15	798.07	89.79	4090.10	271.60	3961.42
2001	113.48	572.73	173.03	2080.80	114.90	5891.73
2002	250.95	485.93	183.69	1672.30	240.10	2044.47
2003	386.26	820.14	105.09	2708.90	575.50	2478.45
2004	263.05	603.68	165.83	2388.20	64.60	2345.35
2005	317.93	543.64	157.93	2292.60	63.90	1246.36
2006	411.13	556.21	143.41	2133.15	54.87	1851.47
2007	209.42	1261.63	322.64	1532.84	79.45	1734.38
2008	162.59	1189.33	577.59	1846.30	119.66	1283.14
2009	269.80	1929.17	546.46	4267.36	305.15	2311.20
2010	196.28	1115.39	472.66	3791.69	283.66	1585.08
2011	178.80	1010.88	316.17	2068.93	2002.47	6432.39
2012	154.72	890.25	121.66	2574.70	307.71	2657.55
2013	91.23	872.13	221.86	4817.88	423.92	2071.43
2014	118.83	1044.64	315.43	3348.41	306.77	2473.63
2015	108.14	1160.50	276.06	4377.84	207.64	2283.06
2016	165.43	1282.11	392.93	4443.26	606.11	4461.47
2017	104.41	953.17	370.80	5383.35	715.90	2986.09
2018	178.48	1557.89	618.73	5989.23	814.76	3960.76

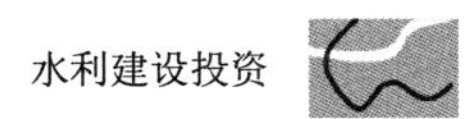

建设施工规模

Water Projects by Year

改善灌溉面积 /千公顷 Improved Irrigated Area /10^3ha	改善除涝面积 /千公顷 Drained Area /10^3ha	新建及加固堤防 /千米 Newly-Built & Strengthened Embankment /km	水保治理面积 /千公顷 Recovered Area from Soil Erosion /10^3ha	解决饮水困难人口 /万人 Population Access to Drinking Water /10^4persons	饮水安全达标人口 /万人 Population with Safe Drinking Water /10^4persons	节水灌溉面积 /千公顷 Water-Saving Irrigated Area /10^3ha
681.85	413.85					
566.79	672.69					
678.60	680.71					
425.63	594.44					
517.28	313.48					
699.65	699.18					
1575.13	757.59					
1142.98	762.37					
1720.41	578.18					
2077.57	781.91	8478.08	1925.58	648.90		108.18
2565.22	1381.42	8437.96	1675.12	2139.88		195.79
1437.79	583.71	4695.94	1301.93	2406.42		351.48
1715.7	745.15	5667.73	2579.56	1226.59		262.53
1249.72	463.22	3653.70	1762.34	933.37		250.84
2244.32	678.08	5111.99	854.20		1562.82	488.97
1927.16	599.29	4895.22	783.51		2758.50	368.72
1849.77	1334.84	4273.42	1613.73		4088.10	254.76
2749.38	726.03	5002.74	2553.15		6715.80	343.85
3791.69	678.75	6362.94	1333.20		6574.41	411.17
4220.96	1597.80	10466.16	2641.66		5579.42	541.07
4871.41	817.81	11605.51	2041.65		7198.11	694.89
4466.52	656.19	11330.60	1616.08		6491.21	1268.60
4412.30	1212.26	12369.60	1844.20		6059.06	910.07
4339.14	742.17	10061.26	2188.80		7278.42	1156.48
5664.52	1285.66	17710.06	2758.03			1644.75
6058.58	1812.49	19108.54	2229.91			1878.35
9802.37	3340.07	15245.49	3916.04			2453.55

6-40 2018 年水利建设

Completed Works of Water Projects

地区	Region	水库总库容 /亿立方米 Total Storage Capacity of Reservoirs /10^8m^3	耕地灌溉面积 /千公顷 Irrigated Area of Cultivated Land /10^3ha	除涝面积 /千公顷 Drained Area /10^3ha	发电装机容量 /千千瓦 Installed Capacity for Power Generation /10^3kW	排灌装机容量 /千千瓦 Installed Capacity of Irrigation and Drainage Works /10^3kW	供水能力 /万吨每日 Capacity of Water Supply /(10^4t/d)
合 计	**Total**	**178.48**	**1557.89**	**618.73**	**5989.23**	**814.76**	**3960.76**
北 京	Beijing						
天 津	Tianjin					1.45	49.86
河 北	Hebei	0.01	37.32	1.06	2.01	1.15	22.84
山 西	Shanxi	0.78	14.43		767.95	1.28	214.97
内蒙古	Inner Mongolia	31.50	45.07		120.40	0.78	150.69
辽 宁	Liaoning	0.37	7.33	1.02	2.73	0.30	127.84
吉 林	Jilin	0.52	39.46	1.05	107.45		8.27
黑龙江	Heilongjiang	13.74	161.47	0.26	5.56	8.23	1185.52
上 海	Shanghai			0.03		0.24	
江 苏	Jiangsu	0.12	80.58	151.18	5.34	506.29	260.95
浙 江	Zhejiang	2.83	7.53	13.33	126.58	39.47	189.24
安 徽	Anhui	1.41	180.12	119.44	1.55	53.79	27.65
福 建	Fujian	8.31	94.55	37.62	647.29		322.48
江 西	Jiangxi	3.17	42.17	55.54	254.90	1.70	41.41
山 东	Shandong	3.24	8.48	53.41	0.01	2.46	47.11
河 南	Henan	1.67	58.93	17.52	824.20	0.25	126.12
湖 北	Hubei	0.91	33.03	101.31	105.97	104.04	64.94
湖 南	Hunan	15.57	44.79	20.49	156.92	51.63	60.41
广 东	Guangdong	0.09	11.91	17.69	138.61	34.72	24.90
广 西	Guangxi	1.37	60.54	1.01	382.32	2.85	33.79
海 南	Hainan	0.06	147.85	0.29			63.68
重 庆	Chongqing	2.63	34.37	0.27	137.02	1.91	140.67
四 川	Sichuan	1.17	46.93	5.98	6.40		64.33
贵 州	Guizhou	6.85	64.65	8.30	8.74		101.54
云 南	Yunnan	7.57	128.72	5.79	151.43	1.63	130.07
西 藏	Tibet	0.95	56.24		8.00		13.71
陕 西	Shaanxi	3.31	52.54	1.14	249.46	0.61	140.20
甘 肃	Gansu	0.06	3.91		5.81		128.92
青 海	Qinghai		3.92	2.65			25.40
宁 夏	Ningxia	0.04	3.37	0.33			29.57
新 疆	Xinjiang	70.25	87.70	2.03	1772.58		163.72

施工规模（按地区分）
in 2018 (by Region)

改善灌溉面积 /千公顷 Improved Irrigated Area /10³ha	改善除涝面积 /千公顷 Drained Area /10³ha	新建及加固堤防 /千米 Newly-built & Strengthened Embankment /km	水保治理面积 /千公顷 Recovered Area from Soil Erosion /10³ha	节水灌溉面积 /千公顷 Water-saving Irrigated Area /10³ha
9802.37	**3340.07**	**15245.49**	**3916.04**	**2453.55**
		0.63	35.49	9.25
6.34	174.73	19.07	5.27	9.74
154.91	46.07	775.94	136.28	160.31
153.99	2.00	127.17	64.43	17.16
354.78	2.87	1023.33	407.58	420.56
99.27	45.57	269.97	79.39	28.94
29.62	7.41	452.04	26.78	43.84
95.32	54.32	591.60	4.10	73.41
7.04	74.58	53.79		1.26
852.47	821.26	691.60	14.81	114.61
82.81	37.99	693.07	56.52	44.86
740.88	540.86	1123.95	68.23	54.17
168.05	68.88	614.42	142.66	44.26
117.11	115.68	1229.63	74.00	44.13
1845.01	30.49	398.48	69.19	122.56
451.01	95.52	663.00	69.93	81.69
406.26	823.76	974.98	592.34	253.28
442.73	51.05	602.91	88.46	56.77
61.75	277.47	535.94	36.14	32.64
214.18	5.59	235.60	68.05	94.93
27.11	0.06	58.57	23.26	9.26
71.15	0.06	331.74	138.35	25.24
167.10	5.79	373.43	173.97	68.57
29.91	7.73	185.94	144.24	21.92
241.29	20.33	874.70	242.80	121.09
67.85	1.31	224.51	112.93	3.96
264.89	8.86	447.70	432.99	80.66
225.82	12.20	852.71	267.11	112.83
79.85	0.05	242.04	75.01	15.63
114.00	5.20	44.45	112.58	24.90
2229.87	2.41	532.58	153.14	261.17

6-41 历年水利建

Newly-increased Benefits of Water

年份 Year	水库总库容 /亿立方米 Total Storage Capacity of Reservoirs $/10^8m^3$	耕地灌溉面积 /千公顷 Irrigated Area of Cultivated Land $/10^3ha$	除涝面积 /千公顷 Drained Area $/10^3ha$	发电装机容量 /千千瓦 Installed Capacity for Power Generation $/10^3kW$	排灌装机容量 /千千瓦 Installed Capacity of Irrigation and Drainage Works $/10^3kW$	供水能力 /万吨每日 Capacity of Water Supply $/(10^4t/d)$
1990	29.64	121.17	62.21	164.30	99.50	
1991	23.34	101.25	43.77	311.10	84.10	
1992	19.13	90.53	116.67	391.00	67.40	
1993	11.48	78.48	133.89	182.50	42.90	
1994	7.61	94.09	77.23	392.90	23.80	
1995	42.23	174.89	28.30	388.20	66.80	
1996	14.95	158.03	29.43	355.30	90.60	450.44
1997	11.86	94.61	89.65	719.80	28.10	145.12
1998	28.15	187.01	57.67	749.00	102.3	456.57
1999	46.61	198.23	42.83	885.60	19.40	82.84
2000	183.62	126.86	49.69	2139.10	21.90	529.80
2001	31.96	191.41	28.51	1317.40	34.80	2939.65
2002	29.19	156.47	171.29	543.10	89.20	281.64
2003	5.83	146.99	11.67	368.60	544.00	871.31
2004	12.86	252.11	71.99	725.80	20.80	530.81
2005	112.64	98.65	74.62	794.40	47.30	398.36
2006	267.39	139.45	55.46	1146.16	28.46	349.78
2007	55.71	314.09	206.89	754.18	59.78	488.23
2008	44.37	275.44	223.66	701.04	79.39	333.69
2009	50.96	550.52	286.11	912.68	89.77	740.58
2010	32.88	355.59	441.76	905.81	102.38	509.43
2011	48.54	470.26	284.13	566.30	1034.99	876.18
2012	26.81	466.63	96.97	988.60	168.06	985.68
2013	19.08	382.06	189.45	1903.28	128.31	819.56
2014	30.38	300.27	255.01	1846.76	261.45	934.66
2015	26.26	702.44	244.13	1534.06	133.94	778.88
2016	84.79	754.54	306.09	1558.56	228.75	3190.13
2017	29.44	544.17	230.37	2295.73	416.21	1999.21
2018	50.68	814.32	541.51	3207.81	252.15	1991.52

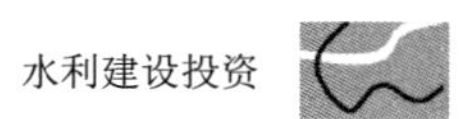

设新增效益

Projects Construction by Year

改善灌溉面积 /千公顷 Improved Irrigated Area /10³ha	改善除涝面积 /千公顷 Drained Area /10³ha	新建及加固堤防 /千米 Newly-built & Strengthened Embankment /km	水保治理面积 /千公顷 Recovered Area from Soil Erosion /10³ha	解决饮水困难人口 /万人 Population Access to Drinking Water /10⁴persons	饮水安全达标人口 /万人 Population with Safe Drinking Water /10⁴persons	节水灌溉面积 /千公顷 Water-saving Irrigated Area /10³ha
204.49	208.73					
141.90	526.79					
341.81	226.40					
219.92	419.77					
187.43	86.12					
251.04	309.10					
330.28	161.89					
283.51	140.24					
839.09	1279.70					
956.97	163.28	4545.91	1699.45	470.38		76.49
1484.52	529.17	5772.04	1118.41	1950.07		132.73
927.62	463.75	2693.61	1011.98	1245.44		245.81
1232.00	494.73	2918.24	1681.30	985.68		155.79
467.11	129.29	2246.61	1717.64	700.92		178.87
889.95	284.08	2726.91	635.29		1321.43	287.75
1121.20	383.39	2370.23	517.35		2478.28	310.37
1055.83	1015.16	1968.95	1261.41		2967.62	175.60
1845.54	449.49	2385.49	2090.95		5896.54	298.76
2230.19	477.20	3651.83	1041.65		6314.49	343.42
2061.10	1339.87	6900.63	2353.30		5151.23	424.31
3062.53	531.06	8265.39	1911.46		6761.47	615.19
2731.24	363.50	7441.02	1268.57		5696.34	1151.93
7371.00	2452.01	13678.22	2714.90		5580.84	728.61
3240.24	594.20	5824.10	2011.16		6708.63	1025.23
4505.97	996.96	8907.63	2346.34			1433.10
4914.00	1634.68	13678.22	1809.94			1504.56
7633.31	2767.23	11456.37	3487.43			2250.08

6-42 2018 年水利建设

Newly-increased Benefits of Water

地区	Region	水库总库容 /亿立方米 Total Storage Capacity of Reservoirs /10^8m^3	耕地灌溉面积 /千公顷 Irrigated Area of Cultivated Land /10^3ha	除涝面积 /千公顷 Drained Area /10^3ha	发电装机容量 /千千瓦 Installed Capacity for Power Generation /10^3kW	排灌装机容量 /千千瓦 Installed Capacity of Irrigation and Drainage Works /10^3kW	供水能力 /万吨每日 Capacity of Water Supply /(10^4t/d)
合　计	**Total**	**50.68**	**814.32**	**541.51**	**3207.81**	**252.15**	**1991.52**
北　京	Beijing						
天　津	Tianjin					1.45	49.86
河　北	Hebei	0.01	31.44	1.06	2.01	1.15	16.86
山　西	Shanxi	0.72	13.83		12.28	1.28	203.22
内蒙古	Inner Mongolia	4.99			90.00		10.50
辽　宁	Liaoning	0.37	7.33	1.02	2.73	0.30	127.82
吉　林	Jilin	0.52	10.75	1.05	7.45		7.26
黑龙江	Heilongjiang	0.21	35.92		5.56	0.05	39.49
上　海	Shanghai			0.03		0.24	
江　苏	Jiangsu	0.12	78.19	120.46	4.87	29.06	260.95
浙　江	Zhejiang	0.43	6.48	12.06	91.34	23.81	144.71
安　徽	Anhui	0.95	153.93	108.21	1.55	34.28	26.89
福　建	Fujian	6.34	68.86	33.37	624.80		131.58
江　西	Jiangxi	1.96	14.54	55.54	176.72	1.70	38.10
山　东	Shandong	3.04	6.28	53.41	0.01	2.46	44.34
河　南	Henan	1.53	57.13	16.72	824.20	0.25	116.12
湖　北	Hubei	0.90	18.42	98.06	76.91	79.86	63.94
湖　南	Hunan	15.34	38.90	9.87	140.84	46.23	51.69
广　东	Guangdong		0.19	6.59	121.88	24.96	22.60
广　西	Guangxi	0.42	41.45	0.99	381.82	2.85	30.86
海　南	Hainan		1.48	0.29			0.08
重　庆	Chongqing	0.19	1.69	0.27	72.17		113.75
四　川	Sichuan	0.82	33.66	5.98			56.77
贵　州	Guizhou	5.98	57.09	5.96	8.74		85.40
云　南	Yunnan	2.24	58.19	4.52	122.23	1.63	96.06
西　藏	Tibet	0.01	17.05		0.80		7.09
陕　西	Shaanxi	0.44	52.18	1.14	126.31	0.61	132.48
甘　肃	Gansu	0.02	2.80		0.30		46.55
青　海	Qinghai		3.92	2.57			24.99
宁　夏	Ningxia	0.04	1.87	0.33			26.92
新　疆	Xinjiang	3.10	0.80	2.03	312.28		14.65

新增效益（按地区分）

Projects Construction in 2018 (by Region)

改善灌溉面积 /千公顷 Improved Irrigated Area /10³ha	改善除涝面积 /千公顷 Drained Area /10³ha	新建及加固堤防 /千米 Newly-built & Strengthened Embankment /km	水保治理面积 /千公顷 Recovered Area from Soil Erosion /10³ha	节水灌溉面积 /千公顷 Water-saving Irrigated Area /10³ha
7633.31	**2767.23**	**11456.37**	**3487.43**	**2250.08**
			35.49	9.25
6.34	174.73	19.07	1.59	9.74
140.34	46.07	697.19	136.28	156.63
110.44	2.00	66.92	58.32	13.40
320.81	2.06	235.18	179.25	382.82
95.08	33.15	250.77	73.88	28.07
14.16	3.41	307.00	25.92	42.04
29.14	11.11	272.16	2.60	49.67
7.04	74.58	53.79		1.26
713.23	759.35	532.06	14.47	103.39
67.05	28.73	518.60	54.32	44.06
651.75	512.40	635.26	63.56	53.31
142.87	55.18	457.76	124.62	40.70
98.69	115.44	1168.71	69.53	35.50
1800.63	30.49	398.48	69.15	111.83
405.97	94.72	623.65	69.93	80.34
180.06	707.24	817.97	580.98	251.28
312.95	35.07	551.18	87.93	32.14
18.28	26.63	166.36	35.12	17.23
146.13	4.08	202.88	51.01	91.12
8.57		21.77	23.26	9.26
67.10	0.06	224.34	135.37	25.12
158.47	5.79	312.87	166.06	65.78
24.05	6.04	176.47	138.11	21.88
161.55	11.00	529.00	228.85	100.84
31.44	1.30	192.50	47.91	3.96
222.16	8.86	423.12	416.41	78.06
194.90	12.20	825.06	257.26	107.72
71.36	0.05	229.47	74.54	15.08
63.24	3.11	43.00	112.58	20.90
1369.54	2.41	503.79	153.14	247.74

主要统计指标解释

水利建设投资 指水利系统固定资产投资。主要包括水利系统基本建设投资、部分更新改造投资等，防洪岁修、小农水等财政投资未包括在内。

建设项目 指按照以总体设计进行施工，由一个或若干个具有内在联系的工程组成的总体。基本建设项目指经批准在一个总体设计或初步设计范围内进行建设，经济上实行统一核算，行政上有独立的组织形式，实行统一管理的基本建设单位。

基本建设项目按规模分为大中型项目和小型项目，水利上基本建设项目大中型项目划分标准是：①水库，库容1亿立方米以上（包括1亿立方米，下同）；②灌溉面积，灌溉面积50万亩以上；③水电工程，发电装机5万千瓦以上；④其他水利工程，除国家指定外均不作为大中型项目。

建设阶段 指建设项目报告期所处的建设阶段，可分为以下几个阶段。

（1）筹建项目：指正在进行前期工作尚未正式施工的项目。

（2）施工项目：指报告期内进行过建筑或安装施工活动的项目。

（3）本年正式施工项目：指本年正式进行过建筑或安装活动的建设项目。

（4）本年新开工项目：指报告期内新开工的建设项目。

（5）本年续建项目：指本年以前已经正式开工，跨入本年继续进行建筑安装和购置活动的建设项目。

（6）建成投产项目：指报告期内按设计文件规定建成主体工程和相应配套的辅助设施，形成生产能力或工程效益，经过验收合格，并且已正式投入生产或交付使用的建设项目。

（7）本年收尾项目：指以前年度已经全部建成投入生产或交付使用，但尚有少量不影响正常生产和使用的辅助工程或生产性工程在报告期继续施工的项目。

（8）停缓建项目：指根据国民经济宏观调控及其他原因，经有关部门批准停止建设或近期内不再建设的项目。停缓建项目分为全部停缓建项目和部分停缓建项目。

1）全部停缓建项目是指经有关部门批准不再建设或短期内整个项目停止建设的项目。

2）部分停缓建项目是指建设项目仍在施工，但其中的部分单项工程经有关部门批准停止或近期内不再建设并已停止施工的项目。报告期部分停缓建项目仍应作为施工项目统计。

（9）全部竣工项目：指整个建设项目按设计文件规定的主体工程和辅助、附属工程全部建成，并已正式验收移交生产或使用部门的项目。

建设性质 基本建设项目的建设性质根据整个建设项目的情况确定，分为以下几种。

（1）新建：一般是指从无到有、“平地起家”开始建设的企业、事业和行政单位或独立的工程。现有企业、事业、行政单位一般不属于新建。但如有的单位原有基础很小，经过建设后新增的资产价值超过该企业、事业、行政单位原有固定资产价值（原值）3倍以上的也应作为新建。

（2）扩建：指在厂内或其他地点，为扩大原有产品的生产能力（或效益）或增加新的产品生产能力，而增建主要的生产车间（或主要工程）、分厂、独立的生产线的企业、事业单位。行政、事业单位在原单位增建业务用房（如学校增建教学用房、医院增建门诊部、病房等）也作为扩建。

现有企业、事业单位为扩大原有主要产品生产能力或增加新的产品生产能力，增建一个或几个主要生产车间（或主要工程）、分厂，同时进行一些更新改造工程的，也应作为扩建。

（3）改建：指对原有设施进行技术改造或更新（包括相应配套的辅助性生产、生活福利设施），没有增建主要生产车间、分厂等的企业、事业单位。

（4）单纯建造生活设施：指在不扩建、改建生产性工程和业务用房的情况下，单纯建造职工住宅、托儿所、子弟学校、医务室、浴室、食堂等生活福利设施的企业、事业及行政单位。

（5）迁建：指为改变生产力布局或由于城市环境保护和安全生产的需要等原因而搬迁到另地建设的企业、事业单位。

（6）恢复：指因自然灾害、战争等原因，使原有的固定资产全部或部分报废，以后又投资恢复建设的单位。

（7）单纯购置：指现有企业、事业、行政单位单纯购置不需要安装的设备、工具、器具，而不进行工程建设的单位。

隶属关系 基本建设项目按建设单位直属或主管上级机关确定。

隶属关系分为中央、省（自治区、直辖市）、地区（州、盟、省辖市）、县（旗、县级市、市辖区）和其他五大类。

（1）中央：指中共中央、人大常委会和国务院各部、委、局、总公司以及直属机构直接领导和管理的基本建

设项目和企业、事业、行政单位。这些单位的固定资产投资计划由国务院各部门直接编制和下达，建设中所需要的统配物资和主要设备以及建设中的问题都由中央有关部门安排和解决。

（2）省（自治区、直辖市）：由省（自治区、直辖市）政府及业务主管部门直接领导和管理的基本建设项目和企业、事业、行政单位。

（3）地区（州、盟、省辖市）：由地区、自治州、盟、省辖市直接领导和管理的基本建设项目和企业、事业、行政单位。

（4）县（旗、县级市、市辖区）：由县、自治旗、县级市、市辖区直接领导和管理的基本建设项目和企业、事业、行政单位。

（5）其他：不隶属以上各级政府及主管部门的建设项目和企业、事业单位，如外商投资企业和无主管部门的企业等。

Explanatory Notes of Main Statistical Indicators

Investment for water project construction Investment of fixed assets in the water sector, which mainly refers to the investment of basic water infrastructures and some rehabilitation projects, but excluding annual maintenance of flood control works and financial allocation to small irrigation, drainage and rural water supply schemes.

Construction project A project, enclosing one or more interdependent components, is implemented in accordance with overall design. Capital construction project refers to the approved scheme constructed according to overall design or within the scope of preliminary design, which is under one accounting system and unified management, and has an independent organization.

Capital construction project can be divided into large or medium project and small project according to its scale. The criteria of identifying large and medium water projects are: ① reservoir, installed capacity is over 100 million m^3 (including 100 million m^3, hereinafter the same); ② irrigated area, irrigated area is over 500 thousand mu; ③ hydropower project, installed capacity is over 50,000 kW; ④ other water projects, specially designated by the state.

Construction phrase It refers to stages of project construction during the period of report. The projects are divided as following in accordance with construction phases:

(1) Preparation: the project that is conducting preparatory work and has not formally been constructed.

(2) Construction project: the project that is under construction or installation during the report period.

(3) Construction project of the year: the project that has formally started construction or installation in the statistical year.

(4) Newly started project of the year: the construction project that is newly initiated in the statistical year.

(5) Continued project of the year: the project that has formally started and continued construction, installation and purchase activities in the statistical year.

(6) Completed investment project: key parts of the project and supporting facilities have passed check and acceptance and been formally put into operation or use in the statistical period.

(7) Nearly-completed project of the year: the project has completed construction and placed into operation, but several supporting facilities that do not affect the normal production and utilization continue to be constructed in the statistical period.

(8) Stopped or postponed project: the project is being asked to stop or postpone due to national macroeconomic regulation and control or other reasons with the approval of relevant department. The stopped or postponed projects can be divided into completely stopped or postponed project and partially stopped or postponed project.

1) Complete stopped or postponed project refers to the project that no longer constructed or will not be constructed in a short period of time, according to the approved of the relevant department.

2) Partial stopped or postponed project refers to the project that still under construction, but part of the project is no longer constructed or will not be constructed in a short period of time, according to the approval of the relevant department. Stopped or postponed project should be included in the statistical data as construction project.

(9) Fully-completed project: the project that has completed the key parts and supporting facilities of the project according to the design, and has passed check and acceptance and transferred to production or user for operation.

Construction type The types of infrastructures are identified and divided based on features of the constructed project:

(1) Newly-constructed project: It refers to the project being constructed by a newly-established enterprise, non-governmental agency, governmental agency or independent organ. The project managed by the currently existed enterprise, non-governmental agency or governmental agency does not belong to newly-constructed. However, if the original scope of unit is rather small and the newly-added assets exceeds three times of the original assets of the enterprise, non-governmental agency and governmental agency after construction, it is also regarded as new-constructed project.

(2) Expanded construction: It refers to the project of enterprise or non-governmental agency that has newly-established workshop (or key project), branch or independent production line within the plant or other places, in order to expand the existing production capacity (or benefit) or production capacity of new product. The construction of office building of non-governmental agency or governmental agency (for example newly-constructed teaching building of college, university or school, newly-built clinics and wards of hospitals) is also regarded as expanded construction.

The project of an enterprise or non-governmental agency with one or more newly-constructed key workshops (or key project) or branches, in order to increase the original production capacity or add production capacity of new product, together with rehabilitation project are also listed as expanded construction.

(3) Rehabilitation project: It refers to the project of an enterprise or non-governmental agency conducting technical rehabilitation or re-modernization (including production support facilities or living and welfare facilities), but without expansion of main workshop or branch.

(4) Construction of living facilities: It refers to the project of an enterprise, non-governmental agency or governmental agency, including living and welfare facilities only, such as apartment building of employee, kindergarten, school for children of employee, clinic, bathroom, and canteen without expansion or rehabilitation

of existed production or office buildings.

(5) Relocated construction: It refers to the relocation of enterprise or non-governmental agency to other places due to the change of production pattern, requirement of urban environment protection or safe production.

(6) Recovery construction: It refers to the project of an organzation to make investment on recovery construction because of natural disaster or war that completely or partially destroys its fixed assets.

(7) Procurement only: It refers to the project of an enterprise, non-governmental agency or governmental agency to purchases equipment, tool or instrument only, without installation or construction.

Administrative subordination of project Capital construction project is divided into groups according to the administrative region of the organization in charge of the project.

Five categories are formed on the basis of administrative regions of the project: Central Government, province (autonomous region, municipality directly under the central government), prefecture (autonomous district, municipality directly under the provincial government), county (autonomous county, county-level municipality) and others.

(1) Central Government project: It refers to capital construction project, enterprise, non-governmental agency or governmental agency directly under administration or management of the Central Committee of Chinese Communist Party, Standing Committee of Chinese People's Congress, or ministries, commissions, bureaus under the State Council and parent companies. The investment plan of fixed assets of these entities are directly worked out and transmitted by the relevant departments under the State Council; allocated materials or equipment for construction are arranged by the relevant Central Government departments.

(2) Province (autonomous region, municipality directly under the central government) project: It refers to capital construction project, enterprise, non-governmental agency or governmental agency directly under administration and management of provincial governments (autonomous region, municipality directly under the central government) or competent department directly in charge.

(3) Prefecture (autonomous district, municipality directly under the provincial government) project: It refers to capital construction project, enterprise, non-governmental agency or governmental agency directly under administration and management of government of prefecture, autonomous district or municipality directly under the provincial government.

(4) County (autonomous county, county-level municipality) project: It refers to capital construction project, enterprise, non-governmental agency or governmental angecy directly under administration and management of government of county, autonomous county or county-level city.

(5) Others: It refers to capital construction project, enterprise, non-governmental agency or governmental agency outside the scope of administration and management of government agencies mentioned above, such as foreign investment enterprise or enterprise without supervised agency.

7　农村水电

Rural Hydropower

简要说明

农村水电统计资料主要包括小水电站和设备建设情况、水力发电设备容量和发电容量、输变配电设备情况等。主要按地区分组汇总。

自2008年起农村水电电站由以往水利系统水电变更为装机5万千瓦及5万千瓦以下水电。

2008年以前水利系统水电统计包括水利系统综合利用枢纽电站数据等。

2016年始，由于报表制度调整，农村水电电网供电和农村水电的县通电情况等不纳入统计；2018年始，不再统计年末输变配电设备。

Brief Introduction

Statistical data of rural hydropower development mainly includes construction of small hydropower stations and utilities, installed capacity and output of hydropower generating units, electricity transmission and distribution facilities, etc. The data is divided into groups according to the region.

The data of rural hydropower development is collected on the basis of installed capacity of hydropower at 50,000 kW and below 50,000 kW since 2008.

The data collected before 2008 includes multi-purpose dam projects.

Electricity supply of rural power network and counties with electricity generated by hydropower has not been included in the statistics since 2016. Installed power transmission and distribution equipment at the end of the year has not been included in the statistics since 2018.

7-1 历年农村水电装机容量及年发电量

Installed Capacity and Power Generation of Rural Hydropower by Year

年份 Year	农村水电装机容量 /千瓦 Installed Capacity of Rural Hydropower /kW	农村水电年发电量 /万千瓦时 Annual Electricity Generation of Rural Hydropower /10^4 kWh	农村水电新增装机容量 /千瓦 Newly-increased Installed Capacity /kW
2002	28489286	9472446	1883648
2003	30832992	9791633	2618834
2004	34661348	9779541	3591322
2005	38534445	12090340	4127272
2006	43183551	13612942	5459520
2007	47388997	14370080	4593193
2008	51274371	16275901	4194106
2009	55121211	15672470	3807072
2010	59240191	20444258	3793551
2011	62123430	17566867	3277465
2012	65686071	21729246	3399616
2013	71186268	22327711	2460601
2014	73221047	22814929	2553873
2015	75829591	23512813	2412664
2016	77910629	26821937	2032270
2017	79269995	24772495	1353020
2018	80435263	23456083	1643058

注　2013 年农村水电统计数据与全国第一次水利普查数据进行了校核。

Note　Statistical data of rural hydropower is checked in accordance with the First National Census on Water.

7-2 2018年农村水电装机容量及年发电量（按地区分）
Installed Capacity and Power Generation of Rural Hydropower in 2018 (by Region)

地区	Region	农村水电年末装机容量 /千瓦 Installed Capacity of Rural Hydropower /kW	农村水电年发电量 /万千瓦时 Annual Electricity Generation of Rural Hydropower /10^4 kWh	农村水电新增装机容量 /千瓦 Newly-increased Installed Capacity /kW
合　计	**Total**	**80435263**	**23456083**	**1643058**
北　京	Beijing	42920	2430	
天　津	Tianjin	5800	1469	
河　北	Hebei	403748	67103	7730
山　西	Shanxi	206626	42452	7755
内蒙古	Inner Mongolia	95020	19325	
辽　宁	Liaoning	454299	81074	10845
吉　林	Jilin	603410	179867	26270
黑龙江	Heilongjiang	384460	93647	11180
江　苏	Jiangsu	40191	8915	
浙　江	Zhejiang	4099507	834464	58897
安　徽	Anhui	1112456	249476	8245
福　建	Fujian	7390664	1861904	52476
江　西	Jiangxi	3449893	732371	37736
山　东	Shandong	88899	5158	
河　南	Henan	509490	105334	5148
湖　北	Hubei	3861738	935802	69890
湖　南	Hunan	6379772	1738922	83150
广　东	Guangdong	7602484	1675262	34068
广　西	Guangxi	4579711	1309217	35110
海　南	Hainan	493725	153719	42335
重　庆	Chongqing	2874133	725152	146540
四　川	Sichuan	12011238	4347891	346840
贵　州	Guizhou	3507621	1055652	105505
云　南	Yunnan	12128479	4305958	298360
西　藏	Tibet	375619	86225	6330
陕　西	Shaanxi	1578291	422839	88537
甘　肃	Gansu	2791778	1094117	139011
青　海	Qinghai	1097135	521638	440
宁　夏	Ningxia	6240	690	
新　疆	Xinjiang	1731241	638557	20660
新疆生产建设兵团	Xinjiang Production and Construction Corps	406975	127842	
部直属	Organization Directly under the Ministry	121700	31608	

7-3 历年年末输变配电设备

Installed Power Transmission and Distribution Equipment at the End of the Year by Year

年份 Year	变电所总容量 /千伏安 Total Storage Capacity of Switchyard /kVA	变压器总容量 /千伏安 Total Storage Capacity of Transformer /kVA	高压线路 /千米 High-pressure Transmission Line /km	低压线路 /千米 Low-pressure Transmission Line /km
2002	50779480	58628453	1020018	2158102
2003	54580398	61844457	1082549	2334065
2004	63583050	67770640	1110746	2470468
2005	70161609	71325744	1119668	2490911
2006	30403474	29645661	476642	965547
2007	41942477	39162242	609663	1321037
2008	42121613	37266114	563907	1260067
2009	42465559	34629678	515040	1116782
2010	48378124	37083012	540715	1152621
2011	52798271	37431610	534737	1108602
2012	49104574	36155250	510633	1155394
2013	54242934	40383122	531871	1202218
2014	49372795	41496064	491765	1124543
2015	49818716	43016152	485786	1110845
2016	60857078	49709565	404455	725762
2017	63434297	51274852	415655	776391

7-4 历年新增输变配电设备

Newly-increased Power Transmission and Distribution Equipment by Year

年份 Year	变电所总容量 /千伏安 Total Storage Capacity of Switchyard /kVA	变压器总容量 /千伏安 Total Storage Capacity of Transformer /kVA	高压线路 /千米 High-pressure Transmission Line /km	低压线路 /千米 Low-pressure Transmission Line /km
2002	5642849	5362828	75801	260248
2003	6623092	5821911	80241	178433
2004	9819672	7682270	57380	312806
2005	8327685	6294266	43492	58650
2006	3875365	4193753	19872	77041
2007	5227365	3199561	23204	69539
2008	6051940	2195958	21749	116773
2009	5842525	2717898	26318	44557
2010	5913300	2984107	34020	81892
2011	7798387	3492278	33210	28179
2012	4034821	2572882	15556	34248
2013	6010195	4426062	24902	42523
2014	4460596	5379577	27707	37693
2015	4717816	4549311	16604	30058
2016	4968430	5953203	17115	31991
2017	4135749	3185347	24399	71846

7-5　历年农村水电电网供电情况
Electricity Supply of Rural Power Network by Year

年份 Year	网内发电设备容量 /千瓦 Storage Capacity of Generation Equipment /kW	网内发电量 /万千瓦时 Power Generation /10^4kWh	厂用电量 /万千瓦时 Electricity Used by Power Plant /10^4kWh	售电量 /万千瓦时 Electricity Sale /10^4kWh	购入网外电量 /万千瓦时 Off-grid Procurement of Electricity /10^4kWh	输出网外电量 /万千瓦时 Sale of Electricity to other Grids /10^4kWh
2003	19665229	7018970	170814	10725979	5150140	1980698
2004	21427078	7318308	197545	12011519	6011657	2023133
2005	19179004	6988869	151286	10662175	4865026	2024130
2006	14510485	5235694	104777	8152497	3776703	1707433
2007	16851722	5917131	105143	9334458	4323730	2122614
2008	9482546	5898658	109533	9437153	3735951	1321324
2009	8038590	3905598	99262	7392290	3941988	898184
2010	8324694	4873957	73797	8795146	179935	998791
2011	15947576	5164218	80822	9351381	5012174	1223749
2012	10372392	6184473	108900	11186815	5840687	1705095
2013	18582052	6332882	102442	12097288	6716591	2173555
2014	9988310	5348414	57717	10562712	5272015	2536073
2015	9408566	5585158	56156	9844554	4934788	1441345

7-6 历年有农村水电的县通电情况

Counties with Electricity Generated by Hydropower by Year

年份 Year	乡（镇）Township (Town)		居民 Residents		
	行政区划数 /个 Administrative Regions /unit	农村水电网联网乡（镇）/个 Townships Connected with Rural Electrification Network/unit	总户数 /户 Total Household /household	户通电率 /% Percentage of Household Access to Electricity /%	无电人口 /人 Population Without Access to Electricity /person
2003	26704	10141	182856700	98.44	8171995
2004	25886	10269	187390297	98.85	6572018
2005	25201	8488	188151249	99.14	5356596
2006	24343		194455879	99.30	
2007	23936		198154188	99.48	
2008	24269	5793	207980548	99.60	3080048
2009	24071	5048	211655947	99.69	2280140
2010	24039	4625	213874537	99.75	1947594
2011	24290	4962	214692370	99.74	2114089
2012	24259	5238	216934295	99.83	1555275
2013	24297	5245	222024353	99.89	1089860
2014	24304	4912	222818690	99.90	961006
2015	24192	4788	229489919	100.00	

7-7 历年农村水电完成投资情况
Completed Investment for Electricity Supply by Rural Power Network and by Year

单位：万元 unit: 10^4yuan

年份 Year	本年完成投资 Completed Investment	按投资项目分 Investment Project	
		水电站完成投资 Completed Investment of Hydropower Stations	电网完成投资 Completed Investment of Powernetwork
2002	2474779	1247579	1227200
2003	3099505	1748072	814055
2004	3770733	2395294	748682
2005	4542611	2886399	825960
2006	5527074	3285663	549537
2007	5227667	3150741	445008
2008	4568885	3100831	433642
2009	4563241	2552378	462314
2010	4398453	2297360	603041
2011	4243988	2350049	590677
2012	3671548	2384853	501288
2013	3457047	1981562	649457
2014	3171306	2542329	628977
2015	3082736	2442739	639997
2016	2493935	1647883	846052
2017	1999937	1447422	552516
2018	1000907	193776	125445

注 由于统计制度变化，自 2014 年起“完成投资”统计项只包括装机 5 万千瓦及 5 万千瓦以下的水电站及其配套电网的投资资金。

Note Due to changes in the statistical system, the data of “completed investment” only includes investment and fundings for hydropower stations with installed capacity at and below 50,000 kW and their supporting powernetwork since 2014.

7-8 2018年各地区农村水电完成投资情况(按地区分)

Completed Investment for Electricity Supply by Rural Power Network in 2018 (by Region)

单位：万元 unit: 10^4yuan

地区	Region	本年完成投资 Completed Investment	按资金来源分 Financial Resources 中央财政资金 Central Government Fundings	地方财政资金 Local Government Fundings	银行贷款 Bank Loan	其他 Others
合计	Total	1000907	157212	36564	125445	681686
北京	Beijing					
天津	Tianjin					
河北	Hebei	2811	1102	1036		673
山西	Shanxi	5580	1154	2021		2405
内蒙古	Inner Mongolia					
辽宁	Liaoning	5928	125	215	2500	3088
吉林	Jilin	22163	800		4710	16654
黑龙江	Heilongjiang	9858	3158			6700
江苏	Jiangsu	142		142		
浙江	Zhejiang	26215	4187	4382	1219	16427
安徽	Anhui	4888	1026	402		3460
福建	Fujian	9690	2237	1073		6380
江西	Jiangxi	7829	1306	52	51	6421
山东	Shandong					
河南	Henan	1656				1656
湖北	Hubei	88218	19238	2875	10749	55356
湖南	Hunan	76529	24634	1501	916	49479
广东	Guangdong	27729	6420	11	3317	17981
广西	Guangxi	78423	14607	3893	40112	19811
海南	Hainan					
重庆	Chongqing	54991	16741	3321	8673	26256
四川	Sichuan	116705	14440	4425	8024	89816
贵州	Guizhou	128451	13084	1400	13458	100509
云南	Yunnan	182574	7642	3615	21460	149857
西藏	Tibet	18970	13070	5900		
陕西	Shaanxi	114373	8565	300	500	105008
甘肃	Gansu	11824	765		9706	1353
青海	Qinghai	230				230
宁夏	Ningxia					
新疆	Xinjiang	4311	2372		50	1889
新疆兵团	Xinjiang Production and Construction Corps	818	540			278
部直属	Organization Directly under the Ministry					

主要统计指标解释

农村水电 以小水电站为主体，直接为农村经济社会发展服务的水电站及供电网络。

发电量 电厂（发电机组）在报告期内生产的电能量。

售电量 电力企业出售给用户或其他电力企业的用于消费或生产的电量。

Explanatory Notes of Main Statistical Indicators

Rural hydropower It refers to hydropower stations and power supply networks that directly serve for social and economic development in rural areas, and most of which are small hydropower stations.

Power generation Electricity produced by power plants (electricity generating units) in the report period.

Electricity sale The quantity of electricity sold by electricity enterprises to the users or other electricity enterprises for consumption.

8 水文站网

Hydrological Network

简 要 说 明

水文站网主要按水文测站类别、监测方式、观测项目类别分类分别统计水文站、水位站、雨量站、地下水站、水质站、墒情站等水文测站的情况，以及从业人员和经费等。

本部分资料按流域所属机构和地区分组。历史资料汇总 1949 年至今数据。

1. “水文测站类别”包括水文站、水位站、雨量站、蒸发站、地下水站、水质站、墒情站、实验站。

2. “监测方式”包括驻测、巡测、巡驻结合、间测、人工观测/监测、自动监测、委托观测等。

3. “观测项目类别”包括流量、水位、泥沙、降水量、蒸发、比降、冰情、水温、地下水、地表水水质、水生态、墒情、水文调查、辅助气象等。

Brief Introduction

Hydrological network is classified according to the types of hydrological measurement stations, monitoring methods and measuring items, and is used to collect data of hydrological stations, gauging stations, precipitation stations, groundwater monitoring stations, water quality stations and moisture stations, as well as working staff and expenses.

The data is divided into several groups based on organization and region where river basin is located. Historical data is collected from 1949 to present.

1. The “types of hydrological measurement stations” includes hydrological station, gauging station, precipitation station, evaporation station, groundwater monitoring station, water quality station, moisture station, experiment station.

2. “Monitoring methods” include perennial stationary gauging, tour gauging, stationary and mobile gauging, interval gauging, manual observation/monitoring, automatic gauging and contract gauging.

3. “Measuring items” include flow, water level, sediment, precipitation, evaporation, gradient, ice condition, water temperature, groundwater/surface water quality, water ecology, moisture, hydrologic investigation, auxiliary meteorology and so on.

8-1 历年水文站网、职工人数和经费

Hydrological Network, Employees and Expenses by Year

年份 Year	水文站网/处 Hydrological Network/unit								报汛站/处 Hydrometric Station/unit	职工人数/人 Number of Employee/person	经费/万元 Expenses/10^4 yuan	
	水文站 Hydrological Station	水位站 Gauging Station	雨量站 Precipitation Station	蒸发站 Evaporation Station	墒情站 Soil Moisture Station	地下水站 Ground water Station	水质站 Water Quality Station	实验站 Experiment Station			事业费 Operating Expenses	基建费 Cost of Construction
1949	148	203	2							756	1.9	
1950	419	425	234					1	386	1892	68.9	
1951	796	701	1145					8	685	4208	388.7	
1952	933	831	1554					3	875	5811	550.7	
1953	1059	1006	1754					8	1173	7292	813.8	
1954	1229	1132	1973					9	1652	8589	1134.5	
1955	1396	1205	2337					11	1962	10312	1581.1	
1956	1769	1449	3371					24	2251	13952	2156.8	
1957	2023	1500	3695					41	2778	14167	2304.8	
1958	2766	1308	5494					132	3548	13806	2174.6	
1959	2995	1338	5487					282	4922	16861	2322.5	
1960	3611	1404	5684					318	6013	16867	2470.3	
1961	3402	1252	5587					149	5102	17266	1740.1	
1962	2842	1199	5980					104	5049	15524	1909.4	
1963	2664	1096	6178					96	5051	16862	1881.0	
1964	2692	1116	7252					90	5058	19424	2064.7	
1965	2751	1129	7909					88		19520	2022.0	
1966	2883	1155	10280					49	4838	18369	3174.8	470.4
1967	2681	1127	9477					82	6133	18272	2881.5	269.0
1968	2559	1048	9500					67	5403	18405	2638.3	221.7
1969	2579	1101	10173					32	5390	17661	2846.8	194.9
1970	2663	1144	10154					37	5501	16866	2874.0	229.7
1971	2727	1191	10486					38	6294	17038	2837.7	343.8
1972	2674	1071	10356					62	5576	17516	3200.0	443.1
1973	2690	1329	10447			1322	134	52	6629	17902	2824.2	671.5
1974	2778	1349	11416			3702	80	31	6110	18170	2886.0	812.3
1975	2840	1196	10738			7681	520	24	6949	19180	3193.9	869.3
1976	2882	1336	11855			6858	663	29	8563	19981	3432.3	1215.0

注 1. 表中 1949—1965 年经费统计为事业费和基建费之和。

2. 1958—1964 年实验站数的统计中均包括了部分径流站。

3. 1960 年水文站数为年报统计数，偏大。经查核，水文年鉴刊布有流量资料的为 3365 站，年报数仅供参考。

4. 1957—1965 年测站数中包括水利（电）勘测部门的站。

5. 1959—1965 年水文职工数中包括水利（电）勘测部门的水文工作人员。

6. 水文站数据含外部门管理的处数。

Note 1. No separate statistical data of operating expenses and cost of construction are given for the data during 1949-1965.

2. The statistics of experiment stations during 1958-1964 includes only some runoff stations.

3. The number of hydrological stations in 1960 is estimated based on the Annual Report. After recheck, the stations with runoff data in the Hydrology Year book are 3,365 and the data of Annual Report is for reference only.

4. Observation stations during 1957-1965 include stations under water (power) reconnaissance and design institutions.

5. Employees of hydrological stations during 1959-1965 include hydrological engineers and workers in water (power) reconnaissance and design institutions.

6. Hydrological stations include those under the management of others despite of water department.

8-1 续表 continued

年份 Year	水文站网/处 Hydrological Network/unit								报汛站 /处 Hydrometric Station /unit	职工人数 /人 Number of Employee /person	经费/万元 Expenses/10^4 yuan	
	水文站 Hydrological Station	水位站 Gauging Station	雨量站 Precipitation Station	蒸发站 Evaporation Station	墒情站 Soil Moisture Station	地下水监测站 Groundwater Monitoring Station	水质站 Water Quality Station	实验站 Experiment Station			事业费 Operating Expenses	基建费 Cost of Construction
1977	2917	1326	12817				609	26	8369	20886	3661.5	1118.5
1978	2922	1320	13309			11326	758	33	9010	21571	4293.7	1413.4
1979	3034	1202	14424			12992	681	45	8265	22856	7432.3	1889.1
1980	3294	1320	15732			16112	747	53	8731	24374	7562.1	1701.7
1981	3341	1317	15969			13343	848	57	8646	26240	7805.1	1085.2
1982	3401	1373	16437				1209	60	8369	27076	8182.9	1374.2
1983	3418	1413	16545			12487	1024	60	8401	27744	8621.0	1677.7
1984	3396	1425	16734			12134	977	63	8418	28316	9942.0	1669.0
1985	3384	1420	16406			12188	1011	63	8381	28426	10910.9	1959.9
1986	3400	1380	16697			11893	1648	58	8583	28549	12581.9	2405.7
1987	3397	1316	16448			11880	1946	56	8539	28793	12863.8	2447.5
1988	3450	1263	16273			13948	1846	64	8843	28516	14201.0	2715.3
1989	3269	1258	15605					58	8617	28257	15583.4	2645.6
1990	3265	1178	15602				2052	61	8604	28065	17233.2	4189.7
1991	3238	1201	15356			13523	2113	60	8482	28211	21285.0	5378.4
1992	3172	1149	15368			11400	2327	56	8525	28202	22725.8	6476.0
1993	3099	1156	15505					48	7485	27439	23981.0	6469.3
1994	3090	1148	14202			11807	1944	66	7423	27278	34160.9	7729.7
1995	3039	1158	14613			11518	1839	69	7165	26404	35347.0	11312.0
1996	3006	1107	14158			11179	2401	61	6987	26555	36321.0	12744.7
1997	3040	1093	14191			10874	2572	128	7296	26118	40386.3	14049.7
1998	3683	1084	13910			11509	2694	129	7484	25929	64311.5	15372.1
1999	3657	1079	13855			11528	2753	125	7584	25238	63628.5	15115.7
2000	3124	1093	14242			11768	2861	81	7559	25146	78514.3	24346.4
2001	3146	1084	14337			11786	3025	75	7716	25180	90125.6	30209.0
2002	3130	1073	14454			11620	3228	74	7893	25436	114414.0	31307.0
2003	3158	1135	14196			12116	3695	80	7648	25640	139392.0	26230.0
2004	3182	1134	14108			11757	3946	70	7595	25906	133830.0	31515.0
2005	3191	1160	14373			12313	4557	69	7815	26133	152446.0	22673.0
2006	3183	1180	13866	13		12598	5140	78	8220	26654	170812.0	45421.0
2007	3162	1221	14211	17		12551	5468	90	8561	26237	199286.0	43031.0
2008	3171	1244	14602	17		12683	5668	51	9678	26480	237430.0	56371.0
2009	3183	1407	15750	11	780	12522	6097	49	10294	26438	283268.0	59182.0
2010	3193	1467	17245	12	1182	12991	6535	57	12786	26366	295179.0	75445.0
2011	3219	1523	19082	19	1648	13489	7750	53	12444	26270	366162.0	338178.0
2012	3592	5317	35637	11	1808	13726	10030	58	16469	26211	394928.0	381950.0
2013	4011	9330	43028	14	1912	16407	11795	57	24518	26236	455736.0	404537.0
2014	4882	9890	46980	21	1927	16990	12869	58	43539	25856	534921.0	243395.0
2015	5706	11180	49403	14	1856	16800	14560	56	45863	25827	564076.0	257923.0
2016	6766	12591	51084	14	1989	16967	14499	52	51596	25570	607308.0	145483.0
2017	7102	13579	54477	19	2751	19147	16123	47	59104	25647	701768.0	88868.0
2018	7253	13625	55413	19	3908	26550	14286	43	66439	25622	765582.0	100460.0

8-2 2018 年水文站网（按地区分）
Hydrological Network in 2018 (by Region)

单位：处　　　　unit: unit

地区	Region	国家基本水文站 National Basic Hydrological Station													非水文部门管理的国家基本水文站 International Basic Hydrological Station Managed by Non-hydrological Departments
		合计 Total	水文部门管理国家基本水文站 Basic Hydrological Station Managed by Hydrological Department												
			合计 Total	测量水体 Installed Position					监测方式 Observating Model			其中：间测站 Among Which: Gauging Station for Interval Measurement	其中：委托观测站 Among Which: Contracted Observation Station	其中：自动监测站 Among Which: Automatic Monitoring Station	
				河道 River Course	水库 Reservoir	湖泊 Lake	感潮 Lake Flow	渠道 Canal	驻测站 Staff Gauge Station	巡测站 Mobile Gauging Station without Permanent Staff	巡驻结合 Stationary and Mobile Gauging				
合计	Total	3154	3074	2604	215	28	81	146	1822	728	524	131	181	320	80
北京	Beijing	61	61	43	18				43	18			43	61	
天津	Tianjin	29	23	21			2		18	5					6
河北	Hebei	136	135	113	20	2					135				1
山西	Shanxi	68	67	57	10				67					67	1
内蒙古	Inner Mongolia	143	138	137	1				138					1	5
辽宁	Liaoning	121	100	99	1						100		1		21
吉林	Jilin	107	107	99	8						107				
黑龙江	Heilongjiang	120	120	110	10				48	55	17	5	40		
上海	Shanghai	8	8				8		2	6				8	
江苏	Jiangsu	151	151	43	6		33	69	136	15		30		4	
浙江	Zhejiang	94	82	79			3		74	8		1	24	18	12
安徽	Anhui	111	104	88	10	1	3	2	60	6	38				7
福建	Fujian	57	55	54	1				55					54	2
江西	Jiangxi	107	107	107					51	46	10	1			
山东	Shandong	150	150	88	37			25	101	29	20	12	4		
河南	Henan	128	126	87	25			14	88	38					2
湖北	Hubei	93	93	62	11			20	58	35		3	5		
湖南	Hunan	113	113	112	1				102	11					
广东	Guangdong	83	77	71	3		3		28	37	12	2	7	24	6
广西	Guangxi	114	114	111	2		1		45	69		14		42	
海南	Hainan	13	13	11	2				13						
重庆	Chongqing	31	31	31					22	9					
四川	Sichuan	139	139	139					18	101	20	20			
贵州	Guizhou	86	86	86					25	61					
云南	Yunnan	156	156	147	3	6			132	22	2	2	21	2	
西藏	Tibet	48	48	47		1			25	23		24	24	5	
陕西	Shaanxi	78	78	78					78						
甘肃	Gansu	94	94	82	12				74	6	14	5	9		
青海	Qinghai	34	34	33		1			34						
宁夏	Ningxia	39	29	17				12	2	18	9				10
新疆	Xinjiang	128	128	123	5				107	14	7			1	
新疆生产建设兵团	Xinjiang Production and Construction Corps	20	18	12	6				18				3	15	2
长江委	Yangtze River Water Resources Commission	121	121	74	20	17	9	1	29	67	25	12		5	
黄委	Yellow River Water Resources Commission	121	118	118					113	5					3
淮委	Huaihe River Water Resources Commission	1	1	1					1						
海委	Haihe River Water Resources Commission	15	15	9	3			3	13	2					
珠委	Pearl River Water Resources Commission	19	19	1			18		2	17				6	
松辽委	Songliao River Water Resources Commission	10	8	8							8				2
太湖局	Taihu Basin Authority	7	7	6			1		2	5				7	

8-2 续表 continued

地区	Region	基本水位站 Basic Hydrological Station									基本雨量站 Basic Rain Gauging Station					
		合计 Total	测量水体 Installed Position					监测方式 Observaing Model		其中：委托观测站 Among Which: Contracted Observation Station	合计 Total	其中 Among		监测方式 Observaing Model		其中：委托观测站 Among Which: Contracted Observation Station
			河道 River Course	水库 Reservoir	湖泊 Lake	感潮 Lake Flow	渠道 Canal	人工观测 Manual Observation	自动监测 Automatic Monitoring			常年 Perennial	汛期 Flood Season	人工观测 Manual Observation	自动监测 Automatic Monitoring	
合　计	**Total**	**1275**	**813**	**141**	**98**	**187**	**36**	**104**	**1171**	**517**	**15194**	**13733**	**1461**	**576**	**14618**	**9612**
北　京	Beijing										123	123			123	114
天　津	Tianjin	2	2						2	2	29	11	18		29	29
河　北	Hebei	15	4	4	7			15		15	935	699	236		935	935
山　西	Shanxi										737	661	76		737	737
内蒙古	Inner Mongolia	10	3	3	4			10			628	444	184	496	132	498
辽　宁	Liaoning	9	6			3		3	6	6	435	300	135		435	435
吉　林	Jilin	13	13					2	11		280	192	88		280	280
黑龙江	Heilongjiang	43	39	2	2			6	37		497	452	45	8	489	418
上　海	Shanghai	47				47			47	13	10	10			10	2
江　苏	Jiangsu	137	86	6	17	12	16	18	119	103	237	237		10	227	194
浙　江	Zhejiang	132	98			34			132	68	483	483			483	
安　徽	Anhui	87	37	22	16	2	10		87	72	674	640	34		674	
福　建	Fujian	43	32			11			43		411	411		2	409	411
江　西	Jiangxi	48	40		8				48		1085	1085			1085	
山　东	Shandong	17	9		5	3			17	17	663	346	317		663	663
河　南	Henan	32	25	3			4		32	13	751	483	268		751	751
湖　北	Hubei	42	11	18	11		2		42	11	543	543			543	
湖　南	Hunan	12	12					1	11		451	451			451	
广　东	Guangdong	92	37	1		54			92	30	805	805			805	805
广　西	Guangxi	23	19			4			23		525	525			525	525
海　南	Hainan	8	5			3			8	1	182	182			182	182
重　庆	Chongqing	120	120						120	120	830	830			830	830
四　川	Sichuan	29	28		1			1	28		565	562	3		565	
贵　州	Guizhou	3	3						3		557	557			557	
云　南	Yunnan	13	3	1	9				13	1	874	874			874	142
西　藏	Tibet	4	4					4			39	39		39		
陕　西	Shaanxi	5	4				1		5		552	552			552	552
甘　肃	Gansu										234	234			234	164
青　海	Qinghai										86	80	6		86	86
宁　夏	Ningxia	11	11						11		179	178	1	4	175	179
新　疆	Xinjiang	1			1			1			5	5		5		
新疆生产建设兵团	Xinjiang Production and Construction Corps	126	85	38			3	6	120		109	72	37	12	97	
长江委	Yangtze River Water Resources Commission	96	34	40	14	8			96	36	29	29			29	29
黄　委	Yellow River Water Resources Commission	45	40	3	2			34	11	9	651	638	13		651	651
淮　委	Huaihe River Water Resources Commission															
海　委	Haihe River Water Resources Commission	3	3					3								
珠　委	Pearl River Water Resources Commission	6				6			6							
松辽委	Songliao River Water Resources Commission															
太湖局	Taihu Basin Authority	1			1				1							

8-2 续表 continued

地区	Region	蒸发站 Evaporation Station			地下水站 Groundwater Station								
		合计 Total	监测方式 Obseving Model		合计 Total	设站目的 Station Required Purpose		监测层位 Monitoring Horizon		监测方式 Obseving Model		其中: Among which:	
			人工观测 Manual Observ-ation	自动监测 Autom-atic Monit-oring		基本站 Basic Station	统测站 Measu-ring Station	浅层 Shallow Layer	深层 Deep Layer	人工观测 Manual Observa-tion	自动监测 Automa-tic Monit-oring	水质人工监测 Mannual Monitoring of Water Quality	水质自动监测 Automatic Monitoring of Water Quality
合 计	**Total**	**19**	**6**	**13**	**26550**	**23475**	**3075**	**21474**	**5076**	**13713**	**12837**	**8734**	**107**
北 京	Beijing				1310	1310		1310		860	450	307	13
天 津	Tianjin				927	631	296	126	801	492	435	254	5
河 北	Hebei				3614	3614		2351	1263	891	2723	613	6
山 西	Shanxi				3005	1302	1703	3005		2342	663	505	4
内蒙古	Inner Mongolia				1253	1253		1253		610	643	354	4
辽 宁	Liaoning				1153	1070	83	1108	45	526	627	649	7
吉 林	Jilin				1795	1795		1795		1285	510	757	4
黑龙江	Heilongjiang				2094	2094		1423	671	1308	786	567	3
上 海	Shanghai				49	49		8	41		49	48	1
江 苏	Jiangsu				1661	807	854	499	1162	1130	531	323	5
浙 江	Zhejiang				155	155		110	45		155	140	2
安 徽	Anhui	1	1		576	576		477	99	179	397	259	4
福 建	Fujian	1	1		55	55		55			55	22	1
江 西	Jiangxi	1	1		117	117		85	32		117	115	1
山 东	Shandong				2344	2344		2123	221	1542	802	656	8
河 南	Henan				2534	2534		2312	222	1713	821	713	4
湖 北	Hubei				215	215		215			215	181	1
湖 南	Hunan				93	93		51	42		93	46	1
广 东	Guangdong	5	1	4	136	114	22	53	83	22	114	118	5
广 西	Guangxi				126	126		126			126	113	2
海 南	Hainan				75	75		19	56		75	66	2
重 庆	Chongqing				80	80		80			80	72	1
四 川	Sichuan				176	176		176		46	130	82	1
贵 州	Guizhou				31	31		31			31	31	
云 南	Yunnan				181	173	8	117	64	1	180	156	1
西 藏	Tibet				60	60		60			60	60	1
陕 西	Shaanxi				1214	1105	109	1127	87	537	677	521	5
甘 肃	Gansu				499	499		499		169	330	326	4
青 海	Qinghai				140	140		140			140	126	4
宁 夏	Ningxia				324	324		308	16	29	295	174	3
新 疆	Xinjiang				488	488		362	126	31	457	357	3
新疆生产建设兵团	Xinjiang Production and Construction Corps	9	2	7	70	70		70			70	23	1
长江委	Yangtze River Water Resources Commission	2		2									
黄 委	Yellow River Water Resources Commission												
淮 委	Huaihe River Water Resources Commission												
海 委	Haihe River Water Resources Commission												
珠 委	Pearl River Water Resources Commission												
松辽委	Songliao River Water Resources Commission												
太湖局	Taihu Basin Authority												

8-2 续表 continued

地区	Region	水质站（地表水）Water Quality Station		
		合计 Total	监测方式 Monitoring Method	
			人工监测 Manual Observation	自动监测 Automatic Monitoring
合 计	**Total**	**14286**	**13961**	**325**
北 京	Beijing	269	256	13
天 津	Tianjin	182	179	3
河 北	Hebei	188	181	7
山 西	Shanxi	178	176	2
内蒙古	Inner Mongolia	511	511	
辽 宁	Liaoning	1294	1280	14
吉 林	Jilin	113	113	
黑龙江	Heilongjiang	122	105	17
上 海	Shanghai	293	291	2
江 苏	Jiangsu	2227	2191	36
浙 江	Zhejiang	703	703	
安 徽	Anhui	657	641	16
福 建	Fujian	671	670	1
江 西	Jiangxi	483	483	
山 东	Shandong	451	451	
河 南	Henan	277	277	
湖 北	Hubei	457	430	27
湖 南	Hunan	391	358	33
广 东	Guangdong	739	683	56
广 西	Guangxi	326	326	
海 南	Hainan	72	72	
重 庆	Chongqing	253	253	
四 川	Sichuan	660	660	
贵 州	Guizhou	399	382	17
云 南	Yunnan	703	694	9
西 藏	Tibet	62	62	
陕 西	Shaanxi	214	214	
甘 肃	Gansu	191	185	6
青 海	Qinghai	100	99	1
宁 夏	Ningxia	13	13	
新 疆	Xinjiang	127	127	
新疆生产建设兵团	Xinjiang Production and Construction Corps	18	16	2
长江委	Yangtze River Water Resources Commission	283	272	11
黄 委	Yellow River Water Resources Commission	45	45	
淮 委	Huaihe River Water Resources Commission	107	77	30
海 委	Haihe River Water Resources Commission	136	129	7
珠 委	Pearl River Water Resources Commission	143	143	
松辽委	Songliao River Water Resources Commission	90	80	10
太湖局	Taihu Basin Authority	138	133	5

8-2 续表 continued

地区	Region	墒情站 Soil Moisture Station					实验站 Experiment Station							
		合计 Total	监测方式 Monitoring Method				合计 Total	实验项目 Experiment Project						其中：兼水文站 Among Which: Dual-purpose Hydrological Station
			人工观测 Manual Observation	自动监测 Automatic Monitoring				径流 Runoff	蒸发 Evaporation	测验方法 Test Method	水库 Reservoir	地下水 Groundwater	其他 Others	
				合计 Subtotal	其中：固定 #Fixed	其中：移动 #Mobile								
合　计	**Total**	**3908**	**751**	**3157**	**1257**	**1900**	**43**	**19**	**11**	**2**	**2**	**5**	**4**	**17**
北　京	Beijing	80		80	80									
天　津	Tianjin													
河　北	Hebei	188	188				2	1	1					1
山　西	Shanxi	97		97	97		2					2		
内蒙古	Inner Mongolia	87	87											
辽　宁	Liaoning	96	41	55	55		3	1	1				1	1
吉　林	Jilin	170	43	127	127		2	2						
黑龙江	Heilongjiang						4	3	1					3
上　海	Shanghai													
江　苏	Jiangsu	51	26	25	25									
浙　江	Zhejiang	15		15	15		1	1						1
安　徽	Anhui	216	87	129	129		5	4	1					4
福　建	Fujian	16		16	16		2		1	1				1
江　西	Jiangxi	503		503	106	397	1						1	
山　东	Shandong	155	155											
河　南	Henan	636		636	106	530								
湖　北	Hubei	61	26	35	35									
湖　南	Hunan	105	2	103	103									
广　东	Guangdong	29		29	29		1		1					
广　西	Guangxi	28	16	12	12									
海　南	Hainan													
重　庆	Chongqing	72	5	67	67									
四　川	Sichuan	109	11	98		98	1						1	1
贵　州	Guizhou	482		482	42	440	1	1						1
云　南	Yunnan	61	8	53	53									
西　藏	Tibet	6		6	6		3	1	2					2
陕　西	Shaanxi	17	17											
甘　肃	Gansu	20	20				1					1		
青　海	Qinghai													
宁　夏	Ningxia	57	18	39	39									
新　疆	Xinjiang	522		522	87	435	1	1						1
新疆生产建设兵团	Xinjiang Production and Construction Corps	28		28	28									
长江委	Yangtze River Water Resources Commission	1	1				5	1	2			2		1
黄　委	Yellow River Water Resources Commission						6	2	1		2		1	
淮　委	Huaihe River Water Resources Commission													
海　委	Haihe River Water Resources Commission													
珠　委	Pearl River Water Resources Commission													
松辽委	Songliao River Water Resources Commission													
太湖局	Taihu Basin Authority						2	1		1				

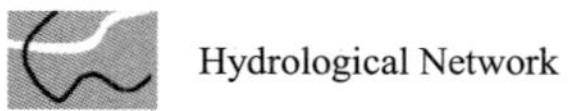

8-2 续表 continued

地区	Region	专用站 Special Station									
		专用水文站 Special Purpose Hydrological Stationl					专用水位站 Special Purpose Gauging Stationl				
		合计 Total	水文部门建设 Built by Hydrological Department		非水文部门建设 Built by Non-hydro-logical Depart-ment	其中：自动监测 #Auto-matic Monito-ring	合计 Total	水文部门建设 Built by Hydrological Department		非水文部门建设 Built by Non-hydro-logical Department	其中：自动监测 #Automatic Monitoring
			合计 Sub-total	其中：中小河流项目新建 #Newly-built on Medium or Small River				合计 Sub-total	其中：中小河流项目新建 #Newly-built on Medium or Small River		
合　计	**Total**	**4099**	**3881**	**3444**	**218**	**1103**	**12350**	**4648**	**3375**	**7702**	**11279**
北　京	Beijing	41	41	41		41					
天　津	Tianjin	45	45	36							
河　北	Hebei	92	92	88		88	553	145	145	408	553
山　西	Shanxi	48	45	41	3	48	47	47	47		47
内蒙古	Inner Mongolia	110	110	110			13	13	13		
辽　宁	Liaoning	97	97	97			52	49	49	3	
吉　林	Jilin	80	80	80		1	87	87	87		87
黑龙江	Heilongjiang	147	147	146		4	110	110	89		95
上　海	Shanghai	20	20	1		20	225	224	13	1	225
江　苏	Jiangsu	138	138	74		74	137	137	137		137
浙　江	Zhejiang	160	77	54	83	62	2227	85	18	2142	2227
安　徽	Anhui	122	101	86	21	39	197	197	120		197
福　建	Fujian	83	83	83		22	1982	123	123	1859	1982
江　西	Jiangxi	148	148	147			1113	162	162	951	1113
山　东	Shandong	335	335	335			193	193	193		193
河　南	Henan	241	241	241			136	136	136		136
湖　北	Hubei	200	197	189	3	126	281	248	241	33	281
湖　南	Hunan	136	131	128	5		1434	130	110	1304	1434
广　东	Guangdong	197	186	163	11	172	640	520	107	120	445
广　西	Guangxi	241	241	235			275	275	228		
海　南	Hainan	32	32	32		32	21	21	21		21
重　庆	Chongqing	194	194	176			791	374	266	417	791
四　川	Sichuan	210	210	208			244	244	244		244
贵　州	Guizhou	288	249	183	39	288	476	177	177	299	476
云　南	Yunnan	205	158	136	47		114	113	111	1	114
西　藏	Tibet	55	55	55			56	56	56		55
陕　西	Shaanxi	79	79	74			110	99	90	11	110
甘　肃	Gansu	39	39	39			160	160	160		160
青　海	Qinghai	20	20	13			28	28	27		28
宁　夏	Ningxia	111	111	29			166	166	84		
新　疆	Xinjiang	85	85	82		82	59	59	59		43
新疆生产建设兵团	Xinjiang Production and Construction Corps	60	54	42	6	2	208	64	62	144	55
长江委	Yangtze River Water Resources Commission						159	159			
黄　委	Yellow River Water Resources Commission	8	8			2	48	40		8	30
淮　委	Huaihe River Water Resources Commission										
海　委	Haihe River Water Resources Commission	14	14				5	4		1	
珠　委	Pearl River Water Resources Commission	1	1								
松辽委	Songliao River Water Resources Commission	3	3								
太湖局	Taihu Basin Authority	14	14				3	3			

8-2 续表 continued

地区	Region	专用站 Special Station 专用雨量站 Special Purpose Precipitation Station 合计 Total	水文部门建设 Built by Hydrological Department 合计 Sub-total	其中：中小河流项目新建 #Newly-built on Medium or Small River	非水文部门建设 Built by Non-hydrological Department	其中：自动监测 #Automatic Monitoring
合　计	**Total**	**40219**	**29039**	**25396**	**11180**	**39324**
北　京	Beijing	122	122	54		122
天　津	Tianjin					
河　北	Hebei	1847	344	344	1503	1847
山　西	Shanxi	1136	1136	938		1136
内蒙古	Inner Mongolia	687	687	687		
辽　宁	Liaoning	1176	1176	828		1176
吉　林	Jilin	1649	1649	1649		1649
黑龙江	Heilongjiang	1484	1484	1315		1484
上　海	Shanghai	166	166	71		166
江　苏	Jiangsu	60	60	60		60
浙　江	Zhejiang	2538	202	152	2336	2538
安　徽	Anhui	1272	1272	852		1272
福　建	Fujian	1503			1503	1503
江　西	Jiangxi	2037	628	628	1409	2037
山　东	Shandong	1224	1224	1224		1224
河　南	Henan	2158	2158	2158		2158
湖　北	Hubei	763	763	689		689
湖　南	Hunan	2227	865	376	1362	2227
广　东	Guangdong	1217	898	323	319	1201
广　西	Guangxi	3017	2246	1805	771	3017
海　南	Hainan	9	9	9		9
重　庆	Chongqing	3694	3305	3305	389	3694
四　川	Sichuan	2586	2586	2586		2586
贵　州	Guizhou	2385	948	565	1437	2385
云　南	Yunnan	1708	1658	1655	50	1708
西　藏	Tibet	603	603	599		603
陕　西	Shaanxi	1342	1321	1125	21	1342
甘　肃	Gansu	159	158	147	1	158
青　海	Qinghai	335	335	335		335
宁　夏	Ningxia	748	748	714		748
新　疆	Xinjiang	78	78	78		78
新疆生产建设兵团	Xinjiang Production and Construction Corps	139	85	65	54	22
长江委	Yangtze River Water Resources Commission					
黄　委	Yellow River Water Resources Commission	150	125	60	25	150
淮　委	Huaihe River Water Resources Commission					
海　委	Haihe River Water Resources Commission					
珠　委	Pearl River Water Resources Commission					
松辽委	Songliao River Water Resources Commission					
太湖局	Taihu Basin Authority					

8-2 续表 continued

地区	Region	合计 Total	报汛抗旱站 Flood Warning Station							
			测站种类 Types of Station							
			水文站 Hydrological Station			水位站 Gauging Station	雨量站 Precipit-ation Station	墒情站 Soil Moisture Station	地下水站 Ground-water Station	水质站 Water Quality Station
			合计 Sub-total	其中：水库 #Reservoir	其中：渠道 #Canal					
合　计	**Total**	**66439**	**8385**	**3101**	**949**	**5982**	**38073**	**2999**	**6593**	**4407**
北　京	Beijing	755	83	27	24	2	74	38	558	
天　津	Tianjin	135	102	25	77	2	28	3		
河　北	Hebei	5225	493	252	241	490	2814	188	936	304
山　西	Shanxi	2052	64	9		47	1873	68		
内蒙古	Inner Mongolia	1690	270	128	142	1	85	81	1253	
辽　宁	Liaoning	2201	494	388	3	9	1437	4		257
吉　林	Jilin	2063	187	6	1	100	1649	127		
黑龙江	Heilongjiang	2496	265	11		157	1929		145	
上　海	Shanghai	333	20			139	174			
江　苏	Jiangsu	4453	377	55	198	98	87	3	1661	2227
浙　江	Zhejiang	464	260	197	29	118	86			
安　徽	Anhui	3537	209	13	56	860	1089	84	390	905
福　建	Fujian	273	44			43	186			
江　西	Jiangxi	1520	82			72	1132	106	128	
山　东	Shandong	825	125	39	24	12	533	155		
河　南	Henan	4586	368			114	3245	636	223	
湖　北	Hubei	2480	786	385	88	235	1156	61	215	27
湖　南	Hunan	1560	923	699		153	379	105		
广　东	Guangdong	691	63			301	291	6	30	
广　西	Guangxi	4001	731	370	10	371	2764	9	126	
海　南	Hainan	203	13	2		8	182			
重　庆	Chongqing	6065	225			911	4524	72	80	253
四　川	Sichuan	4577	674	292	3	311	3307	109	176	
贵　州	Guizhou	3728	271	3		579	2396	482		
云　南	Yunnan	2827	266			112	2421	8		20
西　藏	Tibet	796	71			56	603	6	60	
陕　西	Shaanxi	2224	120			117	1728	41	218①	
甘　肃	Gansu	81	81	7						
青　海	Qinghai	35	32			1	2			
宁　夏	Ningxia	1655	101			155	887	57	324	131
新　疆	Xinjiang	753	230	141		1		522		
新疆生产建设兵团	Xinjiang Production and Construction Corps	534	96	46	23	196	144	28	70	
长江委	Yangtze River Water Resources Commission	550	85	1		154	28			283
黄　委	Yellow River Water Resources Commission	948	138		21	48	762			
淮　委	Huaihe River Water Resources Commission	1	1							
海　委	Haihe River Water Resources Commission	25	17	3	6	8				
珠　委	Pearl River Water Resources Commission	3	3							
松辽委	Songliao River Water Resources Commission	91	13	2	3		78			
太湖局	Taihu Basin Authority	3	2			1				

① 陕西省地下水管理监测局监测站点。
① It refers to groundwater monitoring station or point of Shaanxi Provincial Groundwater Management and Monitoring Bureau.

8-2 续表 continued

地区	Region	可发布预报测站 Forecasting Station	可发布预警测站 Warning Station	辅助站 Auxiliary Station	固定洪调点 Fixed- flood Regulation Station
合　计	**Total**	**1887**	**1390**	**730**	**366**
北　京	Beijing	21	17		
天　津	Tianjin				
河　北	Hebei	52	37	110	
山　西	Shanxi				
内蒙古	Inner Mongolia				
辽　宁	Liaoning	50	9		2
吉　林	Jilin	78	7		
黑龙江	Heilongjiang	105	15		
上　海	Shanghai				
江　苏	Jiangsu	19	54		
浙　江	Zhejiang	23		1	
安　徽	Anhui	134	13	87	
福　建	Fujian	33	33		
江　西	Jiangxi	111	116	8	
山　东	Shandong	71	3	181	
河　南	Henan	90	25	130	50
湖　北	Hubei	268	33		7
湖　南	Hunan	105	122		
广　东	Guangdong	123		39	
广　西	Guangxi	151	649	15	
海　南	Hainan	6	9		
重　庆	Chongqing	11	18		
四　川	Sichuan	34	9		
贵　州	Guizhou	150	18	6	
云　南	Yunnan	89			5
西　藏	Tibet	1	1		
陕　西	Shaanxi	34	100		
甘　肃	Gansu				220
青　海	Qinghai	14		15	29
宁　夏	Ningxia	2			46
新　疆	Xinjiang	63	88		7
新疆生产建设兵团	Xinjiang Production and Construction Corps				
长江委	Yangtze River Water Resources Commission	29	11		
黄　委	Yellow River Water Resources Commission	17	2	17	
淮　委	Huaihe River Water Resources Commission				
海　委	Haihe River Water Resources Commission	2			
珠　委	Pearl River Water Resources Commission			29	
松辽委	Songliao River Water Resources Commission				
太湖局	Taihu Basin Authority	1	1	92	

8-2 续表 continued

地区	Region	观测项目类别（站数/断面） Types of Measuring Items (Number of Stations/Sections)											
		流量 Runoff	水位 Water Level	泥沙 Sediment	悬移质 Suspended Load	推移质 Traction Load	河床质 Bed Load	颗粒分析 Particle Size Analysis	降雨量 Precipitation	蒸发 Evaporation	比降 Gradient	冰情 Ice Condition	水温 Water Temperature
合　计	**Total**	**7637**	**16693**	**1686**	**1568**	**17**	**197**	**517**	**61125**	**1748**	**1098**	**1228**	**1218**
北　京	Beijing	102	102	17	17			11	245	27	14	33	26
天　津	Tianjin	82	125	20	20			8	51	7		50	10
河　北	Hebei	326	892	128	128			55	3469	45	64	123	78
山　西	Shanxi	159	211	63	63			33	1967	50	63	64	61
内蒙古	Inner Mongolia	253	276	80	80			4	1315	105	100	104	78
辽　宁	Liaoning	197	255	75	75			31	1863	40	76	66	45
吉　林	Jilin	187	207	45	45				2185	27	62	80	73
黑龙江	Heilongjiang	267	420	25	25			8	2129	71	39	151	127
上　海	Shanghai	41	320						359	12			9
江　苏	Jiangsu	357	512	21	21				438	36	1		7
浙　江	Zhejiang	171	361	19	19				841	95	10		27
安　徽	Anhui	242	612	29	29				2179	48	30		
福　建	Fujian	138	304	28	28				505	10	41		21
江　西	Jiangxi	263	1422	29	29			13	4534	75	26		23
山　东	Shandong	669	888	48	48			3	2567	49	19	99	7
河　南	Henan	163	546	42	42				4093	51	45	107	35
湖　北	Hubei	334	680	15	15			4	1922	42	21		20
湖　南	Hunan	237	1695	31	31				3324	47	54		26
广　东	Guangdong	349	982	33	33			14	2594	59	48		
广　西	Guangxi	355	653	39	39				4174	89	67		44
海　南	Hainan	45	29	5	5				203	6	9		5
重　庆	Chongqing	225	1136	132	132				5660	46			
四　川	Sichuan	349	622	56	56			14	3318	78	22	5	11
贵　州	Guizhou	335	515	25	25				2020	73			33
云　南	Yunnan	361	488	94	94				3052	155	42		70
西　藏	Tibet	102	61	13	13				642	39	7	25	42
陕　西	Shaanxi	157	272	63	63			27	2087	52		1	20
甘　肃	Gansu	140	344	61	61				478	63	23	45	41
青　海	Qinghai	67	88	32	32			1	459	39	22	35	15
宁　夏	Ningxia	150	317	28	28				927	17	12	34	3
新　疆	Xinjiang	251	256	70	70				147	78	64	83	86
新疆生产建设兵团	Xinjiang Production and Construction Corps	85	334	10	6	4			248	47		12	7
长江委	Yangtze River Water Resources Commission	121	376		68	13	24	57	173	19			42
黄　委	Yellow River Water Resources Commission	146	239	280	98		173	232	924	37	109	96	95
淮　委	Huaihe River Water Resources Commission	1	1						1	1			
海　委	Haihe River Water Resources Commission	35	59	9	9				16	6	4	7	9
珠　委	Pearl River Water Resources Commission	49	55	13	13				1				
松辽委	Songliao River Water Resources Commission	13	13	8	8			2	6	6	4	8	8
太湖局	Taihu Basin Authority	113	25						9	1			14

8-2 续表 continued

地区	Region	观测项目类别（站数/断面） Types of Measuring Items (Number of Stations/Sections)								
		地下水 Groundwater	地下水水位 Groundwater Level	地下水水质 Groundwater Quality	地下水水量 Groundwater Quantity	地表水水质 Surface Water Quality	水生态 Water Ecology	墒情 Soil Moisture Condition	水文调查 Hydrological Survey	辅助气象 Auxiliary Meteorology
合　计	**Total**	**26900**	**25540**	**8883**	**270**	**15929**	**375**	**3982**	**1534**	**499**
北　京	Beijing	1310	1166	320		269	48	80	20	15
天　津	Tianjin	927	860	259	67	182	10		17	11
河　北	Hebei	3614	3614	614	99	304	4	188	33	11
山　西	Shanxi	3005	2988	505	32	178		165	70	70
内蒙古	Inner Mongolia	1253	1253	356		511		87	20	
辽　宁	Liaoning	1153	1153	649		1294		96	92	1
吉　林	Jilin	1795	1795	757		113		170	24	10
黑龙江	Heilongjiang	2094	1244	570		122			234	79
上　海	Shanghai	94	94	91		350		1	14	22
江　苏	Jiangsu	1661	1661	328		2227		51		
浙　江	Zhejiang	155	155	142		964	32	15	8	4
安　徽	Anhui	839	576	263		905	10	216		6
福　建	Fujian	55	55	23		694		16		1
江　西	Jiangxi	128	128	116		592		503		33
山　东	Shandong	2344	2336	664	8	451	5	155	135	
河　南	Henan	2534	2534	717	32	277	76	636	130	9
湖　北	Hubei	215	215	181		459	53	61	449	
湖　南	Hunan	93	93	47		486		105		2
广　东	Guangdong	136	136	123		772		52	21	18
广　西	Guangxi	126	126	113	20	410	3	28		37
海　南	Hainan	75	75	68		93			8	2
重　庆	Chongqing	80	80	73		253		265		
四　川	Sichuan	176	176	83		750		109		
贵　州	Guizhou	59	48	59	11	502	19	482		
云　南	Yunnan	181	181	156		855		61	1	
西　藏	Tibet	60	60	60		91		6	40	21
陕　西	Shaanxi	1214[①]	1214[①]	526[①]		214		41		
甘　肃	Gansu	499	499	330	1	191		20		22
青　海	Qinghai	140	140	130		138			45	1
宁　夏	Ningxia	324	324	177		131		57	46	
新　疆	Xinjiang	488	488	360		237	1	274	45	68
新疆生产建设兵团	Xinjiang Production and Construction Corps	70	70	23		18		41	3	2
长江委	Yangtze River Water Resources Commission	2	2			283	15	1		4
黄　委	Yellow River Water Resources Commission					73			79	34
淮　委	Huaihe River Water Resources Commission					107				
海　委	Haihe River Water Resources Commission	1	1			136	16			6
珠　委	Pearl River Water Resources Commission					60	83			
松辽委	Songliao River Water Resources Commission					94				6
太湖局	Taihu Basin Authority					143				4

① 陕西省地下水管理监测局监测站点。
① It refers to groundwater monitoring station or point of Shaanxi Provincial Groundwater Management and Monitoring Bureau.

主要统计指标解释

水文测站 为经常收集水文数据而在河、渠、湖、库上或流域内设立的各种水文观测场所的总称。

国家基本水文测站 为公用目的，经统一规划设立，能获取基本水文要素值多年变化资料的水文测站。它应进行较长期的连续观测，资料长期存储。

水文站 设在河、渠、湖、库上以测定水位、流量为主的水文测站，根据需要还可监测降水、水面蒸发、泥沙、墒情、地下水、水质、气象要素等有关项目。

水位站 以观测水位为主，可兼测降水量等项目的水文测站。

雨量站（降水量站） 以观测降水量为主的水文测站。

蒸发站 观测水面蒸发量及相关项目的水文测站。

地下水站（井） 为观测地下水的量、质动态变化，在水文地质单元或地下水开采区等设置的水文测站或地下水监测井（孔）。

水质站（水质监测站） 为掌握水资源质量变化动态，收集和积累水体的物理、化学和生物等监测信息而进行采样和现场测定位置的总称。

墒情站 观测土壤含水量变化的水文测站。

水文实验站 在天然和人为特定实验条件下，由一个或一组水文观测试验项目站点组成的专门场所。

巡测站 水文专业人员以巡回流动的方式定期或不定期地对一个地区或流域内各观测站（点）的水文要素进行测验的水文测站。

Explanatory Notes of Main Statistical Indicators

Hydrological station General term for hydrological observation locations built on rivers, canals, lakes, reservoirs or inside river basins for gathering hydrological data.

Basic station Hydrological measurement stations that are built for public purpose and designed according to unified planning to gather multi-year variables of basic hydrological element value. This kind of station carries out long-term and continuous observation and stores data for future usage.

Hydrological station Hydrological measurement stations that are built on rivers, canals, lakes or reservoirs and mainly for observation of water level and flow. When necessary, it can also be used to observe precipitation, water surface evaporation, sediment, moisture, groundwater, water quality, meteorological and other related data.

Stage gauging station Hydrological measurement stations that are mainly used to observe water level, and can also be used to observe precipitation and other related data at the same time.

Rainfall station (Precipitation station) Hydrological measurement stations that are used to observe precipitation.

Evaporation station Hydrological measurement stations that are used to observe water surface evaporation and other relevant data.

Groundwater monitoring station (Well) Hydrological measurement stations or groundwater monitoring well (hole) that are located in hydrogeological units or groundwater abstraction zone and used to observe the dynamic changes of water quantity and quality.

Water quality station (Water quality monitoring station) General term for sampling and on-site measurement locations which are used to observe dynamic changes of water quality and gather and accumulate monitoring data related to physical, chemical and biological conditions of water bodies.

Moisture gauging station Hydrological measurement stations that are used to observe the variation of soil moisture content.

Hydrological experimental station It is a special place composed of one or a group of hydrological observation and test project stations under the natural and artificial specific experimental conditions.

Tour hydrological station Hydrological measurement stations that are used for hydrological professionals to conduct regular or irregular tests on hydrological elements of measurement stations (points) in a region or within a river basin.

9 从业人员情况

Employees

简要说明

从业人员情况统计资料主要包括水利部机关、直属单位、各省（自治区、直辖市）和计划单列市水利（水务）厅（局）的从业人员和技术工人情况等。

本部分资料分水利部机关和流域委员会、水利部在京直属单位、其他京外直属单位和地方水利部门。

Brief Introduction

Statistical data of employment provides you with information on employees working for the water sector, including staff and workers employed by the Ministry of Water Resources and organizations under the ministry, water resources departments of provinces (autonomous regions or municipalities) as well as cities with separate plans.

The data of Ministry of Water Resources and river basin commissions under the Ministry, affiliate organizations of the Ministry in Beijing and affiliate organizations of the Ministry out of Beijing and local water resources departments is shown separately by group.

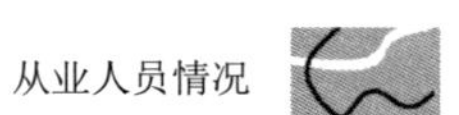

9-1 2018 年水利部从业人员

Employees of the Ministry of Water Resources in 2018

单 位	Institution	单位个数 /个 Number of Organizations /unit	年末人数 Total staff at the End of the Year			
			单位从业人员 /人 Employees /person	在岗职工 Full-time Staff	劳务派遣人员 Contracted Service Staff	其他从业人员 Other Employees
水利部	**Ministry of Water Resources (MWR)**	**841**	**70988**	**65939**	**3177**	**1872**
水利部机关和流域机构	MWR and River Basin Commissions	719	49334	47291	853	1190
水利部在京直属单位	Affiliate Organizations of MWR in Beijing	99	18058	15737	1749	572
其他京外直属单位	Affiliate Organizations of MWR outside Beijing	23	3596	2911	575	110

9-1 续表 continued

单　位	Institution	平均人数 Average Number			
		单位从业人员/人 Employees /person	在岗职工 Full-time Staff	劳务派遣人员 Contracted Service Staff	其他从业人员 Other Employees
水利部	**Ministry of Water Resources (MWR)**	**71018**	**66139**	**3037**	**1842**
水利部机关和流域机构	Ministry and River Basin Commissions	49683	47678	843	1162
水利部在京直属单位	Affiliate Organizations of MWR in Beijing	17771	15562	1638	571
其他京外直属单位	Affiliate Organizations of MWR outside Beijing	3565	2899	557	109

9-2 2018年地方水利部门从业人员
Employees of Local Water Resources Departments in 2018

单 位	Institution	单位个数/个 Number of Organizations /unit	单位从业人员年末人数/人 Employees at the end of the Year /person	在岗职工 Fully Employed Staff	劳务派遣人员 Service Dispatching Employees	外聘人员 Staff Employed from outside	其他从业人员 Other Employees
地方水利部门	**Local Water Resources Departments**	**42136**	**831825**	**813402**	**10720**	**3675**	**4028**
北京市水务局	Beijing Water Authority	304	10156	9895	234	27	
天津市水务局	Tianjin Water Authority	252	14876	13650	1078	45	103
河北省水利厅	Hebei Provincial Water Resources Department	1671	41837	41770	67		
山西省水利厅	Shanxi Provincial Water Resources Department	2064	37866	37321	129	2	414
内蒙古自治区水利厅	Water Resources Department of Inner Mongolia Autonomous Region	1009	24590	24256	9	160	165
辽宁省水利厅	Liaoning Provincial Water Resources Department	1160	19950	19710	234	1	5
吉林省水利厅	Jilin Provincial Water Resources Department	1266	22887	22855	5		27
黑龙江省水利厅	Heilongjiang Provincial Water Resources Department	1301	24506	24388	105		13
上海市水务局	Shanghai Water Authority	155	4895	4191	612		92
江苏省水利厅	Jiangsu Provincial Water Resources Department	2243	32076	31779	286	8	3
浙江省水利厅	Zhejiang Provincial Water Resources Department	3309	82536	78582	3954		
安徽省水利厅	Anhui Provincial Water Resources Department	1630	26957	26843	43	39	32
福建省水利厅	Fujian Provincial Water Resources Department	861	12947	12542	266	70	69
江西省水利厅	Jiangxi Provincial Water Resources Department	1623	21107	20779	73	246	9
山东省水利厅	Shandong Provincial Water Resources Department	2473	41613	41499	85	27	2
河南省水利厅	Henan Provincial Water Resources Department	1999	55322	54599	143	299	281
湖北省水利厅	Hubei Provincial Water Resources Department	2323	40017	39391	347	113	166
湖南省水利厅	Hunan Provincial Water Resources Department	2098	49751	48931	182	2	636
广东省水利厅	Guangdong Provincial Water Resources Department	1841	40828	40204	139	127	358
广西壮族自治区水利厅	Water Resources Department of Guangxi Zhuang Autonomous Region	1797	23325	22233	222	199	671
海南省水务厅	Hainan Water Authority	204	6940	6641	20	137	142
重庆市水利局	Chongqing Water Resources Bureau	568	8147	7802	304	38	3
四川省水利厅	Sichuan Provincial Water Resources Department	2161	33534	32446	275	457	356
贵州省水利厅	Guizhou Provincial Water Resources Department	1683	19845	18973	567	286	19
云南省水利厅	Yunnan Provincial Water Resources Department	1816	21269	19824	202	1138	105
西藏自治区水利厅	Water Resources Department of Tibet Autonomous Region	103	2151	1951	38	11	151
陕西省水利厅	Shaanxi Provincial Water Resources Department	1334	38631	38524		107	
甘肃省水利厅	Gansu Provincial Water Resources Department	1153	30687	30175	299	13	200
青海省水利厅	Qinghai Provincial Water Resources Department	234	7272	7183		83	6
宁夏回族自治区水利厅	Water Resources Department of Ningxia Hui Autonomous Region	348	5830	5753	64	13	
新疆维吾尔自治区水利厅	Water Resources Department of Xinjiang Uygur Autonomous Region	773	21548	20893	655		
大连市水务局	Dalian Water Authority	53	1544	1544			
宁波市水利局	Ningbo Water Resources Bureau	150	1971	1880	64	27	
厦门市水利局	Xiamen Water Resources Bureau	26	375	375			
青岛市水利局	Qingdao Water Resources Bureau	131	2558	2558			
深圳市水务局	Shenzhen Water Authority	20	1481	1462	19		

9-2 续表 continued

单 位	Institution	平均人数 Average Number 单位从业人员/人 Employees /person	在岗职工 Full-time Staff	劳务派遣人员 Contracted Service Staff	其他从业人员 Other Employees
地方水利部门	**Local Water Resources Departments**	**834578**	**813036**	**10596**	**10946**
北京市水务局	Beijing Water Authority	10121	9861	230	30
天津市水务局	Tianjin Water Authority	14910	13672	1084	154
河北省水利厅	Hebei Provincial Water Resources Department	43032	42965	67	
山西省水利厅	Shanxi Provincial Water Resources Department	39163	37361	114	1688
内蒙古自治区水利厅	Water Resources Department of Inner Mongolia Autonomous Region	25189	24852	10	327
辽宁省水利厅	Liaoning Provincial Water Resources Department	19947	19708	233	6
吉林省水利厅	Jilin Provincial Water Resources Department	23054	23020	5	29
黑龙江省水利厅	Heilongjiang Provincial Water Resources Department	24529	24410	106	13
上海市水务局	Shanghai Water Authority	4900	4192	617	91
江苏省水利厅	Jiangsu Provincial Water Resources Department	32098	31779	308	11
浙江省水利厅	Zhejiang Provincial Water Resources Department	82536	78582	3954	
安徽省水利厅	Anhui Provincial Water Resources Department	26945	26830	43	72
福建省水利厅	Fujian Provincial Water Resources Department	12852	12478	252	122
江西省水利厅	Jiangxi Provincial Water Resources Department	20880	20584	42	254
山东省水利厅	Shandong Provincial Water Resources Department	41660	41542	87	31
河南省水利厅	Henan Provincial Water Resources Department	52232	51847	34	351
湖北省水利厅	Hubei Provincial Water Resources Department	40916	40196	400	320
湖南省水利厅	Hunan Provincial Water Resources Department	52380	49022	175	3183
广东省水利厅	Guangdong Provincial Water Resources Department	40668	40279	142	247
广西壮族自治区水利厅	Water Resources Department of Guangxi Zhuang Autonomous Region	23159	22101	219	839
海南省水务厅	Hainan Water Authority	6946	6645	20	281
重庆市水利局	Chongqing Water Resources Bureau	8150	7813	299	38
四川省水利厅	Sichuan Provincial Water Resources Department	33548	32560	260	728
贵州省水利厅	Guizhou Provincial Water Resources Department	19319	18488	562	269
云南省水利厅	Yunnan Provincial Water Resources Department	21238	19788	197	1253
西藏自治区水利厅	Water Resources Department of Tibet Autonomous Region	2122	1918	38	166
陕西省水利厅	Shaanxi Provincial Water Resources Department	38655	38548		107
甘肃省水利厅	Gansu Provincial Water Resources Department	30746	30218	315	213
青海省水利厅	Qinghai Provincial Water Resources Department	7316	7233		83
宁夏回族自治区水利厅	Water Resources Department of Ningxia Hui Autonomous Region	5839	5781	45	13
新疆维吾尔自治区水利厅	Water Resources Department of Xinjiang Uygur Autonomous Region	21591	20936	655	
大连市水务局	Dalian Water Authority	1547	1547		
宁波市水利局	Ningbo Water Resources Bureau	1996	1905	64	27
厦门市水利局	Xiamen Water Resources Bureau	374	374		
青岛市水利局	Qingdao Water Resources Bureau	2558	2558		
深圳市水务局	Shenzhen Water Authority	1462	1443	19	

9-3 2018年水利部职工职称情况

Employees with Technical Titles of the Ministry of Water Resources in 2018

单 位	Institution	合计/人 Total /person	高级 Senior	中级 Intermediate	初级 Elementary
水利部	**Ministry of Water Resources (MWR)**	**41087**	**15109**	**13778**	**12200**
水利部机关和流域机构	The Ministry and River Basin Commissions	30317	10448	10417	9452
水利部在京直属单位	Affiliate Organizations of the Ministry in Beijing	8291	3570	2621	2100
其他京外直属单位	Affiliate Organizations of the Ministry out of Beijing	2479	1091	740	648

9-4 2018年地方水利部门职工职称情况
Employees with Technical Titles in Local Water Resources Departments in 2018

单位	Institution	合计/人 Total /person	高级 Senior	中级 Intermediate	初级 Elementary
地方水利部门	**Local Water Resources Departments**	**300498**	**50305**	**122967**	**127226**
北京市水务局	Beijing Water Authority	4094	730	1387	1977
天津市水务局	Tianjin Water Authority	6702	1901	2474	2327
河北省水利厅	Hebei Provincial Water Resources Department	14886	2999	5157	6730
山西省水利厅	Shanxi Provincial Water Resources Department	12517	1412	5045	6060
内蒙古自治区水利厅	Water Resources Department of Inner Mongolia Autonomous Region	7772	1831	3226	2715
辽宁省水利厅	Liaoning Provincial Water Resources Department	7297	887	3470	2940
吉林省水利厅	Jilin Provincial Water Resources Department	8918	1721	3351	3846
黑龙江省水利厅	Heilongjiang Provincial Water Resources Department	10462	2964	4147	3351
上海市水务局	Shanghai Water Authority	1961	268	745	948
江苏省水利厅	Jiangsu Provincial Water Resources Department	14124	2137	5648	6339
浙江省水利厅	Zhejiang Provincial Water Resources Department	28031	5257	14686	8088
安徽省水利厅	Anhui Provincial Water Resources Department	9774	1556	3944	4274
福建省水利厅	Fujian Provincial Water Resources Department	5865	1133	2356	2376
江西省水利厅	Jiangxi Provincial Water Resources Department	5989	816	2359	2814
山东省水利厅	Shandong Provincial Water Resources Department	21861	3064	9124	9673
河南省水利厅	Henan Provincial Water Resources Department	14088	1639	5892	6557
湖北省水利厅	Hubei Provincial Water Resources Department	13632	1303	6114	6215
湖南省水利厅	Hunan Provincial Water Resources Department	14679	1362	6206	7111
广东省水利厅	Guangdong Provincial Water Resources Department	10358	1834	3347	5177
广西壮族自治区水利厅	Water Resources Department of Guangxi Zhuang Autonomous Region	8552	1060	3524	3968
海南省水务厅	Hainan Water Authority	1771	232	653	886
重庆市水利局	Chongqing Water Resources Bureau	3219	674	1358	1187
四川省水利厅	Sichuan Provincial Water Resources Department	13029	2311	5263	5455
贵州省水利厅	Guizhou Provincial Water Resources Department	7859	1228	2845	3786
云南省水利厅	Yunnan Provincial Water Resources Department	10849	2699	4339	3811
西藏自治区水利厅	Water Resources Department of Tibet Autonomous Region	836	109	268	459
陕西省水利厅	Shaanxi Provincial Water Resources Department	11930	1614	4758	5558
甘肃省水利厅	Gansu Provincial Water Resources Department	10724	1841	4329	4554
青海省水利厅	Qinghai Provincial Water Resources Department	3686	716	1396	1574
宁夏回族自治区水利厅	Water Resources Department of Ningxia Hui Autonomous Region	2997	469	1208	1320
新疆维吾尔自治区水利厅	Water Resources Department of Xinjiang Uygur Autonomous Region	8754	1884	2921	3949
大连市水务局	Dalian Water Authority	479	63	210	206
宁波市水利局	Ningbo Water Resources Bureau	976	166	472	338
厦门市水利局	Xiamen Water Resources Bureau	103	25	54	24
青岛市水利局	Qingdao Water Resources Bureau	1029	134	428	467
深圳市水务局	Shenzhen Water Authority	695	266	263	166

9-5　2018 年水利部技术工人结构

Statistics of Skilled Workers of the Ministry of Water Resources in 2018

单　位	Institution	合计 /人 Total /person	无等级 /人 Non-graded Workers /person	初级工 /人 Elementary Workers /person	#获证人数 With Certificate	#当年获证 Getting Certificate in the Year
水利部	**Ministry of Water Resources (MWR)**	**23299**	**5509**	**2771**	**2256**	**4**
水利部机关和流域机构	The Ministry and River Basin Commissions	16307	1910	1673	1629	4
水利部在京直属单位	Affiliate Organizations of the Ministry in Beijing	6632	3453	1059	589	
其他京外直属单位	Affiliate Organizations of the Ministry out of Beijing	360	146	39	38	

9-5 续表 continued

单 位	Institution	中级工/人 Intermediate Workers /person	#获证人数 With Certificate	#当年获证 Getting Certificate of the Year	高级工/人 Senior Workers /person	#获证人数 With Certificate	#当年获证 Getting Certificate of the Year
水利部	**Ministry of Water Resources (MWR)**	**2956**	**2705**	**32**	**7374**	**6697**	**37**
水利部机关和流域机构	The Ministry and River Basin Commissions	2381	2372	10	6069	6065	23
水利部在京直属单位	Affiliate Organizations of the Ministry in Beijing	535	294	22	1207	543	9
其他京外直属单位	Affiliate Organizations of the Ministry out of Beijing	40	39		98	89	5

9-5 续表 continued

单 位	Institution	技师/人 Technician /person	#获证人数 With Certificate	#当年获证 Getting Certificate of the Year	高级技师/人 Senior Technician /person	#获证人数 With Certificate	#当年获证 Getting Certificate of the Year
水利部	**Ministry of Water Resources (MWR)**	**3957**	**3911**	**44**	**732**	**723**	**46**
水利部机关和流域机构	The Ministry and River Basin Commissions	3642	3634	35	632	630	43
水利部在京直属单位	Affiliate Organizations of the Ministry in Beijing	279	241	6	99	92	3
其他京外直属单位	Affiliate Organizations of the Ministry out of Beijing	36	36	3	1	1	

9-6 2018年地方水利部门技术工人结构
Statistics of Skilled Workers of Local Water Departments in 2018

单位	Institution	合计/人 Total /person	无等级/人 Non-graded Workers /person	初级工/人 Elementary Workers /person	#获证人数 With Certificate	#当年获证 Getting Certificate of the Year
地方水利部门	**Local Water Resources Departments**	**326049**	**65968**	**45698**	**39326**	**1800**
北京市水务局	Beijing Water Authority	1887	496	230	180	1
天津市水务局	Tianjin Water Authority	5328	911	638	562	13
河北省水利厅	Hebei Provincial Water Resources Department	21461	2152	4247	3699	102
山西省水利厅	Shanxi Provincial Water Resources Department	17550	3837	3981	2788	52
内蒙古自治区水利厅	Water Resources Department of Inner Mongolia Autonomous Region	12361	3821	1024	578	12
辽宁省水利厅	Liaoning Provincial Water Resources Department	8376	1831	1178	866	80
吉林省水利厅	Jilin Provincial Water Resources Department	9865	4107	2068	1811	56
黑龙江省水利厅	Heilongjiang Provincial Water Resources Department	11059	3977	649	588	30
上海市水务局	Shanghai Water Authority	689	61	98	73	
江苏省水利厅	Jiangsu Provincial Water Resources Department	11221	422	1272	1206	74
浙江省水利厅	Zhejiang Provincial Water Resources Department	4827	187	1126	1126	686
安徽省水利厅	Anhui Provincial Water Resources Department	13079	1584	1437	1221	108
福建省水利厅	Fujian Provincial Water Resources Department	4178	779	640	604	2
江西省水利厅	Jiangxi Provincial Water Resources Department	8811	1334	1165	878	3
山东省水利厅	Shandong Provincial Water Resources Department	12304	4379	1661	1458	31
河南省水利厅	Henan Provincial Water Resources Department	30941	1151	3979	3837	106
湖北省水利厅	Hubei Provincial Water Resources Department	19053	3161	2673	2673	44
湖南省水利厅	Hunan Provincial Water Resources Department	26832	3262	4788	4431	16
广东省水利厅	Guangdong Provincial Water Resources Department	21286	10649	3019	2556	25
广西壮族自治区水利厅	Water Resources Department of Guangxi Zhuang Autonomous Region	9283	1477	873	839	10
海南省水务厅	Hainan Water Authority	4679	3515	411	298	
重庆市水利局	Chongqing Water Resources Bureau	1909	725	176	104	
四川省水利厅	Sichuan Provincial Water Resources Department	11260	2572	1241	885	7
贵州省水利厅	Guizhou Provincial Water Resources Department	3671	1679	327	232	17
云南省水利厅	Yunnan Provincial Water Resources Department	5688	511	363	291	6
西藏自治区水利厅	Water Resources Department of Tibet Autonomous Region	278	18	66	60	
陕西省水利厅	Shaanxi Provincial Water Resources Department	20135	1791	2476	2098	223
甘肃省水利厅	Gansu Provincial Water Resources Department	13575	2892	1864	1659	90
青海省水利厅	Qinghai Provincial Water Resources Department	2535	53	147	80	1
宁夏回族自治区水利厅	Water Resources Department of Ningxia Hui Autonomous Region	1402	439	87	59	
新疆维吾尔自治区水利厅	Water Resources Department of Xinjiang Uygur Autonomous Region	8188	1191	1638	1454	4
大连市水务局	Dalian Water Authority	704	438	12	8	
宁波市水利局	Ningbo Water Resources Bureau	469	239	12	11	
厦门市水利局	Xiamen Water Resources Bureau	96		5	5	
青岛市水利局	Qingdao Water Resources Bureau	887	310	100	81	1
深圳市水务局	Shenzhen Water Authority	182	17	27	27	

9-6　续表 continued

单　　位	Institution	中级工/人 Intermediate Workers /person	#获证人数 With Certificate	#当年获证 Getting Certificate of the Year	高级工/人 Senior Workers /person	#获证人数 With Certificate	#当年获证 Getting Certificate of the Year
地方水利部门	**Local Water Resources Departments**	**69118**	**64417**	**2780**	**105778**	**99126**	**4616**
北京市水务局	Beijing Water Authority	621	585	18	505	479	21
天津市水务局	Tianjin Water Authority	962	944	3	2516	2487	43
河北省水利厅	Hebei Provincial Water Resources Department	4703	4436	188	7007	6589	436
山西省水利厅	Shanxi Provincial Water Resources Department	3524	2970	82	2901	2484	178
内蒙古自治区水利厅	Water Resources Department of Inner Mongolia Autonomous Region	1099	940	55	3184	2669	574
辽宁省水利厅	Liaoning Provincial Water Resources Department	1743	1363	106	3312	2605	197
吉林省水利厅	Jilin Provincial Water Resources Department	1636	1590	54	1398	1357	78
黑龙江省水利厅	Heilongjiang Provincial Water Resources Department	1071	1014	35	2158	2042	70
上海市水务局	Shanghai Water Authority	345	282	1	170	136	
江苏省水利厅	Jiangsu Provincial Water Resources Department	2226	2000	95	6446	5793	132
浙江省水利厅	Zhejiang Provincial Water Resources Department	1494	1494	341	1127	1127	38
安徽省水利厅	Anhui Provincial Water Resources Department	3567	3210	320	6095	5451	348
福建省水利厅	Fujian Provincial Water Resources Department	854	804	4	1593	1509	
江西省水利厅	Jiangxi Provincial Water Resources Department	2116	1906	27	3360	3120	55
山东省水利厅	Shandong Provincial Water Resources Department	2278	2204	81	3743	3532	94
河南省水利厅	Henan Provincial Water Resources Department	6130	5986	370	13397	12922	733
湖北省水利厅	Hubei Provincial Water Resources Department	3053	3053	65	5294	5294	95
湖南省水利厅	Hunan Provincial Water Resources Department	7561	7377	60	9363	9045	130
广东省水利厅	Guangdong Provincial Water Resources Department	3771	3389	39	3741	3469	27
广西壮族自治区水利厅	Water Resources Department of Guangxi Zhuang Autonomous Region	2966	2896	8	3732	3655	41
海南省水务厅	Hainan Water Authority	542	523	9	184	171	3
重庆市水利局	Chongqing Water Resources Bureau	406	320	11	357	344	4
四川省水利厅	Sichuan Provincial Water Resources Department	2875	2457	56	3458	3153	84
贵州省水利厅	Guizhou Provincial Water Resources Department	683	614	54	911	825	94
云南省水利厅	Yunnan Provincial Water Resources Department	881	827	37	3465	3241	70
西藏自治区水利厅	Water Resources Department of Tibet Autonomous Region	77	69		103	90	
陕西省水利厅	Shaanxi Provincial Water Resources Department	5151	4982	553	8207	7985	740
甘肃省水利厅	Gansu Provincial Water Resources Department	3598	3386	101	3451	3312	309
青海省水利厅	Qinghai Provincial Water Resources Department	700	395	4	944	723	2
宁夏回族自治区水利厅	Water Resources Department of Ningxia Hui Autonomous Region	191	176		449	410	3
新疆维吾尔自治区水利厅	Water Resources Department of Xinjiang Uygur Autonomous Region	1997	1962	2	2522	2486	6
大连市水务局	Dalian Water Authority	32	30		160	143	
宁波市水利局	Ningbo Water Resources Bureau	21	21		94	94	1
厦门市水利局	Xiamen Water Resources Bureau	12	12		69	69	
青岛市水利局	Qingdao Water Resources Bureau	201	173	1	270	230	10
深圳市水务局	Shenzhen Water Authority	31	27		92	85	

9-6 续表 continued

单　位	Institution	技师/人 Technician /person	#获证人数 With Certificate	#当年获证 Getting Certificate of the Year	高级技师/人 Senior Technician /person	#获证人数 With Certificate	#当年获证 Getting Certificate of the Year
地方水利部门	**Local Water Resources Departments**	**36506**	**34695**	**3044**	**2981**	**2660**	**157**
北京市水务局	Beijing Water Authority	35	34	2			
天津市水务局	Tianjin Water Authority	220	214		81	69	
河北省水利厅	Hebei Provincial Water Resources Department	3330	3182	209	22	22	
山西省水利厅	Shanxi Provincial Water Resources Department	3302	3151	321	5	5	
内蒙古自治区水利厅	Water Resources Department of Inner Mongolia Autonomous Region	1602	1360	104	1631	1351	60
辽宁省水利厅	Liaoning Provincial Water Resources Department	311	274	23	1	1	
吉林省水利厅	Jilin Provincial Water Resources Department	595	570	19	61	58	
黑龙江省水利厅	Heilongjiang Provincial Water Resources Department	3163	2948	153	41	33	
上海市水务局	Shanghai Water Authority	15	15				
江苏省水利厅	Jiangsu Provincial Water Resources Department	771	740	42	84	81	23
浙江省水利厅	Zhejiang Provincial Water Resources Department	854	854	1	39	39	
安徽省水利厅	Anhui Provincial Water Resources Department	379	321	19	17	15	1
福建省水利厅	Fujian Provincial Water Resources Department	303	289	7	9	9	
江西省水利厅	Jiangxi Provincial Water Resources Department	831	606	15	5	5	
山东省水利厅	Shandong Provincial Water Resources Department	191	182	11	52	52	
河南省水利厅	Henan Provincial Water Resources Department	6262	6104	841	22	22	12
湖北省水利厅	Hubei Provincial Water Resources Department	4259	4259	96	613	613	48
湖南省水利厅	Hunan Provincial Water Resources Department	1795	1733	143	63	57	
广东省水利厅	Guangdong Provincial Water Resources Department	102	72	1	4	3	
广西壮族自治区水利厅	Water Resources Department of Guangxi Zhuang Autonomous Region	234	222	13	1	1	
海南省水务厅	Hainan Water Authority	27	20				
重庆市水利局	Chongqing Water Resources Bureau	241	231	2	4	4	1
四川省水利厅	Sichuan Provincial Water Resources Department	1055	985	62	59	59	6
贵州省水利厅	Guizhou Provincial Water Resources Department	60	50	5	11	11	
云南省水利厅	Yunnan Provincial Water Resources Department	466	431	93	2	2	
西藏自治区水利厅	Water Resources Department of Tibet Autonomous Region	12	12		2	2	
陕西省水利厅	Shaanxi Provincial Water Resources Department	2502	2446	561	8	8	
甘肃省水利厅	Gansu Provincial Water Resources Department	1770	1736	282			
青海省水利厅	Qinghai Provincial Water Resources Department	679	549	4	12	9	
宁夏回族自治区水利厅	Water Resources Department of Ningxia Hui Autonomous Region	235	222	4	1	1	
新疆维吾尔自治区水利厅	Water Resources Department of Xinjiang Uygur Autonomous Region	715	701	10	125	123	6
大连市水务局	Dalian Water Authority	62	55	1			
宁波市水利局	Ningbo Water Resources Bureau	98	97		5	5	
厦门市水利局	Xiamen Water Resources Bureau	10	10				
青岛市水利局	Qingdao Water Resources Bureau	5	5		1		
深圳市水务局	Shenzhen Water Authority	15	15				

主要统计指标解释

从业人员　指在各级国家机关、政党、社会团体及企业、事业单位中工作，取得工资或其他形式的劳动报酬的全部人员，包括在岗职工、再就业的离退休人员、民办教师以及在各单位中工作的外方人员和港澳台方人员、兼职人员、借用的外单位人员和第二职业者。不包括离开本单位仍保留劳动关系的职工。

Explanatory Notes of Main Statistical Indicators

Employees It refers to staff worked for governmental agencies, party and its administrative organizations, social groups, enterprises and non-governmental organizations at all levels, who have obtained paid salaries or other types of labor remuneration, including full-time employment, re-employed retirees, rural school teachers, hired staff and workers from other countries, HongKong, Macao and Taiwan, part-time staff and workers, borrowed staff and second-job staff and workers, but the staff and workers who has left the organization without ending their contracts are excluded.